提质增效促发展 创新布局绘新篇

“十三五”时期浙江省
民政事业探索与研究

浙江省民政厅◎编

中国社会出版社
国家一级出版社·全国百佳图书出版单位

图书在版编目（CIP）数据

提质增效促发展　创新布局绘新篇：“十三五”时期浙江省民政事业探索与研究 / 浙江省民政厅编. —北京：中国社会出版社，2017.12

ISBN 978 – 7 – 5087 – 5848 – 0

Ⅰ. ①提…　Ⅱ. ①浙…　Ⅲ. ①民政工作—研究—浙江　Ⅳ. ①D632

中国版本图书馆 CIP 数据核字（2017）第306057号

书　　名：提质增效促发展　创新布局绘新篇
　　　　　——“十三五”时期浙江省民政事业探索与研究

编　　者：浙江省民政厅

出 版 人：浦善新

终 审 人：尤永弘

责任编辑：张国洪

策划编辑：张耀文　　　　责任校对：曲丽媛

出版发行：中国社会出版社　邮政编码：100032

通联方式：北京市西城区二龙路甲 33 号

电　　话：编辑室：（010）58124822
　　　　　邮购部：（010）58124848
　　　　　销售部：（010）58124850
　　　　　传　真：（010）58124856

网　　址：www. shcbs. com. cn
　　　　　shcbs. mca. gov. cn

经　　销：各地新华书店

中国社会出版社天猫旗舰店

印刷装订：中国电影出版社印刷厂

开　　本：170mm × 240mm　1 / 16

印　　张：17.5

字　　数：290千字

版　　次：2017年12月第1版

印　　次：2017年12月第1次印刷

定　　价：48.00元

中国社会出版社微信公众号

《提质增效促发展　创新布局绘新篇》
编委会

目录

上篇：发展规划

下篇：研究报告

上篇 发展规划

浙江省民政事业发展“十三五”规划

为促进我省民政事业更好更快发展，根据民政部关于《民政事业发展第十三个五年规划》编制要求和《浙江省国民经济和社会发展第十三个五年规划纲要》，特制定本规划。规划期为2016—2020年。

一、规划背景

“十二五”时期，全省各级民政部门认真学习贯彻习近平总书记系列重要讲话精神，坚持以“四个全面”战略布局为统领，紧紧围绕省委“八八战略”和“两富”“两美”浙江建设，加快现代大民政发展战略，加快推进民政事业城乡一体化进程，民政事业发展整体水平走在全国前列。

一是现代大民政发展战略进一步深化。2012年，立足中央关于“民政工作要成为社会建设骨干”的新要求，基于“两富”“两美”浙江建设的新任务，根据民政事业城乡一体化发展的新目标，在全省第十七次民政会议上提出并践行了现代大民政发展战略。“十二五”期间，随着民政职能的不断拓展和民生需求的不断变化，需要进一步深化完善现代大民政战略。按照习近平总书记“坚守底线、突出重点、完善政策、引导预期”的要求，提出民政工作要履行好“最基本的民生保障、最基础的公共服务、最基层的社会治理”重要职能，始终坚守底线、补齐“短板”、全面覆盖，不断拓宽平台、优化服务、提升水平，全面激发活力、严格监管、发挥作用等思路，努力构建以建设“贴心民政、法治民政、阳光民政、数字民政”为主要途径，以弘扬“贴心为民、仁爱向善、守望相助、共建共享”为文化引领，以推进“法治化、标准化、多元化、信息化、社会化”五化并举的现代民政事业发展体系。其间，组织开展温州民政综合改革试验区建设试点及杭州、温州国家级养老服务业综合改革试点、省级养老服务业综合改革试点、“救急难”工作试点、巨灾保险工作试点、适度普惠型儿童福利制度建设试点等，强化先行先试和创新驱动，推动现代大民政事业深化发展。

二是适度普惠的社会福利体系进一步完善。提速推进养老服务业发展。积极应对人口老龄化，健全完善以居家为基础、社区为依托、机构为支撑的社会养老服务体系，确保托底型养老、扩大普惠型养老、支持社会化养老，提前完成“9732”发展目标。5年来，全省共投入养老服务建设资金179亿元，其中民间资金93亿元，新增机构床位15.9万张，每千名老人拥有机构床位近35张。累计建成城乡社区居家养老服务照料中心1.92万个，老年食堂1万余家，90%的县（市、区）建成居家养老服务信息系统，居家养老服务基本覆盖所有城市社区和大部分农村社区。累计对600多万老年人进行需求评估，146万80岁以上老年人享有高龄补贴，4.5万农村五保和城镇“三无”老人由政府提供供养服务，集中供养率达97%以上。出台《关于进一步加强老龄工作的意见》，加强“老年友好城市”和“敬老文明号”创建。依法完善社会救助体系。建立省市县三级社会救助联席会议制度，形成“政府主导、民政牵头、部门协同、社会参与”的工作格局。成立省低收入家庭核对指导中心，建立社会救助家庭经济状况核对机制，实施“阳光救助”工程。全省在册低保对象66.5万人，城乡平均月低保标准为653元和570元，城乡低保标准比例达87.3%。5年来，全省共有320.7万人次获得最低生活保障救助，支出低保资金85.4亿元。不断完善医疗救助制度，推进重特大疾病医疗救助工作，在全国较早全面实施按费用救助，切实规范资助参保工作。5年来，全省累计医疗救助1435万余人次，支出资金52.5亿元。全面建立临时救助制度，积极开展“救急难”试点，全省累计临时救助各类困难群众142万余人次，支出10.9亿元。建立健全儿童福利工作机制。率先开展适度普惠型儿童福利制度试点工作，65%的地区建立适度普惠型儿童福利制度，将事实无人抚养和贫困家庭重残、重病等困境儿童优先纳入儿童福利保障范围，全省困境儿童分类保障制度实现全覆盖，全面建立孤儿和困境儿童基本生活养育标准自然增长机制，较好地保护孤儿和困境儿童基本生活。加快发展慈善公益事业。全省共有各级慈善组织5629个，注册志愿者超过420万人，成功开展第三、四届“浙江慈善奖”评选表彰活动。5年来，各类慈善组织募集善款超过170亿元。推动福彩工作转型发展，构建政府、市场、社会“三力合一”，公信、公众、公益“三位一体”的现代福彩体系。5年来，共发行福利彩票604.24亿元，筹集彩票公益金171亿元。依法规范福利企业管理，1723家福利企业安置残疾职工6万余人。

三是“三社联动”的基层社会治理机制进一步健全。城乡社区治理框架初步构建，逐步建立起与经济社会发展相协调，以党委为核心，政府为主导，政府服务与购买服务相结合，社区组织、企业、社会组织、志愿者等多元主体参与的社区服务体系。全省共建成96345社会公共服务信息平台76个，覆盖89个县（市、区）；实现乡镇（街道）社区服务中心全覆盖，有效提供“一站式”服务。加快推进农村社区建设，率先开展村（社区）减负工作，率先建立涉村（社区）事项工作清单制度。累计建成农村社区服务中心近2万个，覆盖率超过90%。加快社会组织培育发展，全省经各级民政部门登记的社会组织4.38万个，每万人拥有社会组织数7.9个，社会组织数量和每万人拥有数均居全国前列。深化社会组织管理体制改革，确立“成体系、成建制、成规模”的社会组织培育发展思路，率先开展社会组织直接登记，推进社会组织承接政府购买服务。推动温州市、杭州市上城区和宁波市海曙区、北仑区、鄞州区“全国社会组织建设创新示范区”建设，确定22个市、县（市、区）为“全省现代社会组织体制建设创新示范观察点”建设，实现市、县两级社会组织服务平台全覆盖，激发社会组织有序参与社会治理的活力。健全社会组织信用体系，建立信用信息平台和失信黑名单制度，全省已有2.1万家社会组织参加评估，整体参评率达55.5%。培育发展融合性、联合性等社区社会组织，实行社区社会组织登记和备案双轨制，全省纳入备案管理的社区社会组织达10万余个。社会工作人才队伍建设不断加强，专业水平稳步提升，社工机构稳步发展，在民政事业单位、城乡社区和社会服务组织开发设置社会工作岗位，在社会福利、社会救助、慈善事业、社区建设等社会事务中的作用日益彰显。全省共有社会工作师和助理社会工作师16133人，登记民办社工机构305家，开发社会工作专业岗位3846个。

四是覆盖城乡的基础公共服务进一步优化。全国双拥模范城（县）创建工作深入开展，共有15个市、县（市）荣获全国双拥模范城（县）荣誉称号。优抚服务保障不断强化，各项优抚政策全面落实，修订出台《浙江省军人抚恤优待办法》，积极探索双拥优抚工作社会化。5年来，全省优抚事业费支出约105亿元。认真做好军休人员接收安置工作，落实军休人员政治、生活两个待遇，顺利完成军休干部住房货币补差工作，确保军休干部队伍稳定。深化退役士兵安置改革，大力扶持退役士兵自主就业创业，退役士兵教育培训政策知晓率和有培训意愿的退役士兵参训率达100%。推动全省军供站现代化和正规化建设，按时保质保量完成各项保障任务，大力支持国防和军队建设。加强防灾减灾救灾综合体系建设，成立省减灾中心，深化部门协作和信息共享，完善省、市、县、乡镇、村五级自然灾害救助应急预案体系。探索推进巨灾保险工作，不断加强基层队伍建设，积极引导社会组织参与防灾减灾救灾工作。规范避灾安置场所建设，共建成避灾安置场所12784个，基本实现各县（市、区）均建有救灾物资储备仓库的规划目标。5年来，省级财政（含中央）共下拨应急救灾资金8.2亿元。新建大中型水库移民安置工作稳步推进，移民安置保障水平稳步提高。5年来，全省共开工建设大中型水库项目8个，投入移民安置资金94.3亿元。扎实推进水库移民创业致富工程，有序开展大中型水库移民后期扶持工作，稳妥推进小型水库移民解困，切实保障移民合法权益。5年来，共投入各类移民后扶资金83.13亿元。区划地名管理不断规范，绍兴县、上虞市、富阳市、洞头县撤县（市）设区获国务院批准，全省乡、镇、街道总数分别为265个、641个、444个。着力加强行政区域界线管理，深入推进平安边界建设。扎实推进地名公共服务体系建设，保护和弘扬优秀地名文化。深化殡葬服务改革，健全惠民殡葬服务体系，率先实行基本殡葬服务免费制度。扎实推进生态殡葬，生态葬法覆盖全省88.1%的行政村，公墓绿化率达75%以上。婚姻、收养登记工作依法规范，流浪乞讨人员救助管理水平不断提升。5年来，共救助25万人次。

五是民政事业发展综合保障能力进一步提升。深入开展党的群众路线教育实践活动和“三严三实”专题教育，全面落实党建工作主体责任、党风廉政建设主体责任、意识形态工作主体责任。加大民政事业投入力度，“十二五”全省民政事业费实际支出730.5亿元，同比增长111%；县以上民政事业基本建设投资46.46亿元，同比增长114%。加快政策法规创制步伐，规范民政综合执法队伍建设，建立规范性文件合法性审查制度，健全完善法律服务机制，创制形成6部地方性法规、10部政府规章。深化行政审批制度改革，全面落实“四张清单一张网”，编制完成民政权力清单，行政审批事项实现应放尽放。扎实推进地方标准体系建设，率先发布首个社会组织建设规范省级地方标准，率先制定乡镇行政区划调整标准意见，及时出台《养老机构服务与管理规范》《居家养老服务与管理规范》《城镇社区居家养老服务设施规划配建标准》等。不断扩大民政合作领域，认真落实部省合作协议，积极开展厅市合作、部门合力、社会组织（科研院校）合办，与部分地方政府及院校签署了一系列合作协议和备忘录，推动资源优势互补。加快“数字民政”建设步伐，信息管理系统基本覆盖民政业务主要领域，全面实行省、市、县（市、区）联网运行。加强民政文化建设，开展“最美民政人”评选，打响社区、福彩、慈善、双拥、地名、殡葬等文化品牌，以民政文化引领和推动民政事业发展。

表1　“十二五”时期浙江民政事业发展主要指标完成情况

序号	主要指标		2010年	2015年目标值	计划年均增长（%）	2015年完成情况
1	养老机构床位数（张）	总床位数（万张）	18.9	30	10	35
		每百名老人平均拥有床位数（张）	2.4	3	4.6	3.3
2	福利彩票年销售量（亿元）		73.39	118	10	147
3	福利企业残疾职工五大社会保险参保率（%）		—	100	—	100
4	平均低保标准（元/月·人）	城市低保	376.7	600	10	653
		农村低保	245.2	450	13	570
5	医疗救助平均救助比例（%）		45	60	5.9	70
6	烈属及牺牲病故军人家属年抚恤金（元/人）		13100	21000	10	21500
7	城乡退役士兵自谋职业率（%）		96.5	96.5	—	96.5
8	社会组织数（个）		28937	38700	6	43784
9	村级社区服务中心覆盖率（%）		79.33	100	4.7	92
10	专业社会工作人才（万人）		—	2.5	—	2.55
11	惠民殡葬制度覆盖率（%）		—	100	—	100
12	水库移民与当地农民人均可支配收入之比（%）		76	85	2.3	85.3

“十二五”时期民政事业发展取得显著成绩，为今后民政事业更好更快发展奠定了扎实基础。同时，应当清醒看到，我省民政事业发展还面临诸多问题和挑战：城乡区域发展还不平衡，经济欠发达地区、农村地区有限的公共财政还无法满足民政事业发展的需要。基层社会治理面临新的挑战，户籍制度改革将涉及大量流动人口的经济权益、社会福利再分配，对基本公共服务向全社会群体覆盖提出了新的要求。人口老龄化日益加剧，家庭赡养和照护老年人的负担将不断加重，全社会对养老服务特别是机构养老服务的需求将日益加剧。体制机制壁垒亟待破除，民生权益保障制度化建设水平有待进一步提高，政策化有余、法制化不足的现状亟待改变，标准化建设水平亟待提升，引导社会力量广泛参与的机制亟待建立。

“十三五”时期，是高水平全面建成小康社会、实现第一个百年奋斗目标的决胜阶段。“五位一体”总体布局纵深展开，“四个全面”战略布局协调推进，五大发展理念深入实践。民政事业发展机遇前所未有，面临的挑战前所未有。在新的历史起点上，必须深刻领会习近平总书记赋予浙江的新使命，主动适应五大发展理念的新要求，贯彻落实高水平全面建成小康社会的新任务，积极适应基本服务供给方式的新变化，主动接受社会转型升级加速的新挑战，全力推进浙江民政事业更好更快发展，继续在全国发挥先行和示范作用。

二、总体思路、基本原则和发展目标

（一）总体思路

“十三五”时期全省民政工作的总体思路是：高举中国特色社会主义伟大旗帜，以马克思列宁主义、毛泽东思想、邓小平理论、“三个代表”重要思想、科学发展观为指导，深入贯彻习近平总书记系列重要讲话精神，以“四个全面”战略布局为统领，以五大发展理念为主线，以高水平全面建成小康社会为目标，紧紧围绕省委“八八战略”和“两富”“两美”浙江建设，以重点项目建设为抓手，以法治化、信息化、标准化为支撑，以人才队伍建设为保障，深化实施现代大民政战略，进一步健全民政事业城乡一体化发展机制，充分发挥民政在社会建设中的骨干作用，努力开创浙江民政事业

“更进一步”“更快一步”的新局面。

（二）基本原则

——坚守底线、保障民生。按照“守住底线、突出重点、完善制度、引导预期”的要求，树立“一个都不能少”的核心理念，健全完善社会救助、社会养老、儿童福利、慈善事业政策体系，织密织牢社会保障安全网，确保困难群众应保尽保、应救尽救。

——统筹城乡、全面覆盖。围绕高水平全面建成小康社会目标，以促进社会公平正义、增进人民福祉为出发点和落脚点，加大民政事业城乡统筹力度，促进民政公共资源优化配置，实现民政事业发展城乡联动、基础设施城乡配套、公共服务全民均等、社会保障全民覆盖，切实做到领域全覆盖、区域全覆盖和人群全覆盖的无缝对接。

——政府主导，多方参与。厘清政府、市场、社会在民政事业发展中的职责定位，在坚持政府主导的同时，加快职能转变，完善协作机制，畅通参与渠道，充分发挥社会力量在提供社会服务和推进社会治理中的主动性和积极性，推动形成多方参与、共同治理、开放有序的民政事业发展推动格局。

——改革创新、示范先行。牢固树立改革创新意识，围绕问题导向和需求导向，不断推进理论创新、制度创新、文化创新，加大民政领域改革创新力度。稳妥推进各类示范区、示范点建设，形成可借鉴、可复制、可推广的经验，积极推动试点工作实现从“点上示范”到“面上推进”的全面深化。

（三）发展目标

到2020年，形成与全省经济社会发展相协调，与高水平全面建成小康社会相适应的民政事业体系，在新型政社关系中继续发挥引领作用，全面构建现代大民政发展新格局，民政事业整体水平继续走在全国前列。

——基本民生保障体系更完善。依法完善社会救助体系，织牢织密困难群众基本生活安全网，到2020年城乡一体化程度达到80%；多层次的养老服务体系更加完善，老年人获得感进一步增强，到2020年每千名老年人拥有社会养老床位数达50张；全面建立适度普惠型儿童福利制度，完善基层儿童福利体系，加大未成年人（留守儿童）的关爱保护力度，支持残疾人事业发展，实现福利服务多元化供给；建立民政系统精神卫生工作体系，基本实现每个设区市拥有1所精神病人社会福利院；加大慈善事业立法创制力度，营造全民慈善的良好氛围；进一步健全防灾减灾救灾体制，提升防灾减灾救灾水平。

——基层社会治理体系更健全。深化提升城乡社区服务能力，全面推进农村社区建设，实现城乡社区和谐自治，到2020年农村社区服务中心覆盖率达到95%；全面激发社会组织活力，深化社会组织管理制度改革，形成政社分开、权责明确、依法自治的现代社会组织体制，到2020年每万人拥有社会组织数量达到9.5个；加快社会工作人才队伍建设，着力完善社会工作制度体系，不断拓展社会工作服务领域；形成社区、社会组织、社会工作者“三社联动”有序参与社会治理的良好格局，充分实现系统治理、依法治理、综合治理和源头治理。

——基础社会服务体系更优化。加大社会化双拥工作力度，完善军民深度融合发展格局，深化退役士兵及军休安置改革；优化城乡行政区划格局，健全地名公共服务体系，加强地名文化建设，提升行政区域界线管理水平；完善基本殡葬服务保障体系，大力推行节地生态安葬，到2020年生态葬法行政村覆盖率达到95%；提高婚姻登记工作标准化水平和救助机构管理服务水平；提高水库移民安置工作效率，保障移民合法权益；推动水库移民创业致富，促进水库移民尽快融入当地社区。

表2　“十三五”时期全省民政事业发展主要指标

序号	主要指标		2015年	2020年目标值	年均增长率（%）
1	每千名老年人拥有社会养老床位数（张）		48.6	50	0.6
	其中：护理型床位比例（%）		38.9	50	5.1
2	福利彩票年销售量（亿元）		147	200	6.4
3	低保标准城乡一体化程度（%）		75	80	1.3
4	医疗救助政策落实率（%）		—	100	—
5	万人拥有社会组织数量（个）		7.9	9.5	3.8
6	社会工作专业人才占总人口比例（‰）		0.46	0.8	11.7
7	农村社区服务中心覆盖率（%）		92	95	0.6
8	社区公共服务综合信息平台覆盖率（%）	城市	—	60	—
		农村	—	30	—
9	生态葬法行政村覆盖率（%）		88.1	95	1.5

三、完善适度普惠福利制度，不断保障和改善基本民生

（一）依法完善社会救助体系

深入贯彻国务院《社会救助暂行办法》和《浙江省社会救助条例》，依法完善最低生活保障、特困人员供养、自然灾害救助、医疗救助、教育救助、住房救助、就业救助等专项救助制度，加大临时救助力度，引导社会力量参与，形成制度完善、相互衔接、运行有效的社会救助管理体制和运行机制。稳步提高社会救助水平，加大资金保障力度，积极推进城乡一体化。建立科学合理的低保标准确定机制，加强与扶贫政策衔接，稳步提高低保标准，适当扩大低保覆盖范围，促进低收入群体加快增收。全面开展最低生活保障边缘家庭认定工作，落实最低生活保障边缘家庭社会救助政策。对依靠家庭供养的成年重度残疾人和成年三、四级精神、智力残疾人，可按照单人户纳入低保范围，并享受与低保家庭同等的和个人直接相关的专项社会救助政策。探索支出型贫困家庭救助政策。完善医疗救助制度，“十三五”期间，医疗救助政策落实率达到100%，建立健全门诊救助制度，加大重病、重残儿童的救助力度，完善“一站式”即时结报平台。贯彻实施《浙江省临时救助办法》，全面开展“救急难”工作，及时救助突发性、临时性、紧迫性困难群众。健全社会救助家庭经济状况核对机制，按照错位发展思路，全面建立省市县核对平台相互支持的工作机制，提高社会救助精准度。完善社会救助信息管理系统，推进社会救助信息部门互通共享，提升基层社会救助经办能力。加强基础设施建设，确保救助管理机构或者社会福利机构为家庭暴力受害人提供临时安置场所。创新社会救助服务管理方式，加大政府购买服务力度，积极引导社会力量参与社会救助工作，探索物质保障、生活照料、精神慰藉、心理疏导、能力提升和社会融入相结合的综合援助模式。

（二）依法推进养老服务体系建设

全面贯彻落实《浙江省社会养老服务促进条例》和省政府养老服务新政，围绕“幸福养老”目标，进一步提升托底型养老，扩大普惠型养老，推动产业化养老，全面建成以居家为基础、社区为依托、机构为补充、医养相结合，功能完善、布局合理、规模适度、覆盖城乡的多层次养老服务体系，

基本形成“9643”的养老服务总体格局。到2017年，全省城乡社区居家养老服务照料中心不少于2.3万家。到2020年，全省再增加12万张以上的社会养老床位，每千名老人拥有社会养老床位50张，其中机构床位不少于40张，护理型床位占机构床位比例不低于50%，民办（民营）机构床位占比达到70%。重点发展机构和居家相融合的社区养老，加快城乡社区居家养老服务设施建设，加强与社区公共设施的功能衔接，鼓励社会力量举办居家养老服务专业机构和企业。发展医疗和养护相融合的健康养老，完善扶持政策和保障机制，推进养老机构与医疗机构深度合作。建立健全养老机构与医疗机构之间的业务协作机制，支持闲置床位较多的一二级医院和专科医院转型为老年护理院，引导部分乡镇卫生院设立养护型服务特色科室，开设护理型床位或病区；支持有条件的养老机构设置医疗机构，发展社区健康养老服务。推进中医药与养老结合。发展数据和服务相融合的智慧养老，建立健全养老服务标准体系，提升完善居家养老服务信息平台及其功能。发展政府和市场相融合的产业养老，加强老龄产业政策研究，支持建立老年用品专业市场和老年用品网络交易平台，培育一批带动力强的龙头企业和知名度高的养老服务业品牌。发展物质和精神相融合的文化养老，推进“老年友好城市”“敬老文明号”创建，营造良好的敬老文化环境。加强老年电大教育和老年活动设施建设，促进规范化服务管理，提升老年人精神文化水平。同时，切实加强农村养老服务，探索“以宅基地换养老”模式，鼓励城市资源投向农村养老服务，鼓励发达地区支援欠发达地区养老机构建设。推进公办养老机构改制，推动乡镇敬老院转型升级，支持社会力量举办养老机构。鼓励养老和残疾人托养机构共建和资源共享。进一步加强老年协会建设，充分发挥其在基层老龄事业、社会公益事业、社区公共服务和社会治理中的积极作用。

（三）加快儿童福利事业发展

保障儿童优先和利益最大化，积极推动孤残儿童重返家庭、回归社会。规范公民收养、家庭寄养，强化亲属监护，提倡社会助养。进一步建立完善以困境儿童分类保障制度、重残重病儿童康复补贴制度、收养寄养孤残儿童家庭补贴制度等为重点的适度普惠型儿童福利保障制度。加强基层儿童福利服务体系建设，完善儿童福利三级服务网络，建立服务体系运行机制。加强儿童福利机构建设，实施“蓝天计划”二期，扶持建设一批集养育、康复、教育等于一体的县级儿童福利机构。推动儿童福利机构转型发展，拓展儿童福利机构综合服务功能，积极开展“明天计划”拓展工作，实施“添翼计划”项目。鼓励和支持社会力量参与儿童福利事业，健全收养评估社会化工作机制，研究制定民办儿童福利机构扶持培育政策，建立贫困家庭儿童大病慈善救助制度及专项资金，形成儿童福利服务供给多元化。加强农村留守儿童关爱保护工作，出台《关于加强农村留守儿童关爱保护工作的实施意见》，建立留守儿童关爱保护工作联席会议制度。

（四）协力推进残疾人事业发展

认真落实省委、省政府加快推进残疾人全面小康进程的决策部署，在普惠政策基础上，落实残疾人在社会福利、社会救助等方面的各项特惠政策，协同残联等有关单位完善残疾人法律法规政策体系。认真落实残疾人两项补贴制度，履行主管部门职责，做好补贴资格审定、监督管理等工作，推进残疾人生活和护理两项补贴制度与相关社会福利、社会救助、社会保险制度有机衔接。推动社区各类服务设施、服务资源与残疾人共享。推进民政系统精神卫生工作，完善布局规划，到2020年，基本实现每个设区市拥有1所精神病人社会福利院；探索“大专科、小综合”发展模式，提高医疗服务能力和康复服务水平。切实推进“福彩助我行”行动，完善有关康复辅具的生产、配置的扶持和管理政策。全面推进福利企业依法管理，落实福利企业支持政策，加强福利企业监督，保障残疾人职工合法权益。

（五）促进慈善事业健康发展

贯彻落实《中华人民共和国慈善法》，积极推进我省慈善立法进程，完善慈善事业政策法规体系。贯彻落实省政府《关于加快推进慈善事业发展的实施意见》，构建组织化、专业化、多元化的现代慈善事业发展格局。加大政策扶持力度，完善慈善组织法人治理结构，建立健全内部管理制度，推动慈善超市转型升级，打造城乡基层公益慈善综合服务平台。规范慈善组织开展对外合作的具体方式，坚持慈善宗旨。在合法、安全、有效的原则下拓展投资渠道，提高投资收益率，确保慈善资金保值增值。建立全省慈善信息发布平台，完善慈善信息披露制度，提高慈善事业透明度和公信力。加强慈善文化建设，大力弘扬扶贫济困、诚信友爱、互帮互助、奉献社会的良好风尚，打造“向善的力量”慈善品牌。坚持“责任彩票”，立足稳中求进，加强社会监督，实现安全运行，以法治规范和引领福利彩票事业跨越式增长。

（六）健全防灾减灾救灾体制

推动《浙江省自然灾害救助办法》立法工作，进一步健全防灾减灾救灾体系。完善防灾减灾救灾综合协调机构和工作机制，建立防灾减灾救灾专家队伍。完善救灾应急预案，健全灾害预警评估和灾害损失评估机制，提升应急反应和处置能力。优化救灾物资储备网络，加强浙东、浙南、浙西、浙北四个省级救灾物资储备分中心建设和管理。完善实物储备与虚拟储备相结合的救灾物资储备机制，增强救灾应急保障能力。规范避灾安置场所建设，到2020年，形成市、县（市、区）、乡镇（街道）、村（社区）四级避灾安置体系，充分保障受自然灾害和突发公共事件影响、需要转移安置的群众基本生活所需。全面实施巨灾保险制度。规范受灾人员救助标准，探索建立与经济社会发展水平相适应的调整机制。加强防灾减灾救灾宣传，促进防灾减灾救灾文化建设。深入推进“综合减灾示范社区”创建活动，提升基层群众防灾减灾意识和水平。提高防灾减灾救灾信息化水平，加强救灾应急指挥系统建设，建立健全省、市、县、乡四级自然灾害救助管理信息系统。加强基层灾害信息员队伍建设，推进灾害信息员职业技能培训工作。建立完善支持社会力量参与自然灾害救助的工作机制。

四、充分激发社会活力，不断创新基层社会治理

（一）完善城乡社区治理

大力培育社区治理参与主体，推动各主体参与互动，形成较为完善的社区、社会组织、社会工作“三社联动”机制，促进居民在城乡社区治理、基层公共事务和公益事业中实现自我管理、自我服务、自我教育、自我监督。切实加强社区党组织、村（居）民委员会建设。加强社会组织参与社区治理的制度设计，探索开展政府购买社区服务项目清单编制工作，制订社区公益创投计划、社区服务类社会组织培育计划。到“十三五”末，全省社区社会组织总量达到15万个以上。完善基层群众自治制度，加强城乡社区协商。加快推进“智慧社区”建设。加强社区工作者队伍专职化、专业化建设，到“十三五”末，农村社区服务队伍专职化进一步提升，社会工作服务覆盖到

半数以上农村社区，所有城市社区建立社会工作室。指导完善村规民约、社区公约，提高城乡社区治理法治化水平。健全农村社区服务设施和服务体系，推进服务信息化，提升农村社区公共服务供给水平，逐步构建县（市、区）、乡（镇）、村三级联动互补的基本公共服务网络。积极推动基本公共服务项目向农村社区延伸，促进城乡基本公共服务均等化。推动农村社区公益性服务、市场化服务创新发展，完善农村社区志愿服务站点布局，搭建社区志愿者、服务对象和服务项目对接平台。支持社会力量在农村兴办养老助残、扶贫济困等各类社会事业。

（二）激发社会组织活力

健全激发社会组织活力的体制机制，着力构建与我省经济社会发展水平相适应的社会组织体系。到2017年，初步构建一个数量充足、机制完善、作用突出的现代社会组织体制的基本框架。2020年，形成政社分开、权责明确、依法自治的现代社会组织体制。深化社会组织登记管理制度改革，适时推动社会组织地方性法规的制定或修订，建立健全社会组织直接登记和双重管理相结合的登记管理制度，重点培育、优先发展行业协会商会类、科技类、公益慈善类、城乡社区服务类组织。培育发展社区社会组织，枢纽型、支持型社会组织基本覆盖每个街道（乡镇）和城乡社区。引入竞争机制，允许在条件成熟的领域实行“一业多会”。优化社会组织发展环境，逐步加大政府向社会组织转移职能和购买服务的力度，完善社会组织培育发展机制，将符合条件的社会组织纳入政府产业扶持和社会事业发展扶持政策范围。完善社会组织党建工作体制和社会组织协商民主机制。深化政社分开，分类推进社会组织在机构、人员、职能、资产、财务等方面与行政机关脱钩，加强社会组织自身建设。健全社会组织监管体系，按照“统一登记、各司其职、协调配合、分级负责、依法监管”的要求，明确登记管理机关、行业管理部门、业务主管单位以及相关职能部门职责，切实履行各自的监管责任。加强社会组织评估和信用体系建设，拓宽社会监督渠道。

（三）加快社工人才队伍建设

完善社会工作制度体系，推行证书登记服务制度，加快建设社会工作信息管理系统，加强基础信息收集与应用。加强社会工作职业规范建设，推进服务标准体系建设，优化社会工作职业环境。完善社会工作考评体系，建立健全社会工作专业人才评价机制和社会工作服务机构评估制度。加强社工人才队伍建设，加大社会工作职业水平考试组织力度，推行社会工作专业人才继续教育，建立社会工作继续教育基地与社会工作专业实训基地。加强社会工作督导培养，建立社会工作实习督导和实务督导制度，推动相关高校与服务机构的交流合作。大力推动社会工作服务发展，拓宽社会工作服务领域，在社会福利、社会救助、慈善事业、社区建设等民政领域加快开展社会工作服务。加大社会工作岗位开发设置力度，推动社会工作服务相关事业单位加快开发设置社会工作专业岗位，推动城乡社区建立社会工作室。积极培育发展民办社工机构，完善民办社工机构培育扶持政策，将民办社工机构及相关社会组织纳入社会组织孵化基地培育扶持范围。发挥社会工作专业人才在社区建设中的专业优势，引导社会工作服务机构深入社区开展服务。推动社工与志愿者联动服务，建立面向社会的志愿服务动员系统，培育一支参与广、功能强、作用好的社会服务志愿者队伍。力争到2020年，社会工作专业人才的数量、结构、素质能力和社会工作服务的领域、规模、质量基本适应我省经济社会发展的需要。全省社会工作专业人才总量达到4.5万人，其中中级社会工作专业人才达到1万人。

五、提升专项事务能力，不断优化基础社会服务

（一）提高双拥优抚工作水平

按照“需求牵引、政府主导、项目落地、军地双赢”的思路，坚持优势互补、利军惠民、机制创新，努力实现军地相互促进、协调发展。深入开展全国双拥模范城（县）和省级双拥模范城（县、区）创建，创新双拥在基层活动形式，认真抓好各项双拥政策法规的落实，努力形成全要素、多领域、高效益的军民深度融合发展格局。加大社会化双拥工作力度，充分调动社会组织、社区和社会各界的热情，营造浓厚的拥军优属氛围，扩大双拥优抚服务的社会化成果。贯彻落实《军人抚恤优待条例》《烈士褒扬条例》《浙江省军人抚恤优待办法》等，构筑优抚工作政策法规体系新框架，着力推进优抚政策待遇落实、烈士纪念褒扬宣教、优抚事业单位建设和复退军人维稳工作，提高各类优抚对象抚恤补助标准、医疗保障水平，加大社会优待力度，

推进在城乡区域间统筹平衡，逐步实现优抚保障模式城乡一体，推动优抚工作迈上新台阶。

（二）深化退役士兵及军休安置改革

深化退役士兵安置改革，实行城乡一体安置制度。全面推行退役士兵职业教育和技能培训，增强退役士兵就业创业能力，扶持退役士兵就业创业。退役士兵职业教育和技能培训政策知晓率达100%。规范工作程序，改进交接办法，做好军队离退休干部和退休士官、无军籍职工移交安置和服务管理工作。结合安置管理体制机制调整，继续提升军休人员服务管理水平，大力推进军休服务管理机构规范化建设。加大对重点服务管理机构基础设施建设项目的投入支持，建设一批现代化的军休服务管理示范单位。进一步推动国家保障与社会化服务相结合，提升军休服务管理水平。全面推进军供保障能力现代化，建立省军供工作指导中心，优化军供站点布局，加强军供站基础设施建设，规范管理服务，不断提高军供服务品质和保障能力。

（三）优化区划地名服务格局

积极适应新型城镇化和城乡一体化要求，进一步完善全省城镇行政区划设置，认真研究和科学设置都市区、区域中心城市、县城和中心镇的行政区划。有重点、有秩序地推进撤县（市）设区、撤县设市工作。稳妥开展乡镇行政区划调整，优化乡镇行政区划格局。建立和完善行政区划调整论证评估机制，完善行政区划调整决策程序。全面完成第二次全国地名普查，强化普查成果转化，推进地名管理执法监察，健全地名公共服务体系，推进地名管理信息化水平，利用空间地理信息数据，建立地名管理信息系统和公共服务信息平台，提高地名管理规范化水平，建立健全地名文化保护制度，开发地名文化服务产品。完善行政区域界线管理制度规范，健全界线管理制度机制，加强行政区域界线日常管理，完成陆域行政区域界线联合检查任务，完善界线纠纷隐患调处长效机制，加强危机防范和源头治理，深化平安边界建设。探索界线管理向乡镇、村延伸的全覆盖工作，加强边界文化建设，提高界线管理的社会参与度与支持度。

（四）深化殡葬婚姻事业改革

贯彻落实《关于进一步深化殡葬改革的意见》，完善覆盖城乡的基本殡葬服务保障体系，推进基本殡葬公共服务网络建设。大力推行绿色殡葬、生态葬法，逐步把骨灰撒散、树葬、花葬、海葬等节地生态安葬方式纳入奖补范围。到2020年，全省生态葬法行政村覆盖率达到95%以上。加强殡葬基础设施建设，优化布局、完善功能，到2020年全部火化设施污染物排放限值达到国家标准。科学规划经营性公墓、乡村公益性公墓和城乡公益性骨灰堂。进一步提升基本殡葬服务水平，提高殡葬公共服务供给能力，鼓励、支持社会力量参与殡葬改革，探索综合治理长效机制，切实提高殡葬执法水平。全面规范婚姻登记工作，推进婚姻登记机关标准化建设。完善婚姻登记信息管理系统，开展历史数据核对工作，实现与法院、公安、司法等相关部门婚姻信息共享。探索开展异地办理婚姻登记工作。积极推广结婚登记免费颁证仪式，引入社会力量推进完善婚姻家庭辅导工作，促进和谐婚姻家庭建设。

（五）推动水库移民创业致富

完善移民创业致富政策，加大生产开发扶持力度，创新移民增收模式，加强移民职业技能培训，提升移民创业致富能力。全面落实移民后期扶持政策，建立健全精准扶持机制，提高后期扶持政策实施效果。积极开展水库移民避险解困工作，健全项目库管理信息平台，推进水库移民美丽家园建设。到2020年，库区和移民安置区基础设施、生态环境和移民生产生活条件得到根本改善，水库移民人均可支配收入总体达到当地农村居民的平均水平。完善移民安置管理制度，规范我省水库移民安置程序，减少水库遗留问题，保障移民合法权益。加强对省内大中型水利水电工程移民安置工作的管理和监督工作。完成滩坑电站工程竣工验收。加强移民资金监管，完善移民项目资金分配办法，提高移民资金使用绩效。加快移民资金使用节奏。加大移民资金使用管理的监督检查力度，加强移民资金使用内部审计和绩效评价工作，每年开展30%以上的县（市、区）移民资金内部审计或检查，确保资金安全。加强水库移民工作与其他民政业务工作的融合。

六、加强综合能力建设，强化规划实施保障

（一）加大重点项目建设力度

始终坚持“规划引领、项目支撑、社会参与、规范管理”，加快推进基本养老服务、社区服务、综合防灾减灾、精神卫生服务、儿童福利服务、社

会救助服务、优抚安置服务、社会组织服务、社会事务、其他民政公共服务等十大类民政公共服务设施建设。重点推进社会救助体系、社会养老福利服务体系、社会儿童福利保护体系3个建设工程和规模较大且在行业内具有示范引领作用的68个单体建设项目。充分发挥重点工程、项目的支撑带动作用，建设形成布局合理、功能完善、服务便捷的民政公共服务设施网络，不断强化民政社会服务基础保障能力，进一步满足城乡居民需求。

表3　“十三五”时期民政事业发展重点建设项目库

地　区	序号	项　目　名　称
省本级	1	浙江民康中心异地扩建工程
	2	浙江省复员退伍军人精神病疗养院（宁波市精神病院）扩建工程
杭州市	3	杭州军供站迁建工程（杭州市城东市级应急避灾疏散基地）
	4	杭州市救助管理站（杭州市救灾物资储备库）
	5	杭州市民政事业发展服务示范园
	6	杭州市城北老年活动中心
	7	杭州殡仪馆改扩建工程
	8	西湖区社会福利中心二期
	9	俞章村敬老院一期
	10	滨江区“阳光家园”社会福利中心
	11	杭州经济技术开发区老年养护院
	12	萧山区殡仪馆改扩建工程
	13	余杭区社会福利中心迁建项目
	14	富阳区社会福利中心二期
	15	建德市社会福利中心一期
	16	城南老年公寓
	17	淳安县千岛湖养老服务中心
宁波市	18	宁波市社会福利中心改扩建工程
	19	宁海县老年公寓
	20	鄞州中心城区老年乐园
	21	海曙区中心福利院
	22	江东区桑家老年公寓
	23	江北区慈孝乐园

续表

地 区	序号	项 目 名 称
宁波市	24	浙鑫康乐颐养院
	25	北仑老年公寓
	26	慈溪市社会福利院二期工程
	27	慈溪市老人公寓迁建工程
	28	高新区养老院
	29	余姚市长青老年公寓二期工程
温州市	30	温州市救助管理站迁建工程
	31	泰顺县殡仪馆异地迁建工程
嘉兴市	32	嘉兴市老年公寓
	33	嘉善县社会福利中心
湖州市	34	南浔区社会福利中心
	35	吴兴区第二社会福利中心
	36	湖州市养老护理中心
	37	湖州市军供站、救灾物资储备库省级分库
	38	德清县老年活动中心、妇女儿童中心
	39	安吉县多功能老年活动中心
	40	长兴县综合福利中心
绍兴市	41	绍兴市第二社会福利中心
	42	绍兴市柯桥区社会福利中心二期工程
	43	绍兴市鉴湖镇养老服务中心装修改造工程
	44	上虞区社会福利中心异地新建工程
	45	绍兴市公墓
金华市	46	永康市社会福利中心二期工程
	47	浦江县养老中心一期
	48	武义县殡仪馆
	49	东阳市红枫林养生中心
衢州市	50	衢州市社会福利中心
	51	常山县社会福利中心
	52	江山市第二福利院（一期）
	53	江山市综合性殡仪服务中心和经营性公墓建设

续表

地区	序号	项目名称
舟山市	54	新舟山市百叶颐养院
	55	舟山市普陀区禾仁颐养院
	56	嵊泗县仁爱家园（精神卫生服务项目）
台州市	57	台州市社会福利院
	58	黄岩区福利中心
	59	温岭市福利中心
	60	仙居县福利中心及救灾物资储备仓库
丽水市	61	丽水市怡福家园
	62	丽水市和众养护院
	63	丽水市救灾储备中心（社会救援组织活动中心）
	64	景宁畲族自治县老年活动中心
	65	龙泉市综合性殡仪服务中心和第二生态公墓建设
	66	庆元县城社会公墓
	67	云和县太阳山桑后湾公墓
	68	云和社区老年公寓

（二）进一步强化法治建设

按照全面深化“法治浙江”建设要求，充分发挥立法的引领和推动作用，积极推动依法行政，提高民政事务参与主体的法治意识，为现代大民政建设提供法治保障。加强重点领域立法，逐步消除民政领域立法空白，及时制定和定期清理配套行政规范性文件。加强民政行政执法规范化建设，健全民政执法监管工作机制，完善民政法治实施体系。加强民政执法监督体系建设，落实政府信息公开制度，开展经常性专项执法检查，及时纠正和查处各种违法和不当的行政行为。加强民政法治队伍建设，全面建立政府法律顾问制度，鼓励基层民政部门建立专门法制工作机构，推进基层民政部门建立民政综合执法机构。到2020年左右，基本形成完善的民政政策法规体系、民政法治实施体系、民政法治监督体系和民政法治保障体系。

（三）进一步强化信息化建设

加强顶层设计，从数据标准、开发标准、接口标准入手，健全民政信息化工作标准体系。推进民政数据交换中心建设，进一步完善民政“大数据”，加强数据应用的整理分析，满足于决策指挥、社会管理、公共服务工作需要，向民政服务对象提供便捷、完善的信息服务，有力支撑现代民政事业发展。积极做好社会救助、养老服务、社区建设、社会组织登记管理、救灾报灾、婚姻登记、地名管理服务、社会工作、社会慈善、殡葬管理、福利企业管理和水库移民管理等方面的信息化工作，指导基层民政部门信息化建设，形成“上下联动、高效均衡”的信息化工作体系。

（四）进一步强化体制机制创新

加强顶层设计，制定完善民生保障、社会服务、社会治理的政策体系，深化社会救助、养老服务、儿童福利、城乡社区、社会组织、社会工作的体制机制改革，努力构建政府管理与社会自治相结合、政府主导与社会参与相结合的社会治理和公共服务体制。增强民政政策理论研究的前瞻性、全局性、适用性，为民政事业发展提供决策依据。积极探索信息化、数据化服务管理方式，加强防灾减灾、老年福利、康复辅具、殡葬服务等领域的民政科技运用。加大政府购买服务力度，引导更多的民间资金参与民政事业发展。

（五）进一步强化标准化建设

建立健全与全省民政事业发展相适应的民政标准化管理体制与工作机制，构建结构合理、科学实用、协调配套的民政标准体系，组建民政标准化人才队伍，完善民政管理与服务标准体系。实施政府治理标准化推进工程，以标准化推进基本公共服务均等化，加快养老服务、社会救助、社区、社会组织和专业社会工作等民政重点领域标准研制，为全省民政事业发展提供支撑。

（六）进一步强化人才队伍建设

深化人才发展体制机制改革，以专业化、职业化为目标，努力培养造就一支包括行政管理人才、专业技术人才、技能人才、社会工作专业人才在内的数量充足、素质优良、结构合理的民政人才队伍。加强以业务素质、服务意识、创新能力为重点的教育培训工作力度，培育壮大社区工作者、社会工作者和志愿者队伍，提升民政人才队伍整体工作能力和水平。积极争取地方党委政府的支持，以设置公益岗位、政府购买服务等形式，充实加强基层民政队伍力量。深化与高等院校合作，通过增设专业、委托培训等形式，加大民政服务类人才的储备培育。坚持从民政事业发展实际出发，深化“阳光民政”建设，深化行政审批制度改革，深化廉政风险防控机制建设，努力形成按制度办事、靠制度管人的良好局面。

关于《浙江省民政事业发展“十三五”规划》的编制说明

现就《浙江省民政事业“十三五”规划》（以下简称《规划》）的编制情况说明如下：

一、《规划》编制过程

根据省委、省政府的统一部署，按照省发改委有关要求，2014年7月，厅党组成立了由尚清厅长任组长的规划编制工作领导小组，拟订实施方案，启动规划编制工作。规划编制过程分为三个阶段：一是前期研究阶段（2014年7月—2015年6月）。会同浙江大学、浙江工业大学、浙江工商大学、浙江农林大学等院校，选择了9个研究课题，开展前期思路和相关课题研究，并于2015年6月15日召开课题研究成果汇报会。二是规划框架形成阶段（2015年6月—2015年10月）。在全面梳理总结“十二五”经验，认真分析研究“十三五”期间经济社会发展背景特点的基础上，利用前期课题研究成果并充分吸收各市、县（市、区）民政部门意见，编制形成《规划》初稿。三是规划修订报审阶段（2015年10月—2016年6月）。先后于去年10月和今年4月，两次征求省级有关部门和各市、县（市、区）民政部门意见，并根据反馈意见，对规划文本做了进一步的修改完善。其间，与民政部就规划指标进行了衔接。2016年6月17日，召开“十三五”规划专家论证会，根据专家提出意见再次对规划文本进行修改完善，形成送审稿。

二、《规划》编制主要特点

一是注重前期理论研究。根据全面促进民政事业深化改革和建设“现代大民政”的总体要求，规划编制注重以充分的理论研究来支撑规划的观点、目标和任务，充分利用浙大民政研究中心这一平台，引导社会力量参与，就“社会福利事业发展”“社会救助体制机制改革创新”“城乡社区治理”等9个子课题开展了深入研究，为《规划》文本的形成提供了重要的基础资料。

二是规划战略起点较高。《规划》围绕“创新、协调、绿色、开放、共享”五大理念，以全面深化民政事业改革为总体发展要求，在综合考虑民政部规划布局和浙江省实际的基础上，确定了9项主要发展指标。每一个分项指标都是经过广泛征求意见，反复推敲论证设定的，具有较强的前瞻性和可操作性。在重点推进社会救助、社会养老服务和社会儿童保护三个体系建设的同时，从项目储备库中选取了行业领域内具备示范引领作用、具有较大建设规模的68个单体项目，作为“十三五”时期我省民政事业发展的重点建设项目。

三是规划体系更加完整。在总体规划下，分别设置了社会福利、基层社区治理、水库移民扶持三个子规划。规划突出了保障和改善民生的基本职能，突出了城乡一体化的发展目标，突出了适度普惠的制度设计，突出了“法治化、标准化、多元化、信息化、社会化”五化建设标准等发展重点。

三、《规划》文本的基本框架

《规划》文本共六大部分，约1.6万字。第一、第二部分是“十三五”规划的发展背景、总体思路、基本原则和发展目标。全面分析总结“十二五”时期工作经验，对“十三五”期间民政事业发展提出纲领性要求；第三、第四、第五部分为“十三五”民政事业发展主要任务，依次从改善民生、促进民主、优化服务三方面进行详尽表述。第六部分专章表述落实规划的保障措施。

《规划》文本在正文的基础上，穿插了3张图表，主要反映“十二五”规划执行情况、“十三五”规划主要发展目标和即将付诸实施的68个重点建设项目，力求《规划》目标简洁明确，《规划》文本直观具体。

四、《规划》主要指标说明

（一）“每千名老年人拥有社会养老床位数”指标

1. 指标解释

每千名老年人口拥有养老床位数是指城乡老年社会福利院、养老院或者老人院、老年公寓、护老院、养护院和社区服务机构中养老床位数的总和除以当年期末老年人口数乘以1000。

计算公式：每千名老年人口拥有社会养老床位数=（社会养老床位数÷当期期末老年人口数）×1000

护理型床位比例=（护理型床位数÷机构养老床位数）×100%

2. 指标意义

设置每千名老年人拥有社会养老床位数这一指标，可以明确现有社会养老服务设施与规划目标之间的差距，强化各级政府的责任，进而加大对社会养老方面的政策支持和资金投入。同时，也有利于社会各界深化对人口老龄化形势的认识，引导社会资本加大对社会养老服务设施的投资力度，共同推进养老服务业发展。

3. 指标提出依据

《中共中央关于全面深化改革若干重大问题的决定》提出：积极应对人口老龄化，加快建立社会养老服务体系和发展老年服务产业。《浙江省人民政府关于加快发展养老服务业的实施意见》（浙政发〔2014〕13号）（以下简称省政府13号文件）明确提出：到2020年，全面建成以居家为基础、社区为依托、机构为支撑，功能完善、布局合理、规模适度、覆盖城乡的养老服务体系。全面确立以护理型为重点、助养型为辅助、居养型为补充的养老机构发展模式，每千名老年人拥有社会养老床位达到50张，其中机构床位数不少于40张，护理型床位占机构床位比例不低于50%，民办（民营）机构床位占机构床位比例力争达到70%。

4. “十三五”规划目标值

到“十三五”末，全省每千名老人拥有社会养老床位50张，其中护理型床位占机构床位比例不低于50%。

5. 目标值测算方法和依据

2015年末全省老年人口为984万人。预计到2020年末，全省老年人口将达到1186万人。根据省政府13号文件要求，全省每千名老人拥有社会养老床位约为50张，其中机构床位数40张，护理型床位占机构床位比例不低于50%。据此测算，到2020年，全省社会养老床位数将达到59.3万张，其中：机构床位数47.5万张，护理型床位24万张。

（二）“福利彩票年销售量”指标

1. 指标解释

浙江省福利彩票各类型游戏年销售总额。

2. 指标意义

设置该指标能够进一步促进网点扩容和公益项目的广泛化与多元化，使“扶老、助残、救孤、济困”的福彩发行宗旨和“公益、慈善、健康、快乐、创新”的福彩文化更广泛地获得社会的认同。福利彩票公益金的投入，有效地推进我省社会福利体系、社会救助体系、社区服务体系建设，为民生保障事业作出更大贡献。

3. 指标提出依据

2015年全国福利彩票工作会议指出：福利彩票事业要坚持持续健康发展，在新起点上谋求新发展。2015年全省民政工作会议提出：构建政府、市场、社会“三力合一”和公信、公众、公益“三位一体”的现代福利彩票体系，加快福彩事业健康发展。

4.“十三五”规划目标值

福利彩票年销售量达到200亿元。

5. 目标值测算方法和依据

结合市场环境评估及竞争力分析，如无重大政策调整，预计福彩发展在此阶段将以“稳增长、调结构”为主，进入中速发展的新常态，年均保持7.4%左右增速。据此，“十三五”末年销售量预测达到200亿元，其间总销量预测超过800亿元。

（三）“低保标准城乡一体化程度”指标

1. 指标解释

低保标准城乡一体化程度是指农村低保标准占城市低保标准的比重。

2. 指标意义

低保标准城乡一体化程度反映的是城乡低保水平的差距。为与我省经济社会发展水平相适应，并根据城乡协同发展、户籍制度改革等因素，城乡低保水平差距应逐步缩小，有条件的地区可以实行城乡统一。以低保标准城乡一体化程度为指标，能够直观体现城乡低保水平的差异度。推进城乡一体化是低保制度的重要目标，该指标的设置符合党的十八届三中、四中、五中全会关于让全体人民群众共享改革发展成果以及省委、省政府高水平建成小康社会和依法行政的要求。

3. “十三五”规划目标值

到“十三五”末，低保标准城乡一体化程度达到80%以上。

4. 目标值测算方法和依据

《浙江省社会救助条例》（省十二届人大常委会第十一次会议通过）明确，农村最低生活保障标准不低于当地城镇最低生活保障标准的70%，并逐步缩小城乡差距。有条件的地方可以实行城乡统一的最低生活保障标准。“十二五”规划设定了农村低保标准达到城市低保标准的75%的目标，到“十二五”末，各地均顺利完成目标要求，其中宁波全市、嘉兴全市、湖州全市、舟山全市、杭州城区、云和县、平阳县、义乌市、玉环县已率先实现城乡统一的低保标准。建议我省“十三五”期间继续提高低保标准城乡一体化程度，农村低保标准达到城市低保标准的80%以上，稳步缩小城市和农村低保标准差距。

（四）“医疗救助政策落实率”指标

1. 指标解释

医疗救助政策落实率指标是指年度获得直接医疗救助（包括门诊救助和住院救助）的人数占当年度申请并符合医疗救助条件对象的比例。

2. 指标意义

医疗救助政策落实率反映医疗救助政策执行情况。符合医疗救助条件的申请对象能及时获得医疗救助，是确保医疗救助制度惠及因病困难群众的重要措施和工作要求，符合困难群众根本利益，也符合党的十八届三中、四中、五中全会关于让全体人民群众共享改革发展成果以及省委、省政府高水平建成小康社会和依法行政的要求。

3. 指标提出依据

《浙江省社会救助条例》《浙江省人民政府办公厅关于进一步完善医疗救助制度有关问题的通知》确定特困供养人员、最低生活保障家庭成员、最低生活保障边缘家庭成员、因病致贫人员和县级以上人民政府规定的其他特殊困难人员五类医疗救助对象。符合上述五类对象条件的救助申请者，有及时获得政府医疗救助的权利，政府要做到“应救尽救”。

4.“十三五”规划目标值

“十三五”期间，医疗救助政策落实率达到100%。

5. 目标值测算方法和依据

为确保医疗救助政策有效执行，申请并符合医疗救助条件的对象获得医疗救助的比例应达到100%，做到“应救尽救”。

（五）“万人拥有社会组织数量”指标

1. 指标解释

社会组织包括在民政部门依法登记的社会团体、民办非企业单位、基金会等。

计算公式：万人拥有社会组织数量=（社会组织登记数÷年末常住人口）×10000

2. 指标意义

该指标对社会组织发展具有观察和激励作用，是衡量一个地区社会组织发育的重要指标，反映社会组织的发育程度和参与社会治理和提供公共服务的成效。

3. 指标提出依据

浙江省两办《关于加快推进现代社会组织建设的意见》提出总体目标：到2017年，初步构建一个数量充足、体制完善、作用突出的现代社会组织体制框架。到2020年，社会组织管理体制进一步健全，培育环境进一步优化，发展格局进一步完善，全省社会组织成体系、成建制、成规模培育发展，社会组织、社区建设、社会工作“三社联动”，有序参与社会治理；民政部也将该指标作为“十三五”规划主要发展指标。

4.“十三五”规划目标值

到“十三五”末，每万人社会组织数为9.5个。

5. 目标值测算方法和依据

2015年末，浙江常住人口数为5539万，社会组织数为43784个，每万人社会组织数为7.9个。按照社会组织数近年来的年均增长率计算，预期“十三五”末社会组织会增加到5.5万个，根据浙江常住人口自然增长规律，预测到2020年末万人社会组织数量将达到9.5个。

（六）“社会工作专业人才占总人口比例”指标

1. 指标解释

该指标主要统计社会工作专业人才数量在全省总人口中的占比。“社会工作专业人才”是指具有一定社会工作专业知识和技能，在社会福利、社会救助、慈善事业、社区建设、婚姻家庭、精神卫生、残障康复、教育辅导、就业援助、预防犯罪、禁毒戒毒、矫治帮教、应急处置等领域直接提供社会服务的人员。

计算公式：社会工作专业人才占总人口比例=（社会工作专业人才数 ÷ 全省总人口数）× 100%

2. 指标意义

“社会工作专业人才占总人口比例”是社会工作发展情况最基本、最直观的指标数据，是检验社会服务专业化水平的重要标准，它体现了社会工作专业人才数量与人民群众不断增长的社会服务需求的相匹配程度。

3. 指标提出依据

中组部等19部门印发的《社会工作专业人才队伍建设中长期规划（2011—2020年）（中组发〔2012〕7号）》提出要“采取有力措施，加快推进社会工作专业人才队伍建设，促进经济社会协调发展”。省委十三届四次全会明确提出要加强社会工作者队伍建设，支持和发展志愿服务组织。兄弟省市和我省社会工作实践表明，加强社会工作专业人才队伍建设，加快推进社会工作发展，对解决社会问题、应对社会风险、创新社会治理具有重要基础性作用。

4.“十三五”规划目标值

到“十三五”末，社会工作专业人才占总人口比例达到0.8‰。

5. 目标值测算方法和依据

截至2015年8月，我省共有社会工作专业人才2.53万人，占全省总人口的0.46‰。按照中央关于加快推进社会工作专业人才队伍建设的要求，一方面，我省要努力壮大社会工作专业人才队伍，使其与经济社会协调发展，更好满足人民群众日益增长的社会服务需求。另一方面，需要考虑我省社会工作专业人才队伍增长的潜力。经过近几年各地的大力宣传发动，我省社会工作专业人才队伍快速壮大（详见下表），但同时可以预见，经过前几年的充分动员，接下来的5年，社会工作专业人才很难继续保持之前的快速增长态势。此外，与广东、上海等社会工作先行地区相比，我省社会工作专业人才队伍建设总体制度和相关配套制度还不完善，这也在一定程度上制约着今后一个时期我省社会工作专业人才队伍的发展。综合考虑各方面因素，我省社会工作专业人才队伍在接下来的5年假定年均能以22.2%的比例增长（历年来社会工作者最低增长率），到2020年可达到4.5万人，再考虑我省人口自然增长因素，预测该指标目标值约占全省总人口的0.8‰。

社会工作者历年考出人数统计表

年　份	考出人数	增长率 %
2008	2008	—
2009	3007	49.8
2010	3791	26.1
2011	4634	22.2
2012	7250	56.5
2013	10119	39.6
2014	12753	26.0
2015	16133	26.5

（七）“农村社区服务中心覆盖率”指标

1. 指标解释

农村社区服务中心主要指，在社区层面提供社区居家养老等服务，重点发展面向老年人及其家庭的商品递送、医疗保健、家庭保洁、日间照料、陪伴等服务以及综合性、多功能的村级服务设施。

计算公式：农村社区服务中心覆盖率=（农村社区服务中心数量 ÷ 农村村民委员会数量）× 100%

2. 指标意义

基于农村公共服务基础设施和公共服务设施建设起点低、底子薄、欠账多，建设相对滞后的实际，亟待增加对农村社区服务体系建设的专项投入，为推动城乡基本公共服务均等化进程提供积极动力，进一步健全农村社区服务体系，提升农村社区服务质量和水平。

3. 指标提出依据

党的十八大报告明确提出：切实增强城乡社区服务功能。党的十八届三中全会明确提出：统筹城乡基础设施建设和社区建设。《国家新型城镇化规划（2012—2020年）》提出：加快公共服务向农村覆盖。民政部也将农村综合服务设施覆盖率指标列为“十三五”规划的主要发展指标。2015年底，我省村级社区服务中心覆盖率达到92%，为整体提升城市社区服务居民的能力，并推动城乡社区服务能力统筹发展，建议将“农村社区服务中心覆盖率”指标纳入“十三五”规划。

4.“十三五”规划目标值

到“十三五”末，农村社区服务中心覆盖率达到95%。

5. 目标值测算方法和依据

2010年全省农村社区服务中心覆盖率指标实际为79%，2014年底为90%，2015年底为92%，提出“95%”的规划目标值。理由依据如下：一是适当扩面，不追求速度，重在提高农村社区建设质量和服务水平。二是重点加强农村社区服务的阵地巩固、设施充实、制度完善、水平提升，全面推进高水平农村社区建设。三是“十二五”期间，随着城市化进程的加快，我省大力推进农村社区综合服务设施建设，已覆盖大部分的行政村，剩下的都是位置偏远、规模较小或经济条件相对薄弱的地方，有些地方村规模较小，存在几个村设一个社区的情况，有的村民委员会处于动态变化状况，分分合合，不确定因素很多，工作难度大，不利于设定更高目标。

（八）“社区公共服务综合信息平台覆盖率”指标

1. 指标解释

社区公共服务综合信息平台是依托信息化手段和标准化建设，整合公共服务信息资源，采取窗口服务、电话服务和网络服务等形式，面向社区居民提供基本公共服务的平台。

计算公式：城市社区公共服务综合信息平台覆盖率=（建成社区公共服务综合信息平台城区数÷所辖城区数）×100%（仅在省、市两级统计）

农村社区公共服务综合信息平台覆盖率=（应用综合信息平台的农村社区（村）数量÷农村社区（村）数量）×100%

2. 指标意义

社区公共服务综合信息平台建设是社区信息化建设的基础工程，积极推进社区公共服务综合信息平台建设，有利于扩大政务信息共享，整合公共服务信息资源，降低行政管理成本，有利于减轻社区组织的工作负担，优化社区自治环境，提升社区服务和管理能力；有利于保障基本公共服务均等供给，改进基本公共服务提供方式，拓展社区服务内容和领域，为建立多元化、多层次的社区服务体系打下良好基础。

3. 指标提出依据

2013年，民政部、发展改革委、工业和信息化部、公安部、财政部出台《关于推进社区公共服务综合信息平台建设的指导意见》（民发〔2013〕170号），要求各地积极推进社区公共服务综合信息平台建设。《社区服务体系建设规划（2011—2015年）》也提出：积极推进社区服务信息化建设，在有条件的地区，建设社区综合服务信息平台，逐步提高社区信息装备条件和社区服务的信息化水平要求。

4.“十三五”规划目标值

参照民政部“十三五”规划主要发展指标，城市社区公共服务综合信息平台覆盖率应达到60%，农村社区公共服务综合信息平台覆盖率应达到30%。

（九）“生态安葬法行政村覆盖率”指标

1. 指标解释

该指标是指全年全省生态安葬法行政村的数量占全省行政村的比例。

计算公式：生态安葬法行政村覆盖率=（生态安葬法行政村的数量÷行政村数量）×100%

2. 指标意义

遗体处理方式改革是推行殡葬改革的基础，骨灰处理方式改革则是殡葬改革的最终落脚点。骨灰如何规范合理地安放，直接影响到殡葬改革节约资源、保护耕地的宗旨能否体现，把节地生态安葬情况纳入全省民政事业

“十三五”规划，有助于推动各地加大葬式葬法改革力度。

3. 指标提出依据

中央两办《关于党员干部带头推动殡葬改革的意见》（中办发〔2013〕23号）和省两办《关于进一步深化殡葬改革的意见》（浙委办发〔2014〕72号）明确指出：要大力推行节地生态安葬，逐步降低占地安葬比例，减少土地等资源消耗，并且特别强调把推行少占或不占地的安葬方式作为殡葬改革的重中之重，积极引导群众转变传统丧葬观念，大力推广绿色殡葬、生态葬法。实施集约化安葬，在城市和人口相对集中的乡镇、村，重点发展公益性骨灰堂，积极推行骨灰存放、树葬、花葬、草坪葬节地生态葬式，鼓励骨灰撒散、海葬或者深埋、不留坟头，逐步改变以骨灰占地墓葬为主的局面，节约土地资源，保护生态环境。

4. “十三五”规划目标值

到“十三五”末，生态安葬法行政村覆盖率达到95%。

5. 目标值测算方法和依据

目前，我省生态安葬法覆盖全省88.1%的行政村，据近几年该指标年均增长率测算，到2020年末，全省生态安葬法行政村覆盖率应达到95%。

浙江省社会福利事业发展“十三五”规划

科学制定和实施社会福利事业“十三五”规划，对于积极应对人口老龄化，提升社会福利事业发展水平，促进基本公共服务均等化，具有重要现实意义。根据国家、省国民经济和社会发展“十三五”规划《建议》和《纲要》，制定本规划。规划期为2016—2020年。

一、发展基础与背景

（一）发展基础

“十二五”时期，浙江省社会福利事业快速发展，整体水平走在全国前列，初步建立起以机构福利服务、社区福利服务、慈善公益服务、社会工作服务为主要手段，老年人、残疾人、儿童及社会其他特定困难群体为主要对象，面向全体居民，政府主导、社会参与，机构、社区、家庭、个人相互协调，适应经济社会发展水平，适度普惠的新型社会福利体系，有力地促进了“两富”“两美”浙江建设。老年福利事业和养老服务业提速推进。社会养老服务体系基本建成，于2014年提前完成“十二五”确定的“9732”目标。5年来，新增机构床位15.9万张，累计34.8万张，每千名老人拥有机构床位从2010年的24张增加到2015年底的35张。城乡社区居家养老服务照料中心从无到有，累计建成1.92万个，老年食堂1万余家，90%的县（市、区）建有居家养老服务信息系统，居家养老服务基本覆盖城市社区和大部分农村地区。全面建立了养老服务需求评估和补贴制度，累计评估600多万人次，2015年已有25万老年人享受到政府提供的养老服务补贴，实现了低保家庭失能失智老人应补尽补。进一步加强老龄工作，创建了一批“老年友好城市”和“敬老文明号”。儿童福利事业发展迅速。率先在全国开展适度普惠型儿童福利制度试点，65%的地区建立适度普惠型儿童福利制度；全面建立孤儿和困境儿童基本生活养育标准自然增长机制，困境儿童分类保障制度实现全覆盖。2015年，全省共有4.58万名孤儿、困境儿童纳入儿童福利保障；全省机构孤儿基本生活养育费月人均1378元，社会散居孤儿、事实无人抚养等困境儿童基本生活养育费月人均848元。建立基层儿童福利服务体系，三级督导服务网络基本建成。全省已建立94家儿童福利指导中心，共有2.5万名儿童福利督导员为孤儿、困境儿童、留守儿童提供福利服务和关爱保护。深入实施残疾人共享小康工程，推进残疾人的基本生活保障、基本康复服务和基本照料服务，2015年全省残疾人小康实现程度达到92.6%。实现了基本殡仪全免费。社区福利服务取得新进展。全省共建成“96345”社会公共服务信息平台76个，覆盖89个县（市、区）；实现乡镇（街道）社区服务中心全覆盖，有效提供“一站式”服务。加快推进农村社区建设，累计建成农村社区服务中心近2万个，覆盖率超过90%。慈善公益服务成效明显。已成立各类慈善组织5629个，5年来，募集善款超过170亿元，创建了一批较为知名的慈善品牌。成功开展第三、四届“浙江慈善奖”评选表彰活动。政府、市场、社会“三力合一”，公信、公众、公益“三位一体”，推动福彩工作转型发展，打造现代福彩体系，共发行福利彩票604.24亿元，筹集彩票公益金171亿元。建立福利企业地方扶持政策体系。率先出台《浙江省福利企业管理办法》，依法规范福利企业管理，1723家福利企业安置残疾职工6万余人。社会工作服务蓬勃开展。在民政事业单位、城乡社区和社会服务组织开发设置社会工作岗位，在社会福利、社会救助、慈善事业、社区建设等社会事务中的作用日益彰显。全省共有社会工作师和助理社会工作师16133人，登记民办社工机构305家，开发社会工作专业岗位3846个。

（二）发展背景

“十三五”时期，是我省高水平全面建成小康社会的决胜阶段，是建设物质富裕精神富有现代化浙江、建设美丽浙江创造美好生活的关键期，是经济新常态发展形势下强化改革创新、优化经济结构、加快转型升级、促进区域协调、打造现代服务业新引擎的关键期，是创新公共提供方式、增加公共服务供给、保障和改善民生、增进人民福祉、增强人民群众获得感的关键期。省委省政府更加关注人口老龄化发展、加强基本公共服务供给和补齐民生领域“短板”，提出要大力发展社会福利和慈善事业，推动发展老龄服务事业和养老服务产业，统筹推进城乡养老服务体系建设。我省经济社会持续平稳健康发展和省委、省政府高度重视保障和改善基本民生，为新时期社会福利事业发展创造了有利的环境和条件。

与此同时，我省社会福利事业发展中也存在一些问题和挑战。一是城乡区域发展还不够平衡，经济社会落后地区、农村地区有限的公共财政还无法满足社会福利事业发展的需要。城市化进程不断推进，户籍制度深化改革、社会福利再分配对基本福利服务向全社会群体覆盖提出了新的要求。二是我省人口老龄化发展趋势不断加快。老年人口规模持续快速扩张，高龄化趋势加剧，人口负担系数加大，空巢化现象加重。“十二五”期间，我省老年人口净增195万人，年均增长率近4.6%。截至2015年底，全省60岁及以上老年人口984.03万人，占总人口的20.19%，其中65岁及以上老年人口652.87万人，占总人口的13.40%。预计到2020年老年人口总量达到1186万人，占总人口的24.2%。养老服务多元化需求强烈，但供给总量相对不足，方式不够灵活，服务质量亟待提升。三是社会福利服务设施总量不足，基层普遍缺乏农村留守儿童、留守妇女、流浪乞讨儿童、精神障碍患者等特殊困难群体社会关爱和保护设施，补齐特定群体福利服务“短板”任务还比较重。四是福利服务产业化发展规模体量较小，鼓励非公共福利机构和福利组织发展的扶持优惠政策较为缺乏，引导社会力量广泛参与的机制亟待建立。五是增进社会福利服务质量的新技术、新手段有待进一步推广，社会福利事业标准体系有待完善，标准化建设水平亟待提升。

“十三五”时期，社会福利事业发展机遇与挑战并存。要准确把握新形势、新要求，抓住新机遇、新境界，增强大局意识、忧患意识、责任意识、创新意识，按照省委省政府“干在实处、走在前列、勇立潮头”的要求，统筹规划，构建支架，完善制度，创新模式，激发活力，协调发展，不断开创我省社会福利事业发展新局面，继续在全国发挥引领和示范作用。

二、总体思路和目标

（一）总体思路

全面贯彻落实党的十八大和十八届二中、三中、四中、五中、六中全会精神，以马克思列宁主义、毛泽东思想、邓小平理论、“三个代表”重要思想、科学发展观为指导，以“八八战略”为总纲，统筹推进社会福利事业发展。深入贯彻习近平总书记系列重要讲话精神，按照“四个全面”战略布局要求，牢固树立“创新、协调、绿色、开放、共享”五大发展理念，以满足多元化的福利服务需求为目标，大力推进社会福利服务供给侧改革，激发社会力量参与，加强社会福利服务设施建设，推动社会福利服务和设施建设规范化、标准化，健全完善与经济发展新常态相协调的新型社会福利体系。着力提升社会福利服务能力、水平和质量，进一步增强服务对象的获得感，促进基本公共服务均等化，切实维护社会公平正义，确保社会各类群体共享高水平全面建成小康社会的发展成果，为建设“两富”“两美”浙江夯实良好的基础。

（二）总体目标

——量质并举提升机构福利服务质量。到2020年，全省每千名老人拥有养老机构床位不少于40张。以护理型为主、助养型为辅、居家型为补充的养老机构分类管理模式基本形成，护理型床位在养老机构床位中占比不低于50%。加强儿童福利机构建设，继续实施“蓝天计划”，扶持建设一批集养育、康复、教育等于一体的县级儿童福利机构。加强残疾人托安养机构建设，提高服务能力。基本实现每个设区市拥有1所精神病人社会福利机构。提高流浪乞讨人员救助管理机构服务水平。

——切实完善社区福利服务网络。深化提升城乡社区服务能力，全面推进农村社区建设，实现城乡社区和谐自治。继续提高社区公共服务综合信息平台覆盖率，城乡社区分别达到60%、30%；农村社区综合服务设施覆盖率达到93%。完善各类特定群体在社区的福利服务网络。实现社区居家养老服务设施全覆盖，全省城乡社区居家养老服务照料中心不少于2.3万家；推进社区居家养老服务照料中心机构化转型，拓展居家老人服务项目，全省城乡社区形成20分钟左右的居家养老服务圈。加快城乡儿童福利服务工作站、社区儿童之家建设，90%以上的社区（村）建立1所儿童之家。完善城乡社区儿童福利督导制度，建立关爱保护体系，流浪未成年人救助保护中心覆盖率达到70%以上。继续加强残疾人阳光庇护中心建设。

——依法促进慈善公益服务发展。坚持政府推动、社会实施、公众参与、专业运作，鼓励支持与完善监管并重，推动慈善事业健康有序发展。到2020年，慈善法规政策体系健全完善，体制机制协调顺畅，培育和监管制度全面确立，慈善组织健康发展，慈善活动专业规范，慈善行为自主高效，慈善信息公开透明，慈善理念深入人心，组织化、专业化、多元化的现代慈善事业发展格局基本形成，基本实现县（市、区）、乡镇（街道）、村（社区）慈善组织全覆盖，全省注册志愿者人数突破600万人。

——加快发展社会工作服务。完善社会工作制度体系，壮大社会工作专业人才队伍，加强社会工作继续教育基地与社会工作专业实训基地建设。不断拓展社会工作服务领域，在社会福利、社会救助、慈善事业、社区建设等领域加快开展社会工作服务，形成社区、社会组织、社会工作者"三社联动"有序参与社会治理的良好格局。建立面向社会的志愿服务动员系统，培育一支参与广、功能强、作用好的社会服务志愿者队伍。力争到2020年，社会工作专业人才的数量、结构、素质能力基本适应我省经济社会发展的需要。全省社会工作专业人才总量达到4.5万人。

浙江省社会福利事业"十三五"发展指标

序号	指标名称	单位	2015年	2020年	指标属性
1	每千名老年人拥有养老机构床位	张	35	40	约束性
2	护理型床位占养老机构床位比例	%	36%	50%	约束性
3	民办（公建民营）养老机构床位占机构床位比例	%	54.6%	70%	预期性
4	设区市精神病人社会福利机构	个	3	11	预期性
5	市、县两级残疾人托安养床位	张	2970	5000	约束性
6	城乡社区居家养老服务照料中心	万个	1.92	2.3	约束性
7	纳入备案管理的社区社会组织	万个	10	15	预期性

续表

序号	指标名称	单位	2015 年	2020 年	指标属性
8	社区公共服务综合信息平台覆盖率	城市（%）	—	60%	预期性
		农村（%）	—	30%	预期性
9	农村社区服务中心覆盖率	%	92%	95%	约束性
10	社区儿童福利服务工作站、社区儿童之家覆盖率	%	—	90%	预期性
11	流浪未成年人救助保护中心覆盖率	%	50%	70%	预期性
12	功能完善的慈善超市	县市（个）	—	2	预期性
		市辖区（个）	—	4	
13	注册慈善志愿者	万人	420	600	预期性
14	社会工作专业人才占总人口比例	‰	0.46‰	0.8‰	预期性
15	城市社区社会工作室（站）	%	71%	100%	约束性
16	养老服务补贴对象占老年人口比	%	2.5%	3%	约束性

三、提升特定对象的福利服务质量

以共享发展为指引，着眼适度普惠，着眼城乡统筹，着力提高城乡居民生活质量，探索建设留守老人、留守儿童、留守妇女关爱帮扶体系，全面提升老年人、残疾人、儿童、流浪乞讨人员及暂时无家可归者等特殊社会福利服务对象的福利水平。

（一）加快推进养老服务体系建设

围绕“幸福养老”目标，进一步提升托底型养老，扩大普惠型养老，推动产业化养老，发展机构和居家相融合的社区养老，医疗和养护相融合的健康养老，数据和服务相融合的智慧养老，政府和市场相融合的产业养老，物质和精神相融合的文化养老，全面建成以居家为基础、社区为依托、机构为补充、医养相结合，功能完善、布局合理、规模适度、覆盖城乡的多层次养老服务体系，基本形成“9643”的养老服务总体格局，即96%的老年人居家接受服务，4%的老年人在养老机构接受服务；不少于3%的老年人享有养老服务补贴。

1. 全面提升居家养老服务水平

进一步强化居家养老的基础地位，对建设、管理、运行的各个环节加以提升。加大扶持力度，加快农村居家养老服务设施建设，确保实现城乡社区居家养老服务照料中心全覆盖，形成20分钟养老服务圈。提升服务功能，通过优化设施布局，强化资源整合，推进居家养老服务照料中心在社区卫生服务中心附近布局，甚至同址建设，使老年人能就近就便接受医疗服务，增强居家养老健康服务。推进老年食堂服务全覆盖，巩固“照料中心烹饪、养老机构配送”的传统做法，探索“专业老年食堂+区域集中配送”的新型方式，强化居家养老助餐服务功能，保障居家老年人特别是高龄、失能、独居等老年人就餐需求。培植一批居家养老服务知名品牌，推动公建民营，引入更多专业社会组织承接照料中心的运营，提升居家养老服务的专业化、精细化水平。

2. 提速发展社区养老服务

进一步完善社区养老的支持政策，努力提高居家老年人社区养老的获得感。完善社区居家养老服务设施日常运营扶持政策，建立社区居家养老服务照料中心长效机制，促进居家养老照料中心良性发展。加快出台家庭养老支持政策，推动失能、失智老年人亲属照料者培训和津贴制度。加强社区居家养老服务机构专业化建设，研究出台社区居家养老服务专业机构认定办法，推动居家养老服务照料中心法人登记工作。抓好老年人无障碍设施建设，支持鼓励多层旧住宅加装电梯，在老年人集中居住的社区加快无障碍通道、老年人专用服务设施建设。研究探索在城市建设控详规划和新建社区（住宅小区）中布局建设综合性养老服务设施，规范推进老年活动场所建设，确保老年人有相对规范的活动设施。继续推进家院互融机制，合理配置专业化小型化社区养老机构，使社区老年人离家不离社，在家门口享受到专业化的照护。加强评估考核，制定实施全省统一的社区居家养老服务质量评价标准，从设施规模、规章制度、服务功能、人员配备等方面按照分级管理细则，提高社区居家养老服务质量。建立居家养老服务行业准入、退出机制，完善定价机制，加强市场监管，进一步规范居家养老服务市场秩序。

3. 分层分类推进机构改革

增加养老机构床位供给总量，优化养老机构结构。重点加强护理型机构和床位建设，增加为失能失智老人提供照护的机构，发展安宁疗护机构。调整养老机构的服务功能。逐步将那些特殊性服务、专业性服务上收到市级、县级公办养老机构中，把普通性的服务下沉到乡镇一级公办机构，把高档的、个性化服务需求交给民办养老机构。推进养老机构公建民营，充分利用市场机制的优势，提高机构服务质量。全面实施乡镇敬老院的消防设施整改专项行动，确保敬老院符合许可要求，做到安全运行，成为农村区域养老服务中心。

4. 稳步促进医养结合发展

认真贯彻我省《关于推进医疗卫生与养老服务相结合的实施意见》，完善扶持政策和保障机制，推进养老机构与医疗机构深度合作。建立健全养老机构与医疗机构之间的业务协作机制，支持闲置床位较多的一、二级医院和专科医院转型为老年护理院，引导部分乡镇卫生院设立养护型服务特色科室，开设护理型床位或病区。支持有条件的养老机构设置医疗机构，发展社区健康养老服务。配备社区医、养、护一体的责任医生和护士，提高基层医疗卫生机构开展为老年人日常护理、慢性病管理、康复、健康教育和咨询等服务的能力。鼓励基层医疗卫生机构将护理服务延伸到居民家庭，使老年人不出社区、不出家门就能享受到专业的服务。推进中医药与养老结合，充分发挥中医药“治未病”和养生保健优势。进一步畅通政策，养老机构内设的医疗机构，符合条件的应及时纳入城镇职工（居民）基本医疗保险和新型农村合作医疗定点单位，让入住的参保老年人享受相应待遇。完善医保报销制度，切实解决老年人异地就医结算问题。

5. 深化拓展智慧养老服务

加强现代技术手段的应用，实现养老服务供给和需求的无缝衔接。积极引入“互联网+”、物联网技术，全面开展智慧养老系统建设，为有需要的高龄、失能、独居、空巢等困难老人免费配置智能呼叫终端，提高对老年人的安全守护能力。健全助老服务呼叫体系，逐步建立养老服务信息呼叫平台，深化运营机制，丰富线上服务功能，拓展线下服务项目。建立老年人基本信息系统，完善老年人基本数据库，提高信息整合使用效率。开发养老服务信息管理系统，引导各地建立具备信息发布、设施查询、服务响应、补贴管理、资金结算，以及手机、网络、电视等多终端可接入的智慧养老大平台。

6. 扎实推进养老服务社会化运营

创新养老服务供给模式，全面放开养老服务市场，推进社会化运营。进一步完善、细化政策体系，支持社会资本进入养老服务业，推进养老服务机构运营连锁化、规模化、集团化，培育一批带动力强的龙头企业和知名度高的养老服务业品牌。鼓励引导社会组织接手管理各类居家养老服务设施，实行实体化、市场化运作。引导各类管理运行主体主动对接需求，积极创设服务项目和平台，提高设施和服务效能。探索开展“PPP”合作模式，推进社会力量和民资参与养老公共服务设施建设，充分发挥民资在资源整合及经营上的优势。建立市场机制形成价格导向。在公办机构中逐步引入成本核算，兼顾老年人承受能力，发挥价格机制的调节作用。健全政府购买养老服务机制，扩大购买服务项目范围。研究建立养老服务产业基金。大力培育养老服务新型业态，包括老年住宅、老年旅游、老年保健、老年用品、老年文化、老年金融等产品和服务。

7. 积极构建养老服务业制度体系

深化养老服务需求评估工作，完善评估标准和评估机制，把老年人的服务需求和养老服务政策规划和布点规划结合起来，引导社会力量有序进入养老服务领域，合理布局建设养老服务设施。建立完善养老服务机构等级评定制度、养老服务质量评价制度，加强行业规范管理。探索建立长期护理保险制度，继续完善养老服务补贴制度，逐步扩大补贴范围。制定实施城乡社区养老服务标准。推进服务标准研制，加强标准绩效评估工作。全面加强组织体制建设，进一步完善市、县两级的养老服务指导中心建设；按照机构、职责、编制、人员、场地、经费“六到位”的要求，抓好乡镇（街道）养老服务中心建设；完善城乡社区居家养老服务照料中心信息收集、服务质量监管等职能。切实加强养老服务队伍建设。建立养老护理人员常态化的培训和继续教育制度。进一步完善“入职奖补”制度，扩大政策受益面。建立养老护理人员特殊岗位津贴制度。通过提高薪酬待遇等多种方式，优化养老护理员队伍结构。

（二）全面建成适度普惠型儿童福利体系

坚持以人为本、儿童优先，依法保障儿童的生存权、发展权、受保护权和参与权，完善适度普惠型儿童福利体系，提升儿童福利水平，提高儿童整体素质，促进儿童健康、全面发展。

1. 提高孤残儿童福利保障水平

保障孤残儿童优先和利益最大化，积极推动孤残儿童重返家庭、回归社会。规范公民收养、家庭寄养，强化亲属监护，提倡社会助养。进一步完善以困境儿童分类保障制度、重残重病儿童康复补贴制度，探索建立收养寄养孤残儿童家庭补贴制度等为重点的儿童福利保障制度。参照社会散居孤儿养育标准，向低保、低保边缘家庭中的未成年重度残疾人和未成年三、四级精神、智力残疾人发放基本生活补贴。

2. 完善基层儿童福利服务和关爱保护体系

加强基层儿童福利服务和关爱保护体系建设，完善儿童福利三级服务网络，建立服务体系运行机制。进一步完善县（市、区）—乡（街道）—村（社区）三级儿童福利督导服务体系，以村（社区）儿童福利督导员为基础，依托市县儿童福利指导中心、未成年人保护机构、乡镇儿童福利服务工作站、村（社区）儿童之家，全面建成基层儿童福利服务和关爱保护体系。着眼机制创新，探索建立儿童信息报告监测反馈机制、儿童福利台账机制、儿童帮扶机制、多部门联动机制和社会慈善力量参与儿童福利服务的导向机制，解决儿童福利服务和关爱保护“最后一公里”的问题。加强农村留守儿童关爱保护工作，保障留守儿童生存、发展、教育、受保护和社会参与的权利。

3. 推动儿童福利机构转型发展

推动儿童福利机构转型发展，拓展儿童福利机构综合服务功能，积极开展“明天计划”拓展工作，实施“添翼计划”项目。鼓励和支持社会力量参与儿童福利事业，健全收养评估社会化工作机制，研究制定民办儿童福利机构扶持培育政策，建立贫困家庭儿童大病慈善救助制度及专项资金，形成儿童福利服务供给多元化。

4. 继续实施残疾儿童帮扶计划

整合部门资源，探索残疾儿童家庭支持制度。开展“添翼计划”，主要针对贫困家庭重残、重病儿童开展集中养育康复治疗，帮助家庭脱贫致富，改善儿童生存状况，提高生活自理能力。全面拓展“明天计划”。引导更多的慈善资源进入儿童福利领域。

（三）推进残疾人全面小康进程

认真落实省委、省政府有关实施残疾人全面小康的决策，完善残疾人法律法规政策体系，健全残疾人社会保障和服务体系，进一步推进残疾人事业发展。

1. 不断提升残疾人基本生活保障水平

按照高水平建成全面小康社会的要求，进一步健全完善残疾人社会保障制度。完善工作机制，对依靠家庭供养的成年重度残疾人和成年三、四级精神、智力残疾人，可分类酌情按照单人户纳入低保。实施困难残疾人生活补贴制度，提高残疾人基本生活保障水平。逐步扩大基本医疗保险支付的医疗康复项目，落实残疾人基本养老保险补贴和基本医疗保险补贴政策。健全残疾人医疗康复救助制度。优先解决残疾人住房困难，切实改善残疾人居住条件，及时为符合条件的城镇残疾人家庭提供公共租赁住房或发放住房租赁补贴，实现农村困难残疾人危房改造应保尽保。

2. 继续健全完善残疾人服务体系

继续完善“康复以省市为主、托养以县乡为主、庇护以乡镇（街道）和社区（村）为主”的残疾人康复托养庇护体系，完善服务设施布局。加强评估工作，认真实施重度残疾人护理补贴制度，全面落实浙江省残疾儿童基本康复服务与补贴制度。提高残疾人长期照护服务水平。以需求为导向，推进专业化和社会化相结合，建立健全康复服务网络，为残疾人提供个性化的精准服务。

3. 积极促进残疾人就业创业

切实采取有效措施，以实际安排就业为重点，依法推进按比例就业，建立用人单位按比例安置残疾人就业公示制度，推进党政机关、事业单位、国有企业带头安置残疾人就业。全面落实促进残疾人就业税收优惠和扶持政策，支持福利企业发展，促进残疾人集中就业，政府要优先采购残疾人集中就业单位的产品和服务。推进福利企业依法管理，保障残疾人职工合法权益。实施“电子商务助残计划”，推动残疾人创业就业孵化机制建设。政府开发的公益性岗位，优先安排就业困难残疾人和残疾人家庭成员就业。加强就业指导、职业介绍，完善残疾人就业服务工作。

4. 切实加强民政精神卫生福利工作

依照职责分工，做好无家可归、无法定义务抚养人、无生活来源的“三无”精神病人的收容治疗管理。完善设施布局规划，“十三五”期间基本完成设区市精神病患者社会福利机构建设。认真落实《精神卫生社会福利机构基本规范》，加强专业化规范化建设。坚持社会福利属性与面向社会服务相结合，探索“大专科、小综合”发展模式，建立具有活力的运行机制，提高精神病人社会福利机构的医疗服务能力和康复服务水平。积极探索社会化、开放式的精神疾病防治管理模式，以社区康复为主要途径，推动精神卫生福利工作的全面发展。

5. 大力发展康复辅具产品用品

切实推进“福彩助我行”行动，完善有关康复辅具的生产、配置的扶持和管理政策。鼓励企业研发、生产和销售智慧型残疾人用品，提高残疾人生活质量。

四、大力发展社区福利服务

推进城乡社区治理和服务创新，完善城乡社区治理体系，健全自治机制，开展民主协商多元共治，加强“三社联动”，促进社区营造，让城乡居民共享全面建成小康社会的发展成果。

（一）完善城乡社区治理体系

大力培育社区治理参与主体，推动各主体参与互动，形成较为完善的社区、社会组织、社会工作“三社联动”机制，促进居民在城乡社区治理、基层公共事务和公益事业中实现自我管理、自我服务、自我教育、自我监督。加强村、社区居民委员会建设，积极稳妥推进“撤村建居”，到“十三五”末，全省城市社区总数超过4000个，切实提高社区居民生活的便利度。

（二）创新基层群众自治机制

继续推进城乡社区协商制度。加强社区工作者队伍专职化、专业化建设，到“十三五”末，农村社区服务队伍专职化进一步提升，社会工作服务覆盖到半数以上农村社区，所有城市社区建立社会工作室。加强社会组织参与社区治理的制度设计，探索开展政府购买社区服务项目清单编制工作，制订社区公益创投计划、社区服务类社会组织培育计划。指导完善村规民约、社区公约，提高城乡社区治理法治化水平。培育发展社区社会组织，枢纽型、支持型社会组织基本覆盖每个街道（乡镇）和城乡社区。

（三）健全农村社区服务设施网络

完善农村社区服务网络，推进服务信息化，提升农村社区公共服务供给水平，逐步构建县（市、区）、乡（镇）、村三级联动互补的基本公共服务网络。积极推动基本公共服务项目向农村社区延伸，促进城乡基本公共服务均等化。推动农村社区公益性服务、市场化服务创新发展，完善农村社区志愿服务站点布局，搭建社区志愿者、服务对象和服务项目对接平台。支持社会力量在农村兴办养老助残、扶贫济困等各类社会事业。

（四）加快城乡社区公共服务设施建设

完善县级文化馆、县级图书馆、基层综合性文化服务中心等公共文化设施，深入推进城乡卫生服务中心标准化、规范化建设，建设先进、高效、实用的覆盖全省各乡村学校的数字化教育基础设施，提升城乡社区全民健身活动中心、健身广场、健身绿道等设施。加快推进“智慧社区”建设，把智慧社区建设融入智慧城市建设中。

五、促进慈善公益服务健康发展

坚持“大慈善”的发展方向，发挥慈善政策法规的引领和推动作用，创新慈善事业发展制度，拓展慈善公益服务组织和平台，广泛动员社会力量开展社会救济和社会互助、志愿服务活动，激发全社会崇德向善力量，在全社会提倡、支持和鼓励助人为乐、团结友爱、无私奉献的友善精神，弘扬全社会支持慈善、参与慈善的传统美德。

（一）贯彻慈善公益服务政策法规

认真实施《中华人民共和国慈善法》，贯彻落实省政府《关于加快推进慈善事业发展的实施意见》，坚持依法行善，构建组织化、专业化、多元化、规范化的现代慈善事业发展格局。加强慈善文化与社会主义核心价值观有机结合，推动以“公民意识”为核心的“向善”文化建设，创新活动载体，丰富活动内容，扩大慈善文化的影响力，进一步推动慈善文化进农村、进企业、进学校、进社区、进机关，使慈善价值观融入社会生活。大力弘扬扶贫济困、诚信友爱、互帮互助、奉献社会的良好风尚，打造“现代大慈善”服务平台。充分发挥行业组织职能，加强行业组织的管理。

（二）培育和发展现代慈善组织

大力发展各类扶贫、济困、扶老、救孤、恤病、助残、优抚、救灾、助学、助医、环保等领域的慈善组织。推进慈善组织直接登记，培育和壮大基层社区类慈善组织，建立覆盖城乡的慈善工作网络。积极推进慈善服务，大力发展志愿（义工）服务组织，强化社区志愿者（义工）队伍建设，推动志愿服务的基层化、项目化、生活化。完善从业人员的社会保障和激励机制，推动慈善工作者队伍的年轻化、专业化。促进各类慈善组织分工合作、优势互补，鼓励资金募集能力强的慈善组织发展成为资助型慈善组织，引导筹募资金能力弱的慈善组织侧重从事专业化服务。加大政策扶持力度，完善慈善组织法人治理结构，建立健全内部民主选举、民主决策、民主管理制度。完善信息公开制度，建立全省慈善信息发布平台，推进社会监督，提高慈善事业透明度和公信力。支持慈善组织孵化基地建设，充分运用政府购买服务、公益创投等多种形式，为慈善资源的开发利用创造条件，促进慈善组织的能力建设。

（三）建设基层慈善综合服务平台

以慈善超市建设为重点，搭建城乡基层公益慈善综合服务平台。积极引导社会力量，鼓励各类组织和个人依托社区服务中心（站）、邮政便民服务站、现有商业网点等设施举办慈善超市。到2020年，实现每个县（市）有2个以上、每个市辖区有4个以上服务功能较为完善的慈善超市。推动慈善超市转型，拓展慈善超市多元化服务，鼓励和引导其成为独立法人单位。依托慈善超市，扩大经常性社会捐助工作站（点）覆盖范围，引导城乡居民积极捐赠家庭闲置物品，支持实施旧衣物捐赠回收利用等项目。扶助“草根”慈善，提高基层慈善组织工作水平，创建“人人可公益，人人可慈善”的服务平台，推动慈善平民化、生活化、常态化。

（四）推动慈善活动和项目创新发展

以社会需求为导向，积极推动慈善项目化管理，提高项目化运作水平。坚持利用抓基层、抓基础、抓基金的创新发展思路，开展形式多样的“慈善帮扶基金”创建活动，把慈善资源的开发和利用引向基层，夯实基层慈善的物质基础，使慈善理念进一步深入人心。大力提倡“微慈善”，发展“微基金”和“小额冠名基金”等各类小额劝募；借助移动信息网络和各类即时通讯软件，方便群众参与慈善活动。在法律框架内，积极稳妥发展“互联网+慈善”，探索慈善网络化、个性化发展路径。鼓励发展慈善信托，鼓励金融机构根据慈善事业特点和需求创新金融产品和服务方式。积极开展精准扶贫，推动慈善救助的“授渔”实践，发挥示范作用，提高救助效率。创新发展理念，推动慈善实体建设，积极探索社会企业发展模式，支持社会企业的创新实践，拓展慈善事业发展的新方向、新途径。鼓励慈善组织遵循“合法、安全、有效”的原则，实现慈善资产的保值增值。

六、加快发展社会工作服务

按照中央和省委、省政府关于发展专业社会工作的要求，以人才培养为基础，以人才使用和平台建设为根本，以专业服务为核心，打基础、理关系、重规范，积极推进社会工作人才培育工作，推动社会工作专业化、职业化和本土化，推动社会工作专业人才和社会服务志愿者共同开展社会服务。

（一）加快社会工作制度建设

建立完善社会工作制度体系，推行证书登记服务制度和继续教育制度，加快建设集专业人才、服务机构、服务项目于一体的社会工作信息管理系统，加强基础信息收集与应用。加强社会工作职业规范建设和服务标准体系建设，优化社会工作职业环境。

（二）推进社会工作人才队伍建设

完善社会工作考评体系，建立健全社会工作专业人才评价机制和社会工作服务机构评估制度。加强社工人才队伍建设，加大社会工作职业水平考试组织力度，推行社会工作专业人才继续教育，切实发挥社会工作继续教育基地与社会工作专业实训基地作用。加大社会工作专业人才培训力度，对基层社会服务人员开展系统性社会工作专业培训，重点加强对未取得社会工作者职业水平证书的从业人员和新录用人员的培训。加强社会工作督导培养，建立社会工作实习督导和实务督导制度，推动相关高校与服务机构的交流合作。

（三）扩大社会工作服务范围

加大社会工作岗位开发设置力度，推动社会工作服务领域相关事业单位加快开发设置社会工作专业岗位，推动城乡社区建立社会工作室。积极培育发展民办社工机构，完善民办社工机构培育扶持政策，将民办社工机构及相关社会组织纳入社会组织孵化基地培育扶持范围。发挥社会工作专业人才在社区建设中的专业优势，引导社会工作服务机构深入社区开展服务。推动社工与志愿者联动服务，建立面向社会的志愿服务动员系统，培育一支参与广、功能强、作用好的社会服务志愿者队伍。

七、政策支持和保障措施

（一）进一步健全社会福利事业运行机制

要从实现“中国梦”和高水平全面建成小康社会的高度，充分认识发展社会福利事业的重要意义，切实将加强社会福利体系建设摆上重要议事日程，纳入当地国民经济和社会发展规划，在人、财、物等方面给予保障。进一步完善社会福利事业发展综合协调机制，形成省、市、县三级联动，相关部门齐抓共管、各司其职的工作格局。各级各部门要通力合作、密切配合，为社会福利事业发展提供指导和保障，认真研究制订本地区、本部门的具体实施计划，确保社会福利事业持续健康发展。要加强宣传和引导，形成全社会都关心、重视、支持社会福利事业发展的良好氛围。

（二）建立以财政投入为主渠道的资金保障机制

在明晰政府、社会、个人社会福利权利义务的基础上，建立政府主导、各方共担的多渠道资金保障机制。采取政策优惠、直接投入、购买服务等方式，加强公办福利设施建设、发放服务补贴、扶持社会组织和公益项目等，重点倾斜城乡社区，特别是农村地区。同时，努力拓宽社会化筹资渠道，壮大慈善事业，抓好福利彩票发行，促进福利企业发展。

（三）加强社会福利事业的政策法规建设

完善我省社会福利事业地方政策法规体系。推动慈善、养老、儿童福利等有关政策法规的制定工作。制定出台规范社会工作的指导性意见。进一步加强和规范行政执法，确保法律法规的有效执行和落实。

全面落实社会福利优惠扶持政策。市、县级政府应依据当地土地利用总体规划和城乡建设规划，优先安排社会福利项目建设用地，合理保障其用地需求。按照国家和省有关政策法规，保障好社会福利服务设施建设用地，城镇新建小区居家养老服务设施用房标准。依法落实福利服务机构的税费扶持政策。金融机构要积极支持社会福利建设项目，增加信贷投入，合理确定贷款利率水平。通过购买服务、资金补助、提供服务场所等优惠扶持政策，引导和鼓励社会力量参与福利服务。

（四）认真实施社会福利项目建设

统筹区域内各类社会福利机构（设施）建设，以养老服务机构、儿童福利机构、残疾人康复机构、残疾人托养机构、救助管理站和精神病患者福利机构、社区服务设施为重点，全力实施新一轮“社会福利工程”和“社区服务工程”。加大投入力度，完善机构（设施）功能，以示范创建活动为途径，规范内部管理，提升服务水平。组织实施公益服务孵化器项目。继续实施残疾孤儿手术康复“明天计划”，全面实施抢救性儿童康复训练项目。

完成浙江民政康复中心（浙江康复医院）迁建工程，实施浙江省复员退伍军人精神病疗养院建设工程，启动浙江省七里坪农场康养中心项目建设。

（五）切实抓好规划的组织实施工作

本规划是我省社会福利事业的第三个五年规划。各地和有关部门要高度重视规划的组织实施工作。要对照规划分解工作目标，落实工作责任。要加强督促检查，及时调查研究，总结经验。规划实施中期，要开展一次评估。民政部门要建立相应的工作协调机制，确保规划确定目标的落实。

附 件

省级有关单位名单

省财政厅、省国土资源厅、省卫生计生委、省人力社保厅、省教育厅、省经信委、省地税局、省国税局、省住房和城乡建设厅、省审计厅、省文化厅、省质量技术监督局、省政府法制办、省金融办、省公安厅、省残联、省妇联、共青团浙江省委、人行杭州中心支行

浙江省城乡社区治理“十三五”发展规划

为贯彻落实党的十八大和十八届三中、四中、五中、六中全会有关推进“城乡社区治理”的重大部署，服务我省高水平全面建成小康社会的奋斗目标，加快全省社区治理体系创新，深化社区体制改革，全面推动城乡社区治理发展，根据《浙江省国民经济和社会发展第十三个五年规划纲要》《浙江省民政事业发展“十三五”规划》等文件要求，特制定本规划。

一、规划背景

（一）“十二五”时期城乡社区建设的主要成就

1. 社区基础设施和条件大幅度改善，社区工作者队伍职业化趋势明显

“十二五”时期全省城乡社区基础设施和工作条件全面改善，形成了“有地办事、有钱办事、有人办事”的良好局面。截至2015年底，全省共建成478个街道社区服务中心、915个乡镇社区服务中心、19549个村级社区服务中心，覆盖93%的村，基本上达到了“十二五”既定目标。2015年全省社区工作保障经费总计44.08亿元，其中财政保障经费达31.22亿元，占比超过70%。从2015年开始，全省进一步提高村级组织运转经费标准，人口在1500人以上的村不少于10万元、其他村不少于5万元。全省城乡社区工作者总人数128833人，取得社会工作职业资格人数16133人，其中，社区工作者10550人（社会工作师3285人，助理社会工作师7265人），占全省社会工作职业资格人数的65.4%。

2. 社区服务体系进一步完善，服务水平得到较大提升

“十二五”期间，全省社区服务业发展形势良好，政府组织提供的公共服务、市场主体提供的商业服务、社区组织和社会组织提供的非营利服务等多种形式服务水平明显提升。2015年，全省城乡社区服务业增加值2760亿元，占全省生产总值（GDP）的6.44%。截至2015年底，全省已建成社区社会工作室4245个，分布在不同的领域，为社区各类人群，尤其是老年人、儿童、残疾人、困难群众提供了各种服务。全省累计建成农村文化礼堂5993个，城乡电商服务站突破21000个，其中，社区电商服务站12262个、农村电商服务站（点）8800多个。

3. 体制机制持续创新，社区公共治理格局初显

坚持党建引导社区治理创新，积极发挥社区党组织覆盖作用，以社区服务型党组织建设为统领，推行社区“大党委制”。探索建立特色党小组，推行“党建+”工作方式，创建管理有序、文明和谐的新型现代化社区。在创新社区治理实践中，加快推进社区建设、社会组织建设和社会工作发展“三社联动”，注重发挥社区社会工作的积极作用，探索出了一条本土化、内生型，有浙江特色的发展道路。目前，全省2.5万名专职社会工作人员、420多家民办社工机构，累计建立2472个城市社区社会工作室、1773个农村社区社会工作室，为全省城乡居民提供精准有效服务。把“社区公约、村规民约”作为“推进基层依法治理”的重要内容，发动城乡居民参与，制订修订程序，确保“两约”合情合理合法，积极探索建立“法治、德治、自治”相结合的基层治理模式。

4. 农村社区建设有序、稳步推进，城乡基本公共服务均等化初步达成

我省把农村社区建设纳入“十二五”规划，强调从资金投入、服务设施、服务队伍、服务保障等机制上予以统筹考虑，积极推动政府公共资源和管理职能向农村延伸，与群众生产生活息息相关的社会事务、劳动保障、卫生计生、社区警务等100多项服务事项已经统一纳入到农村社区“一站式”服务大厅，统一实行柜台式服务，形成了“一门受理、分级办理、全程代办、承诺办结”的社区服务体系。村党组织、村民委员会、村务监督委员会主要负责人的基本报酬各级财政都给予保障，村级组织的运转经费和公共服务也

得到各级财政的大力支持。

（二）存在的问题

1.“减负增效”工作实效仍需深化

尽管政府部门积极出台城乡社区“减负增效”的各项制度和文件，强调从源头减轻社区负担，让社区回归服务居民的本职，取得了一些实效，如清理了社区牌子，减少了社区台账和社区考核评比，但社区仍旧承接大量行政事务，“减负增效”工作仍需推进。

2. 社区日常生活民主发展相对不足

一直以来，各地政府较为重视和强调基层选举民主，成效明显。随着经济社会持续发展，社区逐步成为居民日常生活的重要空间和场所，联系居民社区生活的纽带既有私人利益（如业主维权），也有公共利益（如停车问题），在推动社区公共事务治理的参与式、协商式等日常生活民主方面仍面临不少难题。

3.“智慧化”治理能力有待提升

社区信息化建设仍以条线上下的信息管理和服务为主，信息互联、互通、共享能力比较弱。“智慧社区”建设以社区智能化改造为主，未能与智慧城市大系统建设相连。社区大数据对地方政府公共决策的分析和预判作用发挥不足，未能充分体现多元主体互动、共同决策和快速回应的“智慧化”治理。

4. 社区工作人才队伍建设有待完善

社区工作者队伍建设初显成效，但与居民日益增长的社会服务需求还不相适应，与构建“两美浙江”的要求尚有较大差距，主要表现在：政策制度和体制机制还不完善，系统性推进社区工作专业人才队伍建设仍比较困难；专业人才缺口较大，人才结构不够合理，培训教育力量薄弱；专业人才队伍规模化、专业化、职业化进程较慢，激励保障机制不完善，人才流失严重。

5. 农村社区建设仍面临不少问题

截至2015年底，我省城镇化率达到66%，农村人口和社会结构加剧变化，部分村庄非户籍居民大幅增加，部分地区存在村庄空心化现象，农村“三留守”群体持续扩大。农村利益主体多元化，服务需求多样化，而农村社会治理和公共服务能力难以适应这一新情况。农村社区建设经费保障不足，缺乏多元投入机制，一些地方的农村社区缺少正常的运转经费，社区工作人员薪酬待遇偏低等。村民自治能力不足，自治资源缺乏，资金筹集困难，村民自治体制机制和法律制度仍需进一步完善。

二、“十三五”时期城乡社区治理面临的新环境

1. 顶层设计指明了新方向

党的十八届三中、四中全会明确提出了“促进城乡社区治理”的战略任务，五中全会提出要“加强和创新社会治理，推进社会治理精细化，构建全民共建共享的社会治理格局”。中共中央办公厅、国务院办公厅印发了《关于加强城乡社区协商的意见》（中办发〔2015〕41号）、《关于深入推进农村社区建设试点工作的指导意见》的通知（中办发〔2015〕30号），民政部、中央组织部印发了《关于进一步开展社区减负工作的通知》（民发〔2015〕136号），民政部等印发了《城乡社区服务体系建设规划（2016—2020年）》（民发〔2016〕191号）等系列政策文件，明确了新时期城乡社区治理的新方向。

2. “两富”“两美”协同发展战略提供了新保障

“十三五”时期，全省经济保持中高速增长，人均GDP将达到20000美元，进入高收入地区的行列。到2020年生产总值、人均生产总值、城乡居民收入均比2010年翻一番，经济发展质量和效益稳步提升，城乡之间、区域之间居民收入水平、基础设施通达水平、基本公共服务均等化水平、人民生活水平等方面差距进一步缩小。省委省政府将着力提升基层治理水平，努力打造社会活力最强、社会秩序最优、社会风气最正的省份，我省城乡社区治理发展有了坚实的基础和强有力的保障。

3. 社会发展新态势带来了新挑战

预计“十三五”末，我省城镇化率将超过70%，农民市民化进程加快，人口老龄化程度加深，城乡社区治理体系必然要做出新的调整。随着城乡居民物质文化需求日益多元化，社会力量参与不足的弊端进一步凸显，城乡社区治理亟须从“重社会控制，轻治理服务”向“在服务中实施治理，在治理中体现服务”转型。“互联网+城乡社区”持续发展，需进一步统筹各种信息化资源，推动智慧社区建设与政府智慧管理的对接，居民需求和社会化服务

的连接，构建一体化、智慧化的社区公共服务、志愿服务、便民利民服务等社区服务体制机制。

三、总体要求

（一）指导思想

全面贯彻党的十八大和十八届三中、四中、五中、六中全会精神，深入学习习近平总书记系列重要讲话精神，牢固树立“创新、协调、绿色、开放、共享”五大发展理念，紧密围绕“推进国家治理体系和治理能力现代化”的要求，进一步理顺政府、市场与社会之间的关系，加快实现城乡社区治理创新融合、城乡统筹、服务均等、部门协同、全民共享的目标，积极打造城乡社区“共建、共治、共享”的浙江品牌。

（二）基本原则

1. 坚持深化改革与依法治理相结合

在全国社区治理创新改革试验区的先进做法基础上，全面总结各市、县（市、区）的社区治理创新经验，继续深化社区治理体制机制改革，激发社会力量的参与活力。完善社区治理法规政策体系，依法行政，以法治思维和法治方式推进全省社区治理的创新发展。

2. 坚持创新协调与多元协同相结合

创新、协调城市社区和农村社区的协同发展，努力形成城乡社区共享式发展的良好格局。重点突破政府公共服务一元独大的格局，协同各类服务主体、服务资源，共同推进社区公共服务的多元融合发展，全面提升社区公共服务水平。

3. 坚持体系完善与能力提升相结合

进一步完善城乡社区治理体系，充分发挥城乡社区的公共服务功能。加强政府在基本公共服务体系建设中的主要职责及其对社会化公共服务的支持作用，引导各种社会力量在城乡社区治理体系中发挥主体作用，显著提升城乡社区的公共治理能力。

（三）发展目标

通过城乡社区治理“五大工程”，即标准化引领工程、居民自治强化工程、社区协商制度化工程、“三社联动”创新工程、农村社区建设深化工程，打造治理主体多元化、结构协同化、服务精细化、方法专业化、保障法制化、城乡一体化的共建、共治、共享社区治理品牌，形成权责清晰、协商合作、管理民主、服务完善、充满活力、和谐幸福的社区生活共同体。

四、主要任务

（一）标准化引领工程

1. 社区公共服务标准化建设

明确社区公共服务标准体系，厘清社区公共服务标准化建设的范围、内容、构成等。社区公共服务标准化体系建设包括社区公共服务设施、社区公共服务保障、社区公共服务监管等基本部分。2017年初出台社区公共服务相关标准目录，包括城市社区公共服务标准目录，明确公共服务设施、项目、保障、监管等具体内容；农村社区公共服务标准目录，重点强调农村社区公共服务设施的标准化建设、服务项目及其保障措施等。

2. 农村社区标准化建设

积极推动农村社区建设标准化的制度设计，对农村社区治理的要素进行系统分析，特别是农村居民关注度比较高的领域（如文体设施配置、污水处理设施、社区环境，人口管理与社保、就业、综治）加强标准化设计。进一步探索农村社区协商会议规范等标准化体系建设，注重传承、发掘、弘扬和保护农村社区特色文化，努力构建多样化的农村社区文化，为全面深化农村社区建设打好基础。

（二）居民自治强化工程

1. 完善居民自治的制度体系

完善民主选举制度，进一步保障居民民主选举的制度化、规范化、程序化，不断扩大社区居委会直接选举的覆盖面。通过各种手段鼓励、引导并依法规范社区群团组织、社会组织、业主组织的民主选举。完善民主决策制度，进一步探索推进城市居民会议议事规范化，完善民主监督制度，进一步明确居（村）务公开的内容、时间、形式和程序，增加居（村）委会工作的透明度。

2. 健全居民自治的组织体系

积极探索把业主委员会纳入居民自治的范畴和体系，强调居民基于合法利益基础的自治需求，通过自治实践培养和激发居民的自治意识。继续完善涵盖社区居（村）委会、居（村）民小组、楼道长、家庭户的城乡社区居民自治组织网络。鼓励社区居民和驻区单位广泛参与，切实保障社区居民的知情权、参与权、决策权、监督权。

3. 创新居民参与的协同机制

充分利用智慧社区建设平台和新技术，拓展城乡居民参与社区公共事务的渠道和方式，让居民群众以理性、合法、通畅、便捷的方式表达意见和利益诉求。创新社区与社会组织的联动机制，畅通社会组织参与社区治理的渠道，更好发挥社区作为居民参与平台的基础性作用。继续创新邻里互助机制，利用邻居节等活动载体，完善邻里互助的机制，培育社区居民和睦相处、互助互利的良好社区风尚。

4. 充分发挥村规民约、社区公约的积极作用

指导城乡社区结合实际，健全完善居民可感、可知、可行的社区居民自治章程，指导深化村规民约、社区公约标准化建设，加强居民自我管理、自我教育、自我服务的能力和水平。积极引导居民遵守村规民约、社区公约，充分发挥其在社区自治中的教育、引导和约束作用。鼓励选举有威望、公道、正派的居民代表组成村规民约、社区共约执行监督小组，提高居民对规则的认识，维护规则的严肃性。

（三）社区协商制度化工程

1. 丰富社区协商的内涵

建立健全基层党组织领导、居（村）民委员会负责、各类协商主体共同参与的工作机制。深化党代表、人大代表、政协委员联系社区制度，将涉及居民利益的公共决策和公共服务事项纳入协商议事范围。强调在社区公共设施规划、社区公益事业发展、社区发展评估等领域展开各种形式的协商。推动社区之间的联席协商制度，就社区范围内的共同利益，居民共同关心的问题展开社区联席协商。畅通各种协商渠道，保障协商过程的民主化，使各项协商决策的实施符合居民意愿。

2. 推进社区协商的规范化

完善社区居民会议和居民协商议事会议制度，健全社区成员代表大会、社区议事会、民情悬谈、民主听证、社区评议等各种机制。积极开展社区公共事务先协商，再提交居民决策，协商不成则暂缓公共决策，切实推进社区协商的规范化、程序化、法治化。

3. 创新社区协商治理的载体

进一步挖掘社区协商治理的资源，积极推动社区共建理事会、乡贤参事会等多元主体参与社区协商。鼓励社区社会组织开展邻里互助、居民融入、纠纷调解、平安创建等社区活动，引导居民理性表达诉求，参与咨询决策，促成公共利益达成，维持基层社会秩序和谐。

（四）“三社联动”创新工程

1. 逐步完善政府购买社区公共服务的新体系

重点对居民需求旺盛、专业性要求高的社区服务进行项目化运作，引导和规范社区社会组织朝着有利于提升社区治理和社区服务水平的方向发展。出台政府购买社区公共服务的目录清单和招标文件的规范指引，完善购买服务的评估制度，统一不同评估机构的评估方式和具体指标，优化评估程序。提高政府购买社会工作机构的准入门槛，优先购买3A以上等级的社会组织、民办社会工作机构的服务，引导社区服务组织的专业化、产业化、品牌化、连锁化发展。

2. 不断创新培育社区社会组织的新机制

大力推进社区发展协会、社区社会组织联合会、社区社会组织服务中心、社企共建理事会、乡贤参事会、邻里中心、社区发展基金会等枢纽型、支持型社会组织建设，为各类社会组织搭建跨界合作和供需对接的平台。重点支持为老年人、妇女、儿童、残疾人、失业人员、农民工、服刑人员未成年子女、困难家庭、严重精神障碍患者、有不良行为青少年、社区矫正人员等特定群体服务的，具有较高专业性、较强服务能力和较好社会信誉的社区社会组织。扎实推进社区社会工作室标准化建设，吸引社会工作专业人才，开展社会工作专业服务。发展农民经济合作组织，深化农业生产经营管理体制改革。到2020年末，全省登记和备案的社区社会组织达到15万个以上，枢纽型、支持型社会组织基本覆盖每个街道（乡镇）和城乡社区，形成一批依法自治、各具特色、作用明显的社区社会组织品牌。

3. 大力推动社会工作的新发展

重点发挥专业社会工作对社区治理的积极作用，更好回应社区居民尤其是困难群众的多样化服务需求。加强社区社会工作专业人才队伍建设，加大专业培训力度，实现存量提质、增量扩容。争取到2020年末，全省城市社区工作者中持社会工作者职业水平证书人数提高40%以上，每个农村社区配备1名社区社会工作者。加快推进社区社会工作专业岗位开发和社区社会工作机构培育，实现社会工作与社区建设在更高层次、更广范围、更多领域的融合发展。制定出台民办社会工作机构扶持政策，通过降低登记门槛、提供服务场所、政府购买服务、给予一次性资助和以奖代补等方式，支持社会力量兴办社会工作服务机构。进一步拓展民办社工机构参与社区治理的空间，引导其着眼于当前突出的社会问题与居民紧迫的服务需求，以社区为依托，重点做好城市流动人口、农村留守人员、老年群体、困难群体、特殊人群的社会服务工作。到2020年末，民办社会工作机构基本覆盖城市社区和1/3以上的农村社区。

（五）农村社区建设深化工程

1. 打造多元共治农村治理新品牌

加强农村基层党组织对农村社区建设的领导地位，鼓励驻村机关、团体、部队、企事业单位支持、参与农村社区建设，拓宽外出发展人员和退休回乡人员参与农村社区建设渠道，增强村集体经济组织支持农村社区建设的能力。推动发展新型农村合作金融组织、新型农民合作经济组织和新型社会工作社会组织，通过购买服务、直接资助、以奖代补、公益创投等方式，支持社区社会组织参与农村公共事务和公益事业，支持专业化社会服务组织到农村社区开展服务，形成有浙江特色的农村社区“三社联动”品牌。

2. 探索农村公共服务提质增效新路径

创新农村社区服务理念、服务方法、服务技术和公共服务供给模式，在构建供需对接通道、优化信息服务通道、打通多元供给通道、开辟自助服务通道、健全制度保障通道上下功夫，形成以人为本、创新驱动、服务规范、效率优化的新型公共服务体系。积极推进“互联网+”智慧农村社区建设，加快“96345”社区公共服务综合信息平台向农村延伸，为农村居民提供便捷、优质的热线服务。以农村社区居民信息需求为导向，以公共信息平台和公共基础数据库为基础，逐步推进信息互通互联，建设政府和社会资源整合的集成平台，为农村居民提供触手可及的贴心服务。

3. 分类分层推进农村社区示范单位创建

根据中央关于农村社区建设的要求和民政部制定的农村社区评价标准，研究制定我省农村社区建设标准和评价体系。针对农村社区不同的发展阶段进行分层分类，按照“示范型”“完善型”和“提升型”分别确定建设重点，统一规划，分层建设，梯次推进农村社区建设。积极开展三级示范创建活动，建立各种类型的农村社区示范点，为全省农村社区建设整体推进提供样板。省重点抓好县级示范创建活动，每年建设10个左右的示范县（市、区），引领农村社区不断发展，成为全国农村社区建设的“领头羊”。市、县两级分别抓好示范乡镇和示范村创建活动，研究制定各自的创建标准、考评办法和推进措施，确保创建活动扎实开展。

五、保障措施

（一）组织保障

进一步健全党委领导、政府主导、社会力量广泛参与的社区治理体制，重点发挥基层党组织在城乡社区治理发展中的战斗堡垒和基础自治主体作用。加强各级社区建设领导和协调机构的统筹力度，建立规划引领、科研探索、项目实施的推进机制，将社区治理体系建设工作纳入社会建设的整体布局。大力推进减负增效，促进政府治理和社会自我调节、居民自治良性互动。积极开展国家级、省级社区治理和服务创新实验，确保各项改革任务按规划推进，取得工作实效。

认真贯彻执行民政部、中央组织部印发《关于进一步开展社区减负工作的通知》及有关规范性文件要求，全方位推进社区事权事务工作准入和目录制度，进一步优化社区治理组织体系。严格落实《居民委员会组织法》赋予居委会的法定职责，回归居委会法定的基层群众性自治组织地位。进一步完善居委会内部治理结构，探索把业主委员会、物业公司等组织到居民自治体系，形成多元主体、合作共治的社区治理新格局。

（二）资金保障

省厅将农村社区建设示范县等作为补助资金分配因素之一。各级政府要高度重视社区基础设施建设的经费保障，扎实推进社区办公场地、社区服务中心、居家养老照料中心、文化礼堂等基础设施的建设。优化社区基础设施的社会功能，注重发挥其文化娱乐、社区教育、居民交往等社会性功能。加强对社区公共空间的规划、管理，引入各种力量来协调公共空间使用者与相邻居民的矛盾冲突，积极提升社区公共空间治理的能力，促进社区公共空间使用与居民日常生活方式相适应。

切实发挥好政府在社区基础设施建设中的规划引导和资源供给作用，注重社区资源配置的科学性、针对性和前瞻性，为社区开展日常工作提供基础条件。积极探索市场机制在社区基础设施建设中的作用，积极开展政府与社会资本合作（PPP）的新模式。进一步发挥慈善组织、基金会和各类社会公益机构在社区基础设施建设中的重要作用。

（三）人才保障

优化社区工作人才队伍的结构，实现社区工作者队伍向服务型、专业型相结合的综合型人才队伍转型。积极探索体制内建设和体制外嵌入相结合的人才队伍建设路径，创新体制外的专业化人才与体制内的专职化人才互相补充、互为嵌入的新模式，通过"政府购买"、强化考核激励机制等手段，打造一支"面向社区、服务居民"的专业人才队伍。

开展省级社区工作领军人才培养，带动和引领各地社区工作者队伍整体水平的提升，有条件的地区每个县（市、区）培育3名左右，欠发达地区培养1—2名。加强社区工作者的社会工作实务培训，每年不少于40小时，着力提升社区工作者满足社区群众心理疏导、情绪抚慰、社会融入等方面服务需求的实务技能。鼓励建立若干个省级民办社工机构，每年培养200人左右的社区社会工作督导，通过督导再培训辖区内的社区工作者。继续开展街道、县（市、区）、设区市、省多个层面的社区社会工作优秀案例评选，提升社区工作者队伍的社会工作专业水平和实务能力。

引导社区志愿服务队伍从政府主导型向社会主导型转变。继续探索志愿服务的项目化运作，适时开发一批常设的志愿服务岗，使志愿服务动态化和常态化。稳定一批以社区居民为主的、社区内生型的志愿者服务队伍。

（四）技术保障

整合社区信息化服务平台资源，形成“横向上联动，纵向上联网”，深化社区公共服务综合信息平台功能建设。在条线上加大部门之间的信息共享，在块上加强资源整合和链接，实现信息共享和合作共赢，推动社区服务从民政领域走向民生领域。

实现社区智慧化治理转型，从管理型迈向服务型、从智能化迈向智慧化，真正地实现智慧社区建设目标。社区信息服务要从以政务为主，转变为以社会服务、商业服务为一体的公共服务平台，并围绕“96345”社区服务中心拓展服务功能，进一步完善服务网络。充分利用互联网技术，推动社区服务业线上线下齐头发展，真正实现“十五分钟社区服务圈”。充分利用大数据来掌握居民的需求变化，利用移动互联网、物联网等技术来更好地与政府公共服务、社会组织服务、商业服务结合，促使居民需求与服务供给的充分对接，提高社区公共服务的效率和居民的满意度。通过智慧社区平台的建设，充分利用和积极发挥社区智慧化的信息和大数据功能，为政府公共决策的制定和完善提供科学的参考和分析。

附 件

浙江省城乡社区治理“十三五”规划指标汇总表

序号	指标内容	“十二五”建设情况	“十三五”规划指标
1	社区公共服务相关标准目录	未制定	制定参考目录
2	农村社区服务中心	覆盖率 93%	覆盖率 95% 以上
3	农村社区建设示范点	未开展	30% 以上农村社区达到示范型社区标准；50% 以上达到完善型农村社区标准
4	社区公共服务综合信息平台覆盖率		城市 60% 以上
			农村 30% 以上

续表

序号	指标内容	“十二五”建设情况	“十三五”规划指标
5	社区社会组织	10 万余个	全省登记或者备案的社区社会组织达到 15 万个以上，平均每个城市社区有 15 个以上、农村社区有 5 个以上；依法登记的枢纽型、支持型社会组织基本覆盖每个街道（乡镇）和城乡社区
6	社区社会工作室 / 民办社会工作机构	城乡社区社会工作室共 4245 个	社区社会工作室基本覆盖城市社区和 1/3 以上的农村社区；社区社会工作机构数量和质量提升
			建立社区社会工作室规范运行指导意见
7	社区社会工作者	10550 人	城市社区中持社会工作者职业水平证书人数提高 40% 以上，每个农村社区配备 1 名
8	社区工作领军人才	未开展	每个县（市、区）培育 3 名左右，欠发达地区培育 1—2 名

浙江省水库移民后期扶持“十三五”规划

前　言

浙江省水库移民后期扶持“十三五”规划是我省水库移民后期扶持的专项规划，是指导全省移民后期扶持工作开展和管理改革的重要依据。

本规划根据国家发改委、财政部、水利部《关于进一步加强大中型水库移民后期扶持工作的通知》（发改农经〔2015〕426号）、水利部办公厅、国家发改委办公厅、财政部办公厅《关于开展大中型水库移民后期扶持“十三五”规划编制工作的通知》（办移民〔2015〕37号）和《水利部移民局关于印发大中型水库移民后期扶持“十三五”规划编制工作大纲的要求》（移后扶函〔2015〕69号）等文件精神，结合我省实际制定。

1　浙江省水库移民“十二五”发展成就与“十三五”面临形势分析

1.1　“十二五”发展成就

“十二五”时期是浙江省水库移民工作发展的重要阶段，5年来在省委、省政府的正确领导下，在各级政府和移民管理部门的共同努力下，全省移民工作认真贯彻国家有关移民工作的一系列法律、法规和政策，拼搏进取，积极探索，大胆实践，取得丰硕成果，移民工作整体水平走在全国前列。浙江省在全国率先开展移民致富工作，率先创立创业致富专项资金等，并创新出一批亮点，如后期扶持工作转型升级、“阳光移民”建设、项目库信息系统建设、移民资金因素法分配、大中型水库工程移民安置规划设计变更办法出台以及水库移民LOGO标识推广等，为全国水库移民后期扶持工作提供了许多有益的经验。

1.1.1 创业致富成效显著

“十二五”期间，全省水库移民工作紧紧抓住创业致富主线，率先在全国开展移民创业致富工作，设立创业致富专项资金，实现后期扶持工作重点、扶持内容和扶持方式的转型。积极发挥后扶政策的叠加效应，把后期扶持资金与其他涉农政策资金整合安排，统筹使用，实现移民特惠政策与强农富农惠农政策的双叠加。

创业致富是一项改善移民民生的重要举措。“十二五”期间，浙江省各级移民管理机构在用好现有后扶政策的基础上，加大对创业致富项目扶持力度，创业致富项目资金占总资金的42%以上，在发展现代农业、打造物业经济、建设移民创业园、提供融资服务支撑、组织来料加工、发展三产服务业六种模式的基础上，积极拓展提供技术和信息资源、发展电子商务、物流经济等新模式。做大做强创业致富项目，提升辐射力和带动力，每年新增百万元以上创业致富项目50—100个。加大水库移民技能培训力度，每年完成水库移民劳动力培训4万余人，占水库移民适龄劳动力人口的10%以上。这一系列举措着力推进库区和移民安置区经济可持续发展，实现移民生产生活水平明显提高，移民年收入从2011年的9480元提升至2015年的17912元，年均增幅达到18%，整体达到当地农村居民的85%以上。

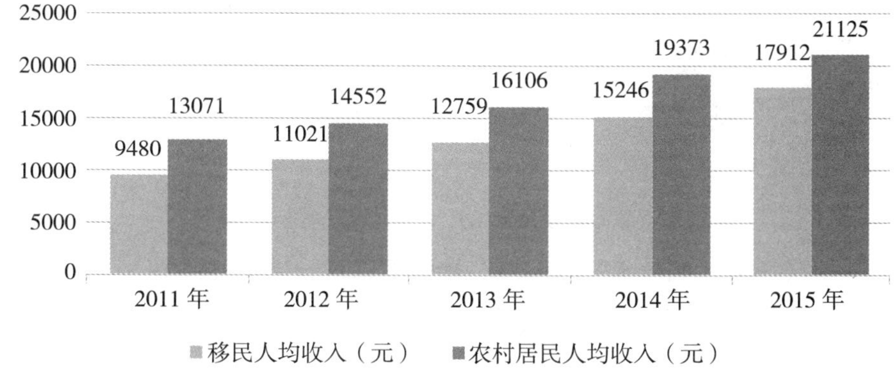

图1 “十二五”期间移民与农村居民人均收入对比图

1.1.2　后扶政策落实到位

“十二五”期间，浙江省大中型水库移民后期扶持政策实施成效显著，水库移民温饱、基本生产生活条件、库区和安置区基础设施建设等问题得到有效改善。主要体现在以下几点：

一是及时发放直补资金。建立完善直补人口复核制度，加强直补人口的动态管理，及时进行补漏登。对转为非农户口、犯罪服刑、死亡等人口及时进行核减。在此基础上，各地按照《浙江省大中型水库移民后期扶持直接补助资金发放管理办法》要求，及时足额发放直补资金，截至2015年底累计发放54.8亿元，为改善广大移民群众生产生活、促进社会和谐稳定创造了良好的条件。

二是后扶相关规划执行良好。“十一五”“十二五”规划实施期间，全省有关县（市、区）根据项目实施管理的原则、范围、内容、程序和要求，结合实际，规范后期扶持项目实施与管理。截至2015年底，共实施项目47062个，总投资167.82亿元，其中移民资金60.21亿元。“十一五”期间，实施项目17379个，总投资37.06亿元，其中移民资金13.65亿元；“十二五”期间，实施项目29683个，总投资130.76亿元，其中移民资金46.57亿元。

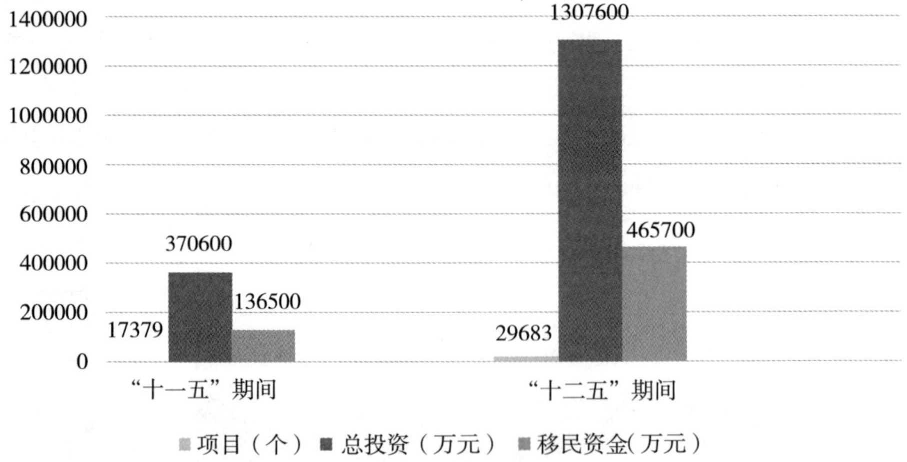

图2　“十一五”“十二五”期间移民后期扶持项目情况图

三是开展避险解困工作。2014年全省启动避险解困试点工作，第一批避险解困试点方案于2015年通过水利部移民局审核，全省共有5202名符合条件的移民纳入补助范围，中央补助资金7803万元，已下拨相关试点县（市、区）；同时完成了一批新避险解困方案的编制和报批工作。

1.1.3　水库移民工作体制机制进一步完善

一是适应水库移民事业发展新格局。坚持调研先行，认真分析形势，抓住发展机遇，紧紧围绕移民安置和后期扶持两大工作主线，理清工作思路，逐步形成移民前期安置、后期扶持、项目建设、解决小型水库移民困难四位一体的工作格局。

二是建立完善移民工作体制机制。按照“政府领导、分级负责，县为基础、归口管理”的体制要求，坚持落实政策与创新完善制度机制并重，先后建立健全规划实施管理、项目资金拨付报账管理、移民创业致富、信访联动、监测评估等一系列工作机制。依据国家政策要求，结合浙江省实际，细化工作要求，先后制定30多个配套文件措施，不断完善水库移民政策法规体系。按照政府性基金管理要求，初步建立预算调控、独立核算、跟踪监督、年度抽查、县级报账等资金保障管理体系。加强省电站水库移民工作研究会建设，吸收一批科研、设计和咨询机构的专家学者，充实壮大研究队伍，构建横向合作平台；创办《浙江水库移民》刊物，及时刊登全省移民系统最新的理论研究成果，构建信息交流平台，同时利用《水工程移民》及省、市级等报刊的平台，组织开展学术研究，利用研究成果加强对实践工作的指导。

三是加强移民管理机构队伍能力建设。依托民政部门或独立机构，建立和完善移民管理机构。浙江省移民办现为民政厅内设副厅级行政单位，编制40名；11个设区市有2个成立独立的正处级移民办，依照公务员管理，有4个市分别在民政部门内设立副局级、正处级、副处级移民办，其他5个市也在民政部门设立了移民管理机构；80个县（市、区）有30%成立了独立的正科级移民办，其余县（市、区）也都成立相应的移民管理机构，并整合工作力量，落实工作经费，有力地保障政策实施工作的顺利进行。

1.1.4　移民资金使用安全高效

健全制度建设，强化监督检查，规范移民资金使用管理，确保资金使用安全高效。一是完善管理制度。主动适应审批制度改革和财政部门对资金使用管理的新要求，加强后期扶持项目和资金管理制度建设，修订出台《浙江省水库移民专项资金项目扶持管理暂行办法》《浙江省水库移民后期扶持项目资金县级报账制实施办法》。二是加大监管力度。深入实施“阳光移民”工程，建立完善移民工作公开制度，切实维护移民的合法权益。三是强化绩效管理。省、市、县三级基本建成项目库信息管理系统，项目实行动态管理，以增强项目管理的计划性和合理性，提升后扶绩效。每年通过招标，委托专业机构对后扶政策实施情况进行监测评估，科学掌握移民人均收入变化情况，为政策有效落实提供可靠的依据。

1.1.5　移民工作取得创新发展

抓好业务工作的同时，统筹加强信息化、移民文化、安全维稳等工作，不断增强事业发展后劲，取得明显成效。一是树立良好形象，综合运用浙江水库移民网站、杂志、工作简报等宣传平台，组织编撰《水库移民创业致富典型丛书》，加强移民政策宣传，营造良好的舆论氛围。率先设计并推广应用浙江水库移民LOGO标志，有效扩大水库移民工作的社会影响力。二是推进信息化建设。基本完成全国水库移民信息系统浙江省分中心建设，并结合实际，率先拓展开发资金管理和项目管理功能模块，实现无纸化办公，大幅提升工作效率。三是维护和谐稳定。严格落实信访维稳责任制，健全矛盾调解机制，完善风险预警机制，库区安置区总体保持和谐稳定。

1.2　“十三五”面临形势

“十三五”时期是我国全面建成小康社会的决胜阶段，作为沿海发达省份，浙江省“走在前列”将迎来新的历史考验，特别是党的十八大和十八届三中、四中、五中、六中全会提出新的目标和任务，对水库移民工作提出更高要求，水库移民工作面临前所未有的机遇和挑战。

1.2.1　贯彻执行“五大”发展理念给水库移民工作带来新要求

党的十八届五中全会提出“创新、协调、绿色、开放、共享”的发展理念，是“十三五”乃至更长一个时期我国经济社会发展的理论指导和行动指南，更是新时期水库移民工作的基本遵循和发展动力。一是牢固树立创新理念，把创新摆在核心位置，让创新贯穿整个水库移民工作，积极拓展新形势下移民工作的新领域新举措，努力推进新形势下移民工作理念创新、举措创新、模式创新。二是牢固树立协调理念，在促进城乡区域协调发展中促进水库移民协调发展，水库移民在新型工业化、信息化、城镇化、农业现代化中同步发展，推动水库移民与当地居民融合发展。三是牢固树立绿色理念，浙江作为“绿水青山就是金山银山”理念的发源地，特别是水库库区作为生态敏感区，更应注重绿色发展。因此，要坚持节约资源与保护环境并举的方针，大力培育水库移民绿色产业和生态产业，促进库区和移民安置区可持续发展，大力发展美丽经济，助推美丽库区、美丽家园建设，协同推进“五水共治”。四是牢固树立开放理念，用高水平的开放推动高质量的发展，“跳出移民谋划移民”，从区域经济社会发展全局出发，把移民村纳入新农村、新社区建设，把移民规划纳入当地经济和社会发展总体规划和专项规划之中，借力发展，不断开阔视野、创新思路、扩展平台和载体。五是牢固树立共享理念，践行以移民为中心的发展思路，做到发展为了移民，发展依靠移民，发展成果与移民共享，使全体移民在共建共享发展中有更多的获得感和幸福感。

1.2.2 高水平实现“两个一百年”奋斗目标对移民工作提出新要求

党的十八大描绘了全面建成小康社会、加快推进社会主义现代化的宏伟蓝图，向全国人民发出了向实现“两个一百年”奋斗目标进军的时代号召。浙江省第十四次党代会提出要高水平谱写实现“两个一百年”奋斗目标的浙江篇章。浙江省水库移民众多，有大小水库移民近170万人。“两个一百年”奋斗目标对全省移民工作提出了新的更高的要求。一是工作目标上，必须更加重视移民收入翻番、农业现代化和移民新农村建设，重视移民生活水平的全面提高；二是工作重点上，必须加大工作力度，在深入推进城乡发展一体化、加快发展现代农业、着力促进移民增收、加强社会建设、建设移民美丽家园等重点工作方面统筹考虑、综合推进、取得突破，实现移民工作跨越式发展。三是工作路径上，必须明确移民工作的方向，找到破解问题的有效路径，坚持工业反哺农业、城市支持农村和多予少取放活方针，把城镇化、农业现代化发展紧密结合起来，加大强农惠农富农政策力度，采取对口支援等多种形式加大扶持力度，合力推进库区和安置区经济社会发展，切实让广大移民共享现代化成果。

1.2.3 城乡发展一体化改革对移民工作提出新要求

十八届三中全会审议通过的《中共中央关于全面深化改革若干重大问题的决定》，对全面深化改革作出系统部署，其中决定对健全城乡发展一体化体制机制提出明确的改革措施，提出必须健全体制机制，形成以工促农、以城带乡、工农互惠、城乡一体的新型工农城乡关系，让广大农民平等参与现代化进程，共同分享现代化成果。要求在移民安置和后期扶持工作中，更加注重建立健全城乡发展一体化的工作机制。鼓励农村移民发展合作经济，扶持发展规模化、专业化、现代化经营；统筹城乡基础设施建设和社区建设，推进库区和移民安置区城乡基本公共服务均等化；推进以人为核心的城镇化，促进库区和移民安置区城镇化和新农村建设协调推进；推进农业转移人口市民化，积极把符合条件的农村移民转移人口转为城镇居民。

1.2.4　引领经济发展新常态，对推进大中型水库移民工作改革创新提出新要求

习近平总书记提出“认识新常态，适应新常态，引领新常态，是当前和今后一个时期我国经济发展的大逻辑”。新常态下，一方面固有的矛盾更加突出，另一方面新问题、新情况、新挑战也不断出现。当前，浙江省水库移民工作也进入了新常态。一是经济增速的放缓给库区经济发展和移民群众增收带来的更大的压力，需要进一步加大水库移民资金的投入力度，并更加注重资金的使用效益；二是大中型水库移民后期扶持政策实施工作转入常态化管理，需要进一步理顺体制机制，形成各级各部门推动水库移民工作的合力，不断推进和提升水库移民工作。

目前浙江省移民工作面临着几个重要问题亟待解决。

一是仍存在低收入相对贫困移民。目前浙江省水库移民人均可支配收入占全省农村居民的85%，还存在一定的贫困面。全省共有大中型水库相对贫困（或低收入）移民村2573个，相对贫困（或低收入）移民55377人，约占大中型水库移民的4%。

二是精准扶持机制仍需进一步完善。习近平总书记指出：“扶贫开发贵在精准，重在精准，成败之举在于精准。”前十年后期扶持政策的出发点重普惠，“十三五”要在普惠基础上重精准。目前浙江省水库移民精准扶持上仍存在对象不够精准、项目不够精准、管理不够精准、扶持结果反馈不够精准四个方面的“短板”问题。

三是后期扶持资源整合仍需进一步加强。水库移民扶持还没有形成整体合力，相关扶持政策衔接不够，各方资源统筹整合和社会力量动员有待进一步加强，扶持资金、项目、资源的投入难以满足库区和移民安置区发展的需求。

四是资金项目绩效有待进一步提升。项目扶持管理尚不够精细，项目计划编排较为滞后，项目策划储备不够充分。部分县（市、区）移民资金结存较多，移民资金使用管理使用绩效有待提高。

2 总体要求

2.1 指导思想

高举中国特色社会主义伟大旗帜，坚持以马克思列宁主义、毛泽东思想、邓小平理论、“三个代表”重要思想、科学发展观为指导，深入贯彻习近平总书记系列重要讲话精神和治国理政新理念新思想新战略，切实增强“四个意识”，紧紧围绕“五位一体”总体布局和“四个全面”战略布局，始终坚持以人民为中心的发展思想，全面落实新发展理念，坚持以水库移民增收致富为主线，着力开展水库移民就（创）业致富、美丽家园建设、避险解困等工作，充分发挥后扶政策叠加作用，加快改善移民生产生活条件，切实增加移民收入，确保如期与全省人民同步实现高水平全面小康。

2.2 规划原则

2.2.1 坚持深化改革，创新发展

深入贯彻创新发展理念，不断拓展水库移民后期扶持新思路、新方法、新举措，有效突破“瓶颈”制约和制度机制障碍，加快形成以水库移民创业致富为引领和支撑的发展模式。

2.2.2 坚持问题导向，补齐短板

针对水库移民生产生活中存在的突出问题，整合各方资源，加大扶持力度，坚持问题导向，不断查补制约水库移民发展的根本性、关键性的“短板”，重点补齐水库移民增收致富和制度机制供给落实两大“短板”。

2.2.3 坚持突出重点，精准扶持

遵循精准扶贫、精准脱贫基本方略，突出加快发展地区、老水库库区、

大型水库库区、移民集中安置区等重点，对建档立卡的低收入移民村、移民户、移民人口实施重点扶持。

2.2.4 坚持统筹兼顾，分类施策

按照统筹规划、整合资源、创新机制，整体推进的要求，找准不同地域和扶持对象存在的不同困难和问题，对症下药，分类施策，明确工作着力点和帮扶措施。

2.2.5 坚持协同配合，协调发展

强化部门间沟通协调，调动政府、移民、社会多方积极性，形成精准扶持合力。将水库移民后期扶持规划纳入当地国民经济和社会发展总体规划，整合各类资源，多层次、多渠道筹集资金，充分发挥政策叠加效应。

2.2.6 坚持生态优先，绿色发展

牢固树立并践行“绿水青山就是金山银山”的理念，坚持把绿色发展、循环发展、低碳发展作为基本路径，走生产发展、生活富裕、生态良好之路，实现移民创业增收和环境保护“双赢”。

2.3 发展目标

“十三五”水库移民后期扶持的总体目标是：通过5年的努力，库区和移民安置区基础设施和生态环境建设得到进一步加强，农村移民生产生活条件得到根本改善，移民人均收入持续稳定增长，移民生活水平不断提高，总体达到当地农村平均水平，与全省人民同步实现高水平全面小康。

具体发展目标如下：

一是深化拓展水库移民创业致富工作。进一步加强创业致富工作的力度。在创业致富专项资金全部用于创业致富项目的基础上，除直补资金外其他各类移民资金按不低于50%的比例用于创业致富项目。大力推广现代农业、来料加工、物业经济、金融服务业、三产等创业致富项目建设经验，推动移民融资、电商孵化、就业培训服务平台建设。加强扶持资金的整合使用，推动项目扶持方式由零敲碎打向做大做强做优转变，着力形成长远发展的优质资产。全省每年新增投资100万元以上产业基地50—100个，每年移民参训人次达到移民劳动适龄人口10%以上。到2020年末，移民人均可支配收入达到当地农村居民水平。确保低收入移民户收入增长快于农民收入平均增幅，确保绝对贫困移民不出现反复，至2020年低收入移民户人均可支配收入超过1.5万元。大力发展移民村集体经济，至2020年全面消除年收入10万元以下移民经济薄弱村。

二是整体推进水库移民美丽家园建设。认真贯彻落实《浙江省深化美丽乡村建设行动计划（2016—2020年）》精神，着力打造美丽乡村升级版的水库移民美丽家园。加强与行业部门的沟通衔接，优先支持水库移民美丽家园建设。按照社会主义新农村建设“生产发展、生活宽裕、乡风文明、村容整洁、管理民主”的二十字方针，结合水库移民村实际情况，研究水库移民美丽家园示范村建设鼓励办法。充分发挥移民政策的叠加作用，充分发挥移民资金在美丽家园建设中的助推作用。大力开展库区村和移民集中安置村水库移民美丽家园建设，实现生产生活环境进一步改善，移民收入增加，库区和谐稳定，长远发展有保障。至2020年全省移民美丽家园示范村比例达到库区村和移民集中安置村总数的1/4以上。

三是全面推进移民脱贫解困工作。协同有关部门完成避险解困移民建房和配套基础设施建设，加强特困移民的就业培训，保障特困移民搬迁后平稳就业。至2020年实现以下目标：

——居住安全得到根本解决，帮扶对象拥有基本的安全居住条件；

——安置点饮水、道路、供电等基础设施完善，基础设施条件明显改善；

——帮扶对象安置后可享受就医、就学等基本公共服务，并纳入当地社会保障体系；

——通过实施生产扶持和教育培训，村组特色产业发展水平显著提高，帮扶对象就业增收和后续发展能力增强。

2.4　规划范围

规划范围为浙江省大中型水库库区和农村移民安置区，主要包括：一是政府组织集中安置和分散插迁安置的农村移民所在村（组）；二是为安置大中型水库移民调出土地的村（组）；三是水库建设中涉及的“淹地不淹房”人口所在村（组）；四是现仍居住在农村的非农业户口移民所在村（组）；五是水库蓄水引起库周浸没、塌岸、滑坡、内涝，以及生产生活条件受影响的库边地段、孤岛等影响的人口所在村（组）。根据以上规定，本规划涉及移民人数约139.8万。

2.5　规划重点

本规划重点包括移民脱贫解困、美丽家园建设和移民增收。

2.5.1　移民脱贫解困

“十三五”期间，移民脱贫解困工作将按照党中央、国务院对新阶段扶贫开发工作的部署和要求，围绕“四个全面”战略布局，深入实施精准扶持、精准脱贫战略，加快完善精准扶持工作机制，组织做好与相关部门建档立卡低收入村低收入户信息的对接工作，以低收入移民村和低收入移民户为重点，针对存在的问题，整合资源，精准发力，扶持发展特色产业，大力开展移民就业培训、促进劳务输出，推进避险解困工作，切实提高后期扶持工作的精确性和有效性。

2.5.2　美丽家园建设

根据移民自愿与政府引导相结合、原地建设与异地搬迁相结合、统一要求与尊重差异相结合、改善环境与促进发展相结合的原则，重点考虑以提升移民村建设和移民群众幸福指数为重点的“美丽移民村”示范点建设，通过一村一策、整村推进，切实优化移民人居环境，不断改善移民生产生活条件；稳步推进移民村组社区化管理，提升基本公共服务水平。

2.5.3　移民增收致富

按照宜工则工、宜农则农、宜商则商、宜旅则旅的原则，做到因地制宜，多措并举，为移民创造良好的就业创业环境，增强移民自主创业的能力，切实提升移民的收入水平。

3　主要任务

本规划主要任务涵盖七个方面，分别为：后期扶持人口核定及直补资金发放，移民创业致富增收，移民脱贫解困攻坚，美丽家园助推，基础设施提升，移民扶持重大项目，小型水库帮扶等。由于嘉兴市和舟山市无结余资金和库区基金，后期扶持资金全部以直补形式发放到人，项目资金量小，本规划中不作具体项目规划，其2个移民专项规划列入当地民政规划。详见表1。

表1　浙江省水库移民后期扶持“十三五”规划资金使用汇总表

序号	项目类型	单位	总资金	移民资金	整合资金
合　计		万元	2195652.7	818592.7	1377060
1	后期扶持直补资金	万元	294137.4	294137.4	0
2	创业致富增收	万元	938735	234680	704055
3	脱贫解困攻坚	万元	140000	30000	110000
4	美丽家园助推	万元	345430	86360	259070
5	基础设施提升	万元	405249.3	101314.3	303935
6	小型水库帮扶	万元	72101	72101	0

3.1　后期扶持人口核定及直补资金发放

3.1.1　大中型水库移民后期扶持对象的核定

3.1.1.1　已经核定登记人口情况

根据2015年底的移民后期扶持人口核定登记情况并经2016年初复核，浙江省农村移民后期扶持人口共1397587人（国家核定107.03万人），其中直补扶持人口980458人，项目扶持人口417129人。各地直补人口详细分布情况见后附图“浙江省大中型水库后期扶持移民分布图”；浙江省“十三五”规划后期扶持移民分布详见表2。

表2　浙江省“十三五”规划后期扶持移民分布表

序号	地区	移民村数	移民村组数	移民后期扶持人数		
				合计	直补到人	核定到村（组）
省级汇总		13486	35438	1397587	980458	417129
1	杭州市	1433	6252	346183	195756	150427
2	宁波市	1533	2073	76451	75550	901
3	温州市	450	450	148667	93652	55015
4	嘉兴市	406	634	6314	6086	228
5	湖州市	638	3336	95254	66141	29113
6	绍兴市	1875	3069	96380	75531	20849
7	金华市	2501	4205	164365	117351	47014
8	衢州市	693	5950	164199	123800	40399

续表

序号	地区	移民村数	移民村组数	移民后期扶持人数		
				合计	直补到人	核定到村（组）
9	舟山市	7	24	1957	1957	0
10	台州市	2806	6611	151157	116609	34548
11	丽水市	1144	2834	146660	108025	38635

3.1.1.2　“十三五”规划新建水库的新增人口

根据浙江省水利发展“十三五”规划内容显示，“十三五”期间浙江省拟建成水库10座，分别为：新昌钦寸水库、台州朱溪水库、诸暨永宁水库、临安方溪水库、仙居盂溪水库、好溪水利枢纽潜明水库一期、松阳黄南水库、龙游高坪桥水库、庆元兰溪桥扩建水库、三门东屏水库等；拟开工水库10座，分别为：永嘉南岸水库、开化水库、遂昌清水源水库、宁海清溪水库、好溪水利枢纽虬里水库、上虞隐潭水库、好溪水利枢纽流岸水库、兰溪泉满山水库、奉化葛岙水库、临安双溪口水库等。各地移民直补人口的最终人数核定及补偿起始时间以核定下发的批复文件为准，本规划中暂不对“十三五”期间新增水利设施的移民直补人口做统计。

3.1.2　大中型水库移民后期扶持直补资金发放

依据《国务院关于完善大中型水库移民后期扶持政策的意见》（国发〔2006〕17号）的规定，直补资金发放标准为每人每年600元，发放年限为20年。本规划设定的发放年限为5年，即2016年1月1日至2020年12月31日。后期扶持资金直接发放的范围不超出核实登记的预算扶持人口。详见表3。

表3　浙江省“十三五”直补资金直接发放规划情况表

序号	年份	规划情况	
		直补人口（人）	直补资金（万元）
1	2016	980458	58827.48
2	2017	980458	58827.48
3	2018	980458	58827.48
4	2019	980458	58827.48
5	2020	980458	58827.48

注：“十三五”规划期间各年度直补人口暂按2016年初核定人数统计，若有变化则按各年度统计数再做动态调整。

3.2 创业致富增收

紧紧围绕水库移民增收致富主线，加快后期扶持工作转型升级步伐，不断创新移民致富模式，拓展增收渠道，优化资金投入结构，进一步加大对生产性开发项目的扶持力度，积极构建移民创业服务体系，加强移民职业技能培训。

加大移民生产扶持力度，引导和帮助移民依托资源优势开展种植业、养殖业和农产品加工业；以大农业、多功能思路，着力构建市场竞争力强的新型农业产业体系，鼓励发展移民专业合作社，大力培育移民专业户和家庭农场，发展壮大移民村组集体经济和特色产业。

积极构建移民创业服务体系，组织做好移民就业服务工作，引导和帮助移民通过劳务输出、土地流转、经商办厂、旅游服务、物业经济等方式，有效增加工资性、经营性和财产性收入。

加强移民职业技能培训，规划好本地区移民培训工作，力争使有需求的移民劳动力都得到相应的培训，掌握一至二项创业就业实用技能，促进移民就业、增加收入。

进一步拓宽增收渠道，建立完善移民“发展增收、转移增收、保障增收、改革增收、带动增收、帮扶增收、科技增收和服务增收”等增收机制，提高移民收入。

全省创业致富增收规划投入资金938735万元，其中移民资金投入234680万元，整合资金投入704055万元。详见表4。

表4 浙江省“十三五”创业致富增收资金表

单位：万元

序号	地区	总资金	移民资金	整合资金	创业致富增收	
					生产开发	劳动技能培训与职业教育
省级汇总		938735	234680	704055	914365	24370
1	杭州市	269760	67440	202320	267060	2700
2	宁波市	33085	8270	24815	31765	1320
3	温州市	94580	23645	70935	87960	6620
4	嘉兴市	0	0	0	0	0

续表

序号	地区	总资金	移民资金	整合资金	创业致富增收	
					生产开发	劳动技能培训与职业教育
5	湖州市	62415	15605	46810	61165	1250
6	绍兴市	53865	13465	40400	52795	1070
7	金华市	102115	25530	76585	98115	4000
8	衢州市	128530	32130	96400	125960	2570
9	舟山市	0	0	0	0	0
10	台州市	98185	24545	73640	96225	1960
11	丽水市	96200	24050	72150	93320	2880

专栏一　“创业致富增收”

创业致富资金：通过移民生产开发扶持和劳动技能培训，增加移民收入，有效提高移民生产生活水平。

具体用于：现代农业开发、大棚蔬菜生产基地、移民创业园、来料加工、综合农贸市场、便民酒店、民宿、移民村商铺建设、农家乐、标准厂房建设出租、物业楼出租、移民创业楼、产业园、观光示范园、金融服务业、劳动培训以及创业致富项目的基础配套设施等一系列用途。

3.2.1　生产扶持项目

根据浙江省农村产业发展规划、林业产业规划及旅游发展规划，结合《浙江省人民政府办公厅关于加快推进水库移民创业致富的意见》（浙政办发〔2012〕161号），从库区和移民安置区的实际情况出发，对移民村组开展种植业、养殖业、加工业、旅游业、农产品生产基地建设等一、第二、第三产业融合发展的生产扶持项目。包括：推进现代农业园区、粮食生产功能区建设，发展农业规模化、标准化和产业化经营，推广种养结合等新型农作制度，大力发展生态循环农业，扩大无公害农产品、绿色食品、有机食品和森林食品生产的种养殖项目；充分发挥农村田园风光、山水资源和乡村文化优势，发展各具特色的，以住农家屋、吃农家饭、学农家活、赏农家景、享农家乐为特色内容的乡村休闲旅游业项目；来料加工服务点的加工业项目和以

“循环、减降、再利用”等绿色技术，促进农村第一、第二、第三产业融合发展，实施现代农业发展平台、现代农业园区建设、种子种苗建设、休闲农业建设、区域品牌创建的生产基地建设项目。不断壮大村级经济实力，提高移民收入。规划总投入914365万元。

3.2.2　劳动力技能培训及职业教育项目

依据浙江省农业技能培训规划、职业教育培训规划等，结合《浙江省人民政府办公厅关于加快推进水库移民创业致富的意见》（浙政办发〔2012〕161号），在有效发挥人力资源信息网络作用，积极为移民提供公共就业服务的基础上，进一步加强移民培训力度，全面提高移民劳动力的文化程度和技能水平，推动实施促进移民转移就业的职业教育和技能培训，提高移民的科技致富能力、市场竞争能力和自我发展能力的移民素质培训项目，提升劳动力整体素质、增强移民的农业技术、创业能力的农业技能培训，农技信息进村入户的农技推广和信息服务体系建设。规划投资24370万元。

3.3　脱贫解困攻坚

3.3.1　现状及存在的问题

目前，国家和我省农村贫困标准线分别为2300元和4600元，通过调查，“十二五”规划实施后，全省已不存在浙江省贫困线以下的农村移民。但我省还有不少相对贫困的水库移民。据统计，全省还有大中型水库相对贫困（或低收入）移民村2573个，相对贫困（或低收入）移民55377人，占全省移民总数的4%，相当于我省农村低保总人口的10%。同时，我省水库移民的总体收入虽然高于全国平均水平，但地区间不均衡的情况还比较突出。全省移民人均可支配收入在10000—15000元的还有19个县。因此，全面规划和推进我省水库移民精准扶持，帮助相对贫困移民早日摆脱贫困，加快脱贫致富奔小康步伐，是“十三五”规划的重要任务。

3.3.2　脱贫解困对象

避险解困对象。已纳入大中型水库移民后期扶持规划范围且生产生活存在特殊困难的农村移民。确定的避险解困的对象至少符合以下条件之一：（1）居住在山洪地质灾害易发区域，生命财产安全受到严重威胁，经国土资源或水利部门鉴定必须搬迁。（2）生存条件恶劣，生活贫困，不搬迁难以摆脱困境。（3）以村为单元，生产生活条件差距较大的对象。

大中型水库相对贫困（或低收入）农村移民户。

3.3.3　移民脱贫解困方案

根据不同对象采用不同的扶贫方案，做到精准扶贫。脱贫解困方案包括搬迁安置、住房建设、设施完善、生产扶持等。

3.3.3.1　避险解困方案

搬迁安置方案主要针对居住在山洪地质灾害易发区域，生命财产安全受到严重威胁，经国土资源或水利部门鉴定必须搬迁，以及生存条件恶劣、生活贫困、不搬迁难以摆脱困境的整村移民或部分移民。

以异地搬迁为主，结合城镇化发展进程、新农村建设、现代农业建设、工业园区布局和当地实际，按照相对集中的原则，引导帮扶对象进城镇或中心村。

安置点地质稳定、环境安全，饮水、供电、交通等基础设施配套或易于建设，移民就医及子女上学较为方便。

安置点建设有利生产、方便生活，坚持集约用地，尽量少占或不占耕地。

根据初步调查统计，2016—2020年期间，浙江省有避险解困需求的移民近30000人，预计可以搬迁安置的为20000人左右。实施方案分批执行。

3.3.3.1.1　住房建设

（1）建房对象

住房建设方案主要针对房屋结构差、房子面积小、建房年久失修、存在安全隐患，且居住者无能力自建的移民对象。根据试点方案，应遵循以下三点要求。

——以户为单位调查帮扶对象住房面积需求，结合安置点选址实际容量，合理确定安置住房的宅基地面积。对于安置住房建筑面积、户型设计等，可根据帮扶对象意愿、经济实力和当地实际情况自行确定。

——适当控制安置住房建筑面积和总造价。

——安置住房及设施的建设管理方式，要充分尊重移民意愿。是政府统建还是移民自建，由帮扶对象自主确定。

（2）住房建设标准

房屋结构：根据试点区域实际建房情况，新建房屋结构为砖混。

人均建房面积：确定房屋建筑面积，一方面要考虑能够满足帮扶对象的家庭住房需求，另一方面还要考虑帮扶对象的经济实力。为避免给帮扶对象的生产生活特别是长远生计带来新的困难和问题，人均建筑面积根据帮扶对象意愿、经济实力和当地实际情况适当调整。

3.3.3.1.2　设施完善

主要针对交通条件、电力、通信等基础设施非常薄弱的区域，且该部分设施是移民改善生产生活条件的瓶颈。根据不同区域的实际情况会同专业主管部门进行共同脱贫解困。

3.3.3.1.3　生产扶持

首先保障帮扶对象原有农业资源的受益权。有条件的地方，通过土地整理或调剂等方式，为帮扶对象提供部分耕地、园地或林地等生产资料。

同时利用当地资源优势，结合区域产业发展规划和市场需求，培育发展地方特色产业，扶持能够让移民群众直接受益的种植业、养殖业、农产品加工业等产业，从而提高移民的收入。

3.3.3.1.4　教育培训

分析帮扶对象人数，以及劳动力的状况，加大教育培训力度，提升帮扶对象的就业增收能力。

3.3.3.1.5　资金筹措

根据国家和省有关规定，中央安排的水库移民避险解困补助资金、危房改造资金、土地整治资金、扶贫开发资金、就业培训资金等政府性资金，按规定用于水库移民避险解困试点工作。各县（市、区）结合“农民异地搬迁、新农村建设”等项目，统筹安排，重点倾斜，加大对避险解困工作的支持力度，多渠道筹集资金，整合相关资源，出台优惠政策，减轻帮扶对象的经济负担，积极推进水库移民避险解困工作，估算投入资金约140000万元，资金筹措估算为中央、省级补助约46800万元，县区配套76400万元，其余部分为移民自筹资金。

3.3.3.2　低收入移民户增收

制订帮扶措施预案，及时对低收入移民户进行帮扶，确保绝对贫困现象不出现反复，确保低收入农户收入增长。

把握方向：扶持移民就业，帮助移民创业， 扶持发展美丽经济，扶持移民拓宽财产性收入，帮助移民走出特殊困境，扶持移民村集体经济。

加强跟踪：建立移民收入档案，加强对扶持农村移民的跟踪，尤其对接近贫困线人口的跟踪，及时发现可能产生的低收入移民户。

对国家、省、地方贫困线的标准进行跟踪，根据贫困线的调整及时复核移民收入，及时复核低收入移民户状况。

及时采取措施：探索建立互助基金、帮困基金等方式，对移民群众碰到的一些突发性、临时性困难，在确保水库移民享受普惠政策救助的基础上，给予专项救助，提高社会保障救助水平，帮助水库移民尽快摆脱困境。对通过避险解困、产业扶持、就业培训、转移就业改善生产生活条件仍无法实现脱贫的建档立卡低收入移民，要按规定纳入教育扶贫、医疗救助和低保政策兜底范围。

3.4　美丽家园助推

按照社会主义新农村建设“生产发展、生活宽裕、乡风文明、村容整洁、管理民主”的二十字方针，通过浙江省美丽乡村建设行动计划的整体部署，深入调研，试点探索，结合水库移民村实际情况，研究水库移民美丽家园示范村建设奖励办法。充分发挥移民政策的叠加作用，充分发挥移民资金在美丽家园建设中的助推作用。

助推美丽乡村建设从“一处美”向“一片美”转型。助推美丽乡村连线成片。按照总体部署，对移民村庄以绿化彩化、干净整洁、立面改造、品质塑造等为建设重点，深入开展“三边四化”行动和“两路两侧”环境综合整治，助推各县（市、区）打造优质的美丽乡村风景线。开展水库移民美丽家园示范村创建。为配合开展美丽乡村示范创建，针对水库移民较多的乡村开展水库移民美丽家园示范村创建，突出同步与周边村庄连线成片建设和示范带动，联动推进生态人居、生态环境、生态经济、生态文化建设，持续提升美丽乡村品位，打造美丽乡村升级版。

助推美丽乡村建设从“一时美”向“持久美”转型。完成移民村生活污水治理应纳尽纳、应集尽集、应治尽治、达标排放的要求，完善移民村生活垃圾户分、村收、有效处理的运行模式。打造生态田园人居环境。以“无违建乡村”创建为载体，深入推进移民村“三改一拆”、平原绿化、“清三河”、地质灾害防治，积极开展村庄生态化有机更新和改造提升，加快推进河沟池塘的清淤和生态化治理、散养畜禽整顿、农作物秸秆和农产品投入综合治理。美丽家园助推建设内容包括社会事业设施和生态建设及环境治理，规划总投入345430万元，其中移民资金86360万元，整合资金259070万元。浙江省“十三五”美丽家园助推资金表，详见表5。

表5　浙江省“十三五”美丽家园助推资金表

单位：万元

序号	地区	总资金	移民资金	整合资金	美丽家园助推	
					社会事业设施	生态建设及环境保护
省级汇总		345430	86360	259070	198370	147060
1	杭州市	115610	28900	86710	57805	57805
2	宁波市	11860	2965	8895	8895	2965
3	温州市	51070	12770	38300	35750	15320
4	嘉兴市	0	0	0	0	0
5	湖州市	21520	5380	16140	11830	9690
6	绍兴市	13465	3365	10100	8080	5385
7	金华市	21195	5300	15895	8480	12715
8	衢州市	32135	8035	24100	9640	22495
9	舟山市	0	0	0	0	0
10	台州市	26625	6655	19970	19970	6655
11	丽水市	51950	12990	38960	37920	14030

专栏二　“美丽家园助推”

美丽家园资金：主要用于深入实施美丽乡村建设工程，加强精神文明建设，打造美丽乡村，改善库区和移民安置区生态、生活环境。

具体用于：建设水库公园、移民村绿化、道路沿线绿化、移民村污水整治、河道景区建设、集镇改造提升、文化博物馆、古宅修缮、生态公墓、文化礼堂、老年公寓、老年活动中心等改善移民生活环境的设施项目。

3.4.1　社会事业设施项目

在继续加大政府公共财政对农村移民社会保障的投入力度，不断提高移民养老保险、医疗保险等社会保障水平的基础上，统筹建设农村社区公共服务中心；进一步加强村级医疗服务网点的建设，提高移民村的医疗保障水平；通过村级农贸市场改造提升，确保市场卫生保洁和食品安全。开展群众性体育活动，实施移民村小康健身工程；推进农村文化发展和精神文明建设的宣传教育；加强农村民主法制建设，确保社会治安。规划投入资金198370万元。

3.4.2　生态建设及环境治理项目

继续推进“美丽庭院”“清洁乡村”“清洁河道”“三改一拆”以及农村“三格式”厕所改造，实施农村生活垃圾分类处置，加快推进农村生活垃圾和生活污水整治，采取堆肥、沼气等综合利用手段实现垃圾无害化处置。全面完成农村污水处理基础设施建设，建立健全农村生活污水处理设施管理及市场化运行维护制度。开展生态村创建工作，重点开展移民村垃圾处理、污水治理、卫生改厕等环保设施项目，农村屋顶山塘和饮用水水源山塘综合整治和易灾地区生态环境综合治理项目。规划投入资金147060万元。

3.5　基础设施提升

推进农村道路、桥梁、停车场、供水供电等设施建设。推进空心村整治，住房和危房改造，生活污水净化和畜禽养殖场（户）的沼气利用，农村联网公路建设和农村道路工程，农民饮用水水源保护工程，农村电气化工程建设，农田水利设施配套建设，基本口粮田建设等基础设施项目。规划投入资金405249.3万元。其中移民资金101314.3万元，整合资金303935万元。浙江省“十三五”基础设施提升资金表详见表6。

表6　浙江省“十三五”基础设施提升资金表

单位：万元

序号	地区	总资金	移民资金	整合资金	基础设施提升	
					基本口粮田建设及水利设施配套	基础设施
省级汇总		405249.3	101314.3	303935	103105	302144.3

续表

序号	地区	总资金	移民资金	整合资金	基础设施提升	
					基本口粮田建设及水利设施配套	基础设施
1	杭州市	96349.1	24089.1	72260	24085	72264.1
2	宁波市	17480.3	4370.3	13110	2620	14860.3
3	温州市	43512.5	10877.5	32635	8700	34812.5
4	嘉兴市	0	0	0	0	0
5	湖州市	23678.9	5918.9	17760	6390	17288.9
6	绍兴市	28855.7	7215.7	21640	12980	15875.7
7	金华市	69357.2	17337.2	52020	17340	52017.2
8	衢州市	40162.7	10042.7	30120	8030	32132.7
9	舟山市	0	0	0	0	0
10	台州市	41602.4	10402.4	31200	7480	34122.4
11	丽水市	44250.5	11060.5	33190	15480	28770.5

专栏三 “基础设施提升”

基础设施资金：主要用于改善移民生产生活的基础设施建设，促进城乡公共服务均等化。

具体用于：移民村综合楼、道路修建、自来水厂建设、办公楼、移民小区配套工程、公共场所建设、“旧房、危房”改造、社区卫生院、交通大桥、改造中低产农田项目、农田水利配套设施等建设项目。

3.6 移民扶持重大项目

3.6.1 项目概述

为了提高移民资金的利用，切实有效地提高移民生产生活水平和移民收入，重点扶持部分工程项目，包括创业致富增收、美丽家园助推、基础设施提升三方面建设项目，共计投入资金1689414.3万元，其中移民资金422354.3万元。

3.6.2　项目要求

移民资金利用率高，移民资金投入100万元以上，符合当地发展规划，能有效改善移民生产生活水平和提升移民收入的项目。

3.6.3　部分重大项目

详见附表一、附表二、附表三、附表四。

3.7　小型水库帮扶

3.7.1　小型水库库区和移民安置区经济社会发展现状

浙江省目前有小型水库4110座，涉及移民22万余人，小型水库数量多，分布面广，建库淹没土地和涉及的原迁移民相对较多，大部分建库时间均较早，移民安置比较分散，省内各县市区安置政策差异较大，库区及移民安置地所在村的生活水平和人均收入普遍低于省内农村居民的平均水平。基础设施建设滞后，部分库区村仍存在行路难、饮用水卫生标准低、就医条件差等问题。由于移民安置区一般较偏远，交通不便，信息不灵，部分移民观念陈旧，靠传统的耕作度日，想走出家门再就业，又缺乏一技之长，存在就业难的现状。

3.7.2　扶助项目内容

小型水库扶助以完善农村基础设施为重点，主要包括：改善居住环境；加强低产田改造，提高农业经济收入；逐步解决人畜用水、用电、村内道路交通、环境污染等问题；逐步完善村卫生室、文化活动场所。安排一定的项目资金进行生产开发和移民素质培训，不断提高移民发展经济的能力，促进移民增产增收。

基础设施类：重点解决小型水库移民村人畜饮水、农田水利、村内道路、文化娱乐设施、环境保护等方面设施薄弱问题。

生产开发类：以开发经济作物为重点，包括：水果种植基地开发、山茶油开发、高山蔬菜开发、笋竹基地开发、香榧基地等开发项目。

科技推广类：以农民素质培训、农业技术培训、就业培训、学历教育等为主要内容，增强移民的农业技术、创业能力，提高移民科技致富能力、市场竞争能力和自我发展能力，提升整体素质。

3.7.3　资金投入

浙江省小型水库“十三五”规划总投入72101万元，其中：基础设施类项目投入21630万元；创业致富类项目投入36000万元；美丽家园建设助推类项目投入14471万元。详见表7。

表7 浙江省“十三五”小型水库帮扶资金表

单位：万元

序号	地区	总资金	小型水库帮扶		
			基础设施类	创业致富类	美丽家园类
省级汇总		72101	21630	36000	14471
1	杭州市	7510	2255	3705	1550
2	宁波市	6440	1930	3220	1290
3	温州市	6447	1935	3222	1290
4	嘉兴市	0	0	0	0
5	湖州市	1863	560	930	373
6	绍兴市	6610	1985	3305	1320
7	金华市	10773	3230	5388	2155
8	衢州市	10173	3050	5088	2035
9	舟山市	4470	1340	2235	895
10	台州市	9217	2765	4609	1843
11	丽水市	8598	2580	4298	1720

3.8 投资估算及筹措方案

3.8.1 投资估算

浙江省水库移民后期扶持“十三五”规划估算总投资2195652.7万元（含直补资金），其中：移民资金投入818592.7万元，整合资金投入1377060万元。详见表8。

表8 浙江省水库移民后期扶持“十三五”规划总投入资金汇总表

序号	年度	单位	金 额
一	后期扶持资金	万元	419207.7
1	直补到个人扶持资金	万元	294137.4

续表

序号	年度	单位	金 额
2	到村组的项目资金	万元	125070.3
二	结余资金	万元	303248
三	库区基金	万元	24036
四	小库扶助资金	万元	72101
五	整合投入资金	万元	1377060
	合计	万元	2195652.7

3.8.2　资金筹措方案

3.8.2.1　后期扶持资金

移民后期扶持资金分为直补到人扶持资金和到村组项目资金，“十三五”期间总投入419207.7万元，其中直补到人资金294137.4万元，到村组的项目资金125070.3万元。资金由中央统一下拨至省级，再由省级下拨至各县（市、区）。

3.8.2.2　投入库区和移民安置区的项目资金

根据移民后期扶持项目规划，大中型水库项目资金分为创业致富、美丽家园助推和基础设施提升三项投入，规划项目6大类，规划总投入1689414.3万元（不含小库），其中：移民后期扶持资金投入422354.3万元，该部分资金由中央统一下拨至省级，再由省级下拨至各县市区；整合资金1267060万元，该部分资金由各县（市、区）自筹解决。

移民后期扶持投入资金，包括后期扶持到移民村（组）的项目资金和投入库区和移民安置区的项目资金（结余资金、库区基金）。

后期扶持到移民村（组）的项目资金：后期扶持到移民村（组）的项目资金投入为125070.3万元。项目资金原则上落实到移民村组（社区），在征得乡镇（街道）和移民村组（社区）同意后可统筹安排，扶持有利于移民群众创业致富的项目。

投入库区和移民安置区的后期扶持项目资金：投入库区和移民安置区的后期扶持项目资金为297284万元。其中：结余资金为273248万元，库区基金为24036万元。

根据“十二五”期间项目实施整合资金的投入及与各部门对接的情况，“十三五”期间整合资金为1267060万元（实际资金量以每年上报批复的项目投入资金为准，此处整合资金仅作预估，不作为“十三五”期间整合资金投入的量化指标）。

3.8.2.3 脱贫解困资金

“十三五”期间浙江省脱贫解困资金主要用于实施大中型水库移民避险解困，由中央安排的水库移民避险解困补助资金、危房改造资金、土地整治资金、扶贫开发资金、就业培训资金等组成。估算投入资金约140000万元，其中中央、省级补助资金约46800万元，县区配套资金76400万元，其余部分为移民自筹资金。

3.8.2.4 小型水库帮扶资金

“十三五”期间浙江省小型水库帮扶资金预计投入72101万元，主要用于小型水库库区基础设施建设、美丽家园助推和移民创业致富三个方面，资金来源主要是每年从小库发电回收资金中提取一部分对小库移民进行帮扶。

3.9 实施效果预测分析

在“十一五”“十二五”水库移民后期扶持工作的基础上，通过“十三五”规划的组织实施，可有效提高库区和移民安置区的经济效益、社会效益、生态效益。经预测分析，到2020年，浙江省库区和移民安置区的农村移民生产生活条件将得到根本改善，人均收入总体将达到当地农村居民的平均水平，基本达到水库移民同步实现高水平全面建成小康社会目标。

3.9.1 经济效益

通过移民后期扶持项目规划的组织实施，完善移民后期扶持规划与本地区经济社会发展规划和各行业规划的衔接机制，进一步建立促进库区和移民安置区的经济社会发展的长效机制。

通过移民增收规划实施，结合移民创业致富工作，进一步发展和壮大移民村级集体经济，培养移民增收技能、拓宽移民增收渠道，在给移民“输血”的同时也强化了移民“造血”功能，保障移民的人均收入持续稳定增长。

到2020年，基本可以实现移民的人均收入水平总体达到当地农村居民平均水平的目标。

3.9.2　社会效益

在直补资金发放的同时，通过移民增收规划进一步改善基本口粮田设施、发展和壮大移民村级集体经济、拓宽移民增收渠道，有效地促进移民增收。

美丽家园建设规划，通过对库区和移民安置区的基础设施、社会事业设施和生产生活环境工程投入，切实改善移民人居环境，提高社会保障、公共服务和生活水平。

通过衔接本地区经济社会发展规划和各行业规划，予以库区和移民安置区基础设施建设和生产发展项目重点支持、优先安排，进一步建立和完善库区和移民安置区经济社会发展的长效机制。

到2020年，基本可实现库区和移民安置区的农村移民生产生活条件得到根本改善，同步实现高水平全面建成小康社会目标。

通过一系列的移民增收、人居环境改善工程，使移民切身感受到党和政府的关心，增强移民创业致富的信心。对区域的社会稳定、和谐发展具有深远意义。

3.9.3　生态效益

通过基础设施建设，改善库区和移民安置区的基础设施条件。

通过农村路网、管网、林网、河网、垃圾处理网、污水治理网一体化环境综合整治工程；卫生改厕等环保设施、农村饮用水水源保护等饮用水安全、山塘水库整治、易灾地区等生态环境综合治理工程，可减少污染和疾病的传染，改善农村的卫生、村庄环境，为移民创造优美的生活环境。

到2020年，库区和移民安置区的环境将得到较大改善，基本实现建设宜居宜业宜游的美丽乡村目标。

4　社会稳定风险分析

4.1　风险调查

根据《重大固定资产投入项目社会稳定风险分析篇章和评估报告编制大纲（试行）的通知》（发改办投入〔2015〕428号）的规定，社会稳定风险分析工作开展风险调查的范围为“凡项目涉及利益相关者切身利益、容易引发社会稳定风险的因素，都应纳入调查范围，应当涵盖拟建项目建设和运行可能产生负面影响的范围。”

通过浙江省“十一五”“十二五”移民后期扶持规划执行情况，后期扶持相关文件、资料的查阅，移民后期扶持信访接待资料收集整理，库区和移民安置区村组、移民的走访调查等方式，结合“十三五”后期扶持规划的编制过程中的相关调查工作和浙江省的有关水库移民后期扶持政策，从直补资金发放和项目扶持开展风险调查工作。

4.2 风险识别及措施

在风险调查的基础上，结合“十三五”规划的有关内容，进行风险识别分析，分析识别存在以下风险因素。

4.2.1 直补资金发放

4.2.1.1 直补资金发放移民人口核定

年度直补资金发放移民人口核定，存在核减人口准确性及核减人口直补资金使用管理的风险。

风险防范及化解措施：根据《浙江省大中型水库农村移民后期扶持人口核定登记办法》（浙移领〔2006〕2号）和《浙江省大中型水库移民后期扶持专项资金使用管理办法》（浙财社〔2013〕286号）的有关规定，在每年1月底前对上年的直补对象进行年度复核，核减的直补对象从当年1月1日起停止发放直补资金。核减的直补资金实行项目扶持，由县级移民管理机构在有移民人口核减的村组（社区）统筹安排使用。

4.2.1.2 直补资金发放

直补资金发放的主要风险，是直补资金发放的及时准确问题。

风险防范及化解措施：直补资金实行“统一管理、分次发放、社会监督”的管理机制，按核准、登记、公示、发放的程序组织实施。在规定期限内将移民扶持资金发到放每个移民的账户当中。

4.2.2 项目扶持

4.2.2.1 项目扶持的范围

项目扶持范围，存在扶持项目是否用于库区和移民安置区的区域范围风险。大中型水库移民后期扶持的项目资金（除直补移民个人部分外）和有移民直补人口核减的村组的项目资金，存在这部分项目资金是否以移民村组为单位扶持到位的风险。

风险防范及化解措施：明确扶持项目的范围和内容为有利于改善移民、库区和移民安置区生产生活条件的基础设施建设、生产开发、科技推广等。项目资金原则上落实到移民村组（社区）。

4.2.2.2　项目申请、审批

在扶持项目申请和审批阶段存在扶持项目的内容、范围及与规划的符合性，项目申请材料完备性，民主决策和审批程序到位性的风险。

风险防范及化解措施：明确后期扶持项目分类，建立项目申报制度，做好扶持项目的审批核准工作。

4.2.2.3　项目实施

在项目实施阶段，存在因项目质量不合格无法投入使用或功能不全，以及建设过程中安全生产的风险。

风险防范及化解措施：项目管理实行项目法人责任制，按基本建设程序管理，加强现场质量管理、安全生产管理，做好项目的检查、验收工作。

4.2.2.4　项目资金的拨付

项目资金的拨付，存在资金拨付的手续是否齐全，资金超额拨付的风险。

风险防范及化解措施：项目资金应按《浙江省水库移民后期扶持项目资金县级报账制实施办法》（浙移资〔2015〕39号）的规定执行。采取转账方式支付。项目预付款和进度款的支付按相关规定或合同约定执行。项目进度款支付总额不得超过项目移民资金扶持总额的90%。有质量保证金要求的项目，按国家相关规定或合同约定执行。

表9　风险因素识别表

序号	风险类型	风险因素	发生概率	影响程度	风险等级
1	直补资金发放	年度直补人口的核减	一般	小	低
2		新建水库移民的核增	一般	小	低
3		直补资金发放及时准确	一般	小	低

续表

序号	风险类型	风险因素	发生概率	影响程度	风险等级
4	项目扶持	项目扶持的范围	一般	小	低
5		项目申请、审批程序	一般	小	低
6		项目实施过程中的质量、安全	一般	小	低
7		扶持资金拨付	一般	小	低

4.3 社会稳定风险评价

浙江省大中型水库移民后期扶持社会稳定风险评价重点围绕合法性、合理性、可行性和可控性等方面开展。

合法性：浙江省水库移民后期扶持“十三五”规划，是依据《大中型水利水电工程建设征地补偿和移民安置条例》（国务院令471号）和《国务院关于完善大中型水库移民后期扶持政策的意见》（国发〔2006〕17号）的规定，结合浙江省的水库移民实际情况编制的，符合法律法规的相关规定。

合理性：巩固和发展水库移民后期扶持政策实施成果，统筹区域发展、维护社会稳定、构建社会主义和谐社会，促进库区和移民安置区全面高水平建成小康社会目标具有十分重要的意义。“十三五”规划以“十二五”实施成果为基础，结合浙江省社会经济发展纲要，分析移民扶持目标及扶持项目，具备合理性条件。

可行性：“十三五”规划的编制，坚持政府主导、部门合作、专家论证、移民参与、科学民主决策的工作方针。公众参与度、规划编制的公开度和透明度较高。规划内容有较强的可行性。

可控性：设立专门的水库移民管理机构，具体负责水库移民后期扶持工作。制定浙江省有关水库移民后期扶持工作的管理制度、文件等，建立健全组织管理体系。在制定监督检查和内审管理制度的基础上，定期对后扶专项资金使用管理情况进行检查，以确保后扶专项资金的规范、合理使用。在采取相应的措施后，社会风险发生的概率、影响范围、影响程度较小，总体评价为低风险等级。

5　规划实施的保障措施

5.1　组织领导

在浙江省委、省政府的统一领导下，通过各级大中型水库移民工作领导小组统一协调、移民管理机构具体负责、各有关部门配合、乡镇组织、移民村组参与的组织管理体系，全面组织浙江省水库移民后期扶持“十三五”规划实施工作。

5.1.1　组织管理体系

按照责任到位、工作到位、周密部署、精心组织、稳步推进的原则，在浙江省政府的统一领导下，建立健全组织管理体系。

设立由省长为组长、分管副省长为副组长的省大中型水库移民工作领导小组。在省委、省政府的领导下，负责浙江省的水库移民后期扶持“十三五”规划的实施工作。衔接本地区经济社会发展规划和各行业规划，推动各级各有关部门将库区和移民安置区基础设施建设和生产发展项目纳入各地各行业规划，并予以重点支持、优先安排。协调省有关部门解决水库移民后期扶持“十三五”规划实施中出现的问题和矛盾。

设立专门的水库移民管理机构。省移民办现为省民政厅内设副厅级行政单位，编制40名；11个设区市有2个成立正处级移民办，依照公务员管理，有4个市分别在民政部门内设立副局级、正处级、副处级移民办，其他5个市也在民政部门设立移民管理机构；80个县（市、区）有30%成立独立的正科级移民办，其余县（市、区）也都成立相应的移民管理机构，并整合工作力量，落实工作经费，确保水库移民后期扶持政策顺利实施。

5.1.2　制度建设

按照“政府领导、分级负责，县为基础、归口管理”的体制要求，坚持落实政策与创新完善制度并重，建立健全规划实施管理、项目资金拨付报账管理、移民创业致富、信访联动、监测评估等一系列工作机制。依据国家政策要求，结合浙江省实际，细化工作要求，先后制定《浙江省水库移民专项资金项目扶持管理实施细则》《浙江省水库移民专项资金县级报账制实施细则》等30多个配套文件措施，不断完善水库移民政策法规体系。按照政府性基金管理要求，初步建立预算调控、独立核算、跟踪监督、年度抽查、县级报账等资金保障管理体系。加强项目库建设，提升扶持精准度，规划与项目库有机结合，实行项目有序进出，全程动态管理。建立“三台账一平台”即水库移民项目实施台账、移民低收入农户动态管理台账、财务管理电子台账和水库移民信息平台。把年度项目纳入项目信息管理系统运行管理，实现动态管理。

5.2 经费保障

在资金筹措上，坚持全国统筹、省级核算，企业、社会、中央与地方政府合理负担，工业反哺农业，城市支持农村。

“十三五”期间，浙江省移民安置区后期扶持规划总投资估算1633297.7万元。资金来源主要有：后期扶持资金、结余资金、库区基金、小型水库解困、整合资金、中央应急资金、其他规划资金、专项工作经费等。各地区要坚持以改革的思路、用市场化的手段，建立多元化的投融资机制，拓宽融资渠道，通过整合资源、整合资金，实行多渠道投入、多项目覆盖，整体推进大中型水库库区和移民安置区的发展。

5.3 实施管理

逐步建立完善精准扶持信息化平台、项目库动态管理平台、资金投入监管平台以及低收入户扶持情况跟踪平台四大平台建设，全面提高全省移民信息管理科技水平。

5.3.1 精准扶持信息化平台

利用先进的互联网技术创新精准扶贫工作模式，对扶贫对象实施精确识别、精确帮扶、精确管理的治贫方式，实现干部与贫困户之间的“1+1”，做到“群众不脱贫、干部不脱钩”。从底层扶贫数据统一标准、统一归档、统一管理着手，达到扶持对象精准、资金使用精准、措施到户精准、因村派人精准、脱贫成效精准的目的。

5.3.2 项目库动态综合管理平台

项目库动态综合管理平台是省移民办对各县、市、区级移民管理机构所属项目进行上报、审核、管理、统计分析的综合管理平台。该平台可以对全省项目进行入库、管理、考评，便于培育发展重大项目，整合和争取各类项目建设资金，对下属县市区项目进行查看催报，审核、统计分析，对各个项目各个阶段全程动态监控等，同时通过该平台建设，可达到项目资金使用与建设进度监察监督，监理监测、评估与预警体系。

5.3.3　资金投入监管平台

建立移民资金互联网动态监管平台，提高监管的科技水平，确保移民资金运行实现“透明公开、全程监控、落实到位”。建设各级移民资金公开查询平台，整合各级移民资金互联网监管系统，实现对移民资金的源头监管、全程监管和动态监管、使移民资金使用更及时、社会监督更广泛、决策依据更科学。

5.3.4　低收入户扶持情况跟踪平台

在低收入户精确识别阶段实现扶贫信息公示、评选结果反馈、建立低收入户档案和数据库等功能；在帮扶阶段，可为精确帮扶、精确管理提供信息化手段支撑，包括低收入户信息管理、阳光操作管理、扶贫事权管理；在帮扶成效评估和意见反馈阶段，可提供基于“互联网+”的在线评价和网站在线反馈功能；通过对系统运行积累的大数据进行系统分析，可提供对贫困原因、帮扶措施、帮扶效果、贫困户分布等的关联性分析，趋势分析、预测，综合数据分析、数据挖掘、领导辅助决策、统计报表等功能。通过该系统平台的建设可实现对全省低收入移民户精确、全程动态跟踪帮扶。

5.4　监督检查

明确监督监管机制，进行移民监督、行政监管和社会监测评估。

5.4.1　移民监督

坚持公开、公平、公正原则，畅通移民群众诉求合法利益的渠道，严格落实三项制度，实行民主监督。

公示制度：凡是需要公开的事项在本级决定或报批前都要实行事前公示，每榜公示时间一般不少于5天，对群众反映的问题进行再核实、再公示。

通告制度：凡已经确定或批准的事项必须实行事后通告，时间不少于7天，并在事项确定或收到文件后10天内进行通告。

听证制度：在扶持方式和项目选择等方面，移民之间或移民与移民村群众之间有较大分歧时，可以举行听证会。

5.4.2　行政监管

严格按照规定的程序和内容做好库区和移民安置区后期扶持规划落实工

作，严格审核、审批，不得弄虚作假、高估冒算、虚报冒领。严格按照后期扶持基金管理有关规定，严肃财经纪律，对后期扶持基金设立专户管理、专款专用、按时拨付，不得挪用，不得拖延扣减。对库区和移民安置区后期扶持工作实行目标管理，纳入目标考核。各级移民管理机构应自觉接受财政、审计、监察等部门的督查、审计和监察，对存在的问题要及时整改，坚决纠正，自觉接受社会监督，对举报的违规违纪问题应及时按照有关规定进行调查和处理。

5.4.3 监测评估

委托有移民监测评估实践经验的单位，制定监测评估工作大纲，对库区和移民安置区的移民及原住民生产、生活、规划项目资金到位及运用情况、移民管理机构工作绩效等进行跟踪监测和评估，以便随时了解和掌握后期扶持政策实施情况，及时发现并处理问题。

附表一

浙江省水库移民后期扶持生产扶持类重大项目统计表

单位：万元

序号	地区	项目名称	项目地点	工程量	移民专项资金	整合资金	总资金
1	桐庐县	分水镇东溪村印丰自然村物业经济房	分水镇东溪村印丰移民点	2600m²	300	35	335
2	桐庐县	江南镇窄溪村物业房	江南镇窄溪村窄溪移民点	3000m²	150	150	300
3	桐庐县	分水镇天英产业园	分水镇天英村	10000m²	200	800	1000
4	桐庐县	瑶琳镇综合市场	瑶琳镇皇甫村	5000m²	400	200	600
5	宁海县	桃源街道浦西社区浦西综合市场工程	浦西社区	建造2000m²的综合市场，项目建成后	150	200	350
6	泰顺县	高效农林旅游休闲开发基地	司前镇高塔	道路建设	130	570	700

续表

序号	地区	项目名称	项目地点	工程量	移民专项资金	整合资金	总资金
7	泰顺县	百丈农贸综合市场（农产品交易中心）	百丈镇飞云湖	投资农贸市场建设	130	300	430
8	苍南县	购买物业	桥墩镇	购买 1 幢	215	0	215
9	长兴县	厂房建设	水口乡龙山村	建设标准厂房 $7000m^2$	200	300	500
10	长兴县	移民村商铺建设	煤山镇新源村	建筑面积 $3000m^2$	280	70	350
11	长兴县	下南岕最美摄影点开发建设	小浦镇方岩村村委会	征地 30 亩，开发生态休闲观光旅游项目	300	500	800
12	长兴县	便民酒店	小浦镇合溪村村委会	方便移民办酒席，三层，占地 $400m^2$，$1200m^2$	160	20	180
13	安吉县	报福镇集中物业房	报福镇报福村	排屋 20 间，建筑面积 $2000m^2$	350	650	1000
14	金东区	杨川移民安置项目（农贸市场）	江东镇杨川村	设计摊位 115 个，商铺 15 间，建筑面积 $1436m^2$	252	57	309
15	金东区	村综合大楼建设	江东镇杨川村	占地面积 $400m^2$ 及附属配套设施	270	30	300
16	江山市	峡口镇水库移民扶持资金项目集聚区工程建设	峡南村	$28300m^2$	1511	1676.3	3187.3
17	江山市	碗窑乡农家乐服务中心建设工程	凤凰山	$3400m^2$	407	31	438
18	江山市	江山市经济薄弱村“红色物业经济园”工程	路口村龙飞路	$36740m^2$	602	3654	4256
19	江山市	贺村镇移民创业基地标准化厂房建设工程	莲华山工业园松毛岗地块	$19072m^2$	600	2325	2925
20	衢江区	廿里镇水库移民创业园	廿里镇裕丰茗苑	购置面积约 $9214m^2$ 物业楼	2500	700	3200

续表

序号	地区	项目名称	项目地点	工程量	移民专项资金	整合资金	总资金
21	衢江区	花卉一条街	莲花镇莲花村	购置花卉街店铺	1200	500	1700
22	衢江区	移民综合园	上方镇六角堰	购置（或租赁）废旧厂房	800	400	1200
23	开化县	星田村茶场修缮	星田村	茶厂 500m²、外围 200m²	130	0	130
24	开化县	徐塘来料加工用房	内、外徐塘汇合处	1100m²	180	0	180
25	开化县	商务综合楼	大畈留用地	占地 20 亩	200	400	600
26	开化县	物业经济用房	丰源村储家棚	占地面积 300m²，四层，建筑面积 1200m² 等	175	18	193
27	开化县	民宿经济楼	翁村	占地面积 270m²，三层，建筑面积 810m² 等	200	20	220
28	开化县	旅游景点开发	岔里村	景点 8 处	150	350	500
29	开化县	光伏发电站	中村村	面积 10 亩	220	0	220
30	开化县	县城购买店铺两间	开化县城	100m²	200	0	200
31	开化县	光伏发电	王家村	50 亩	350	150	500
32	开化县	李家坞仓储基地开发工程	罗丰村	30000m² 土地平整及占地 15000m² 两层仓储用房	2340	1560	3900
33	常山县	常山县水库移民创业园工业精品基地项目	球川镇工业园区	工业精品园区规划建设标准厂房 5 幢及综合楼等，建筑面积 12000m²	1380	0	1380
34	常山县	常山县辉埠镇水库移民创业基地	辉埠镇工业园区	在辉埠工业园区联建标准厂房，占地面积 8000m²，联建厂房 7800m²	1178	0	1178

续表

序号	地区	项目名称	项目地点	工程量	移民专项资金	整合资金	总资金
35	常山县	白石镇宣丰水库移民商贸综合大楼	白石镇	项目用地面积 $5333m^2$，总建筑面积约 1.5 万 m^2，投资概算 3000 万元	2500	500	3000
36	龙游县	龙游县农副产品交易市场移民创业园	小南海镇	$66666.67m^2$	5000	35000	40000
37	龙游县	光伏项目	詹家镇芝溪家园 7 个移民村	$5000m^2$	300	200	500
38	路桥区	蓬街镇移民创业服务基地	路桥区蓬街镇百步村	建筑面积 $1742.43m^2$	250	91.29	341.29
39	临海市	小芝镇美丽库区及移民创业致富配套工程	临海市小芝镇溪下村	绿道长约 900m，及相应建筑小品	300	4	304
40	临海市	临海市桃渚镇蒲兰头村水库移民创业致富综合服务楼	临海市桃渚镇蒲兰头村	建筑面积 $1300m^2$	150	110	260
41	临海市	临海市桃渚镇蒲兰头村渔家乐项目	临海市桃渚镇蒲兰头村	养殖、休闲等	250	50	300
42	温岭市	泽国镇前岸村标准厂房建设	泽国镇前岸村	建筑面积 $3900m^2$	200	660	860
43	温岭市	曦奥投资有限公司标准厂房建设	新河镇工业园区	建筑面积 $1253m^2$	650	350	1000
44	温岭市	协力投资责任有限公司标准厂房建设	大溪镇	建筑面积 $5966.78m^2$	2500	0	2500
45	龙泉市	标准厂房	安仁镇黄石玄	$3000m^2$	260	240	500
46	遂昌县	移民村集体创业发展基地	石练镇	$5702.2m^2$	847	267	1114

续表

序号	地区	项目名称	项目地点	工程量	移民专项资金	整合资金	总资金
47	松阳县	赤寿乡邻里物业中心	赤寿乡工业园区	建筑面积 $16940m^2$	700	3800	4500
48	松阳县	水南街道移民村物业楼	水南街道	建筑面积约 $6500m^2$	600	1400	2000
49	庆元县	中药材基地建设	松源街道五四村	硬化路面，民工用房基础设施	180	20	200
50	庆元县	休闲娱乐公园	松源街道朱村村	公园占地 $3333m^2$	630	70	700
51	庆元县	特色小吃步行街、民宿	松源街道朱村村	步行街总长 400 米，一楼小吃街，二楼民宿	450	50	500
52	庆元县	光伏发电项目	移民村	建设规模 200 千瓦	200	50	250
53	庆元县	创业致富扶持	移民村	贷款贴息、技能补助、产业发展扶持	120	0	120
54	景宁县	朝阳移民商贸综合体	澄照乡三石村	项目建筑占地面积 $309m^2$，四层	330	106	436
55	景宁县	王金垟移民商贸综合体	红星街道王金垟移民安置点	项目建筑占地面积 $636m^2$，四层	490	395	885

附表二

浙江省水库移民后期扶持社会事业类重大项目统计表

单位：万元

序号	地区	项目名称	项目地点	项目描述	移民专项资金	整合资金	总资金
1	桐庐县	桐君街道洋塘社区老年活动中心	桐君街道洋塘移民点	2000m²	560	100	660
2	桐庐县	横村镇陈家畈移民点老年活动中心	横村镇横村村陈家畈移民点	5000m²	300	200	500
3	富阳区	陆家村居家养老服务中心	陆家村	居家养老照料中心改建及设备添置	100	100	200
4	富阳区	新建文化礼堂	陆家村	新建文化礼堂及内部装修	100	100	200
5	富阳区	南山村前山文体服务中心	南山村	体育室内场馆建设	100	80	180
6	富阳区	潘堰村文化广场	潘堰村	球场、健身场、文化回廊	100	240	340
7	临安市	临安市潜川镇水库移民牧亭村生态公墓建设	潜川镇牧亭村	塔山片紫水片公墓集聚点	200	0	200
8	鹿城区	新屿社区配套幼儿园建设	丰门街道新屿社区	占地面积 1800m²	500	0	500
9	苍南县	老人公寓	项东村	500m²	150	250	400
10	乐清市	文化长廊及附属景观	埭头村	长廊长 40 米，宽 3.5 米；附属绿化面积 1300m²，石栏杆长 150 米	100	0	100
11	长兴县	村文化大礼堂	小浦镇方岩村	村文化大礼堂 400m²	120	80	200
12	安吉县	老石坎村老年公寓楼建设工程	孝丰镇老石坎村老鼠山安置地	新建老年公寓房 1 幢，老年公寓房建筑面积 850m²	100	23	123

续表

序号	地区	项目名称	项目地点	项目描述	移民专项资金	整合资金	总资金
13	安吉县	村民活动中心建设工程	昌硕街道双溪口村焦公自然村	1315m²	100	68	168
14	开化县	新石器遗址主题公园	十里铺大墩	占地 13333.33m²	180	620	800
15	开化县	生态公墓建设	横枝、更生	公墓扩建	100	120	220
16	开化县	农民文化俱乐部	东坑口村	4316m²	220	412	632
17	开化县	文化礼堂	王家村	建筑面积 750m²	160	20	180
18	开化县	新安移民文化园	新安村	一期景观石、水车、绿化、二期移民文化长廊、绿化	200	900	1100
19	常山县	常山县新昌乡新安民俗文化博物馆	新昌村	建筑面积 1700m²，并建文化广场及绿化等配套设施	250	0	250
20	常山县	村便民服务中心（村文化广场）	同心村	新建 1 幢 3 层村便民服务中心及村文化活动广场，装修并绿化配套	150	30	180
21	庆元县	文化楼建设工程	松源街道五四村（一队）黄田洋	新建文化楼，占地面积 215m²，4.5 层，总建筑面积 972m²	207	23	230
22	庆元县	移民精品村建设	濛洲街道田墩村	建公园、户外游泳场、停车场、农业观光园、房前屋后种花草、违章整治等	300	700	1000
23	庆元县	草古地历史文化保护村建设	屏都街道蔡段村草古地	1. 叶宗留农民起义演示厅建设；2. 村庄规划建设	200	150	350
24	庆元县	生态公墓建设	隆宫乡莲湖村	600 穴	120	60	180
25	庆元县	古宅修缮工程	安南乡安溪村	占地 750m²，建筑面积 1200m²	100	50	150

附表三

浙江省水库移民后期扶持环境保护类重大项目统计表

单位：万元

序号	地区	项目名称	项目地点	工程量	移民专项资金	整合资金	总资金
1	富阳区	新建陆背坞水库公园	陆家村	公园建设及绿化	100	100	200
2	富阳区	秉贤农居点绿化工程	秉贤	绿化工程	100	900	1000
3	富阳区	新登镇马弓村河道整治项目	马弓村	大堰水库—甘坎水库河道整治开发	100	200	300.00
4	富阳区	移民区块主干道及沿线绿化配套	永昌村	$749m\times7m+300m\times6m=7043m^2$	100	20	120
5	鹿城区	仰新商业道路美化二期	仰义街道仰新社区	道路 $3520m^2/7$ 条	120	0	120
6	平阳县	下堡休闲公园	昆阳镇上林垟村	下堡休闲公园	22	98	120
7	苍南县	美丽民居	丁步头村	整村	390	810	1200
8	乐清市	新乐清人居住中心	朴湖一村	建筑面积 $4991m^2$	100	666	766
9	安吉县	杭垓镇环赋石沿线环境提升工程	杭垓镇环赋石水库沿线	环赋石水库库尾沿线环境节点提升工程 5.3km	131	43	174
10	衢江区	园林村庄	云溪乡思源村	村庄环境整治、绿化、游步道等	200	300	500
11	衢江区	美丽村庄建设	举村乡洋坑、石便、翁源、茶山村	绿化、道路、亮化、农房改造	200	900	1100
12	衢江区	美丽村庄	杜泽镇二、四村	路面改造、绿化、管网改造	120	180	300
13	开化县	高坪村生态环境改造	高坪村口山及土地	山林 $13333.33m^2$、土地 $13333.33m^2$	110	50	160
14	开化县	环村道路绿化、亮化	秧畈九潭环村路	防护栏 $400m^2$、绿化 $700m^2$	110	70	180

续表

序号	地区	项目名称	项目地点	工程量	移民专项资金	整合资金	总资金
15	开化县	美丽乡村提升	高坑坞村	新建：长100m、宽3m的长廊；400m长的护栏；长4m、宽4m的凉亭	110	25	135
16	开化县	笔架山公园建设	翁村	新建停车场、凉亭、护栏、绿化等	120	30	150
17	开化县	龙潭新村建设	厅上汪坞	建房30幢，基础设施建设三通一平、道路硬化、绿化等	100	145	245
18	开化县	美丽乡村建设	横枝、更生	休闲场地、做堤坎	100	10	110
19	开化县	湿地公园及景观提升	昌谷村	28000m^2	120	50	170
20	开化县	河道景区建设	王家村	道路硬化、绿化，移民文化长廊	280	80	360
21	开化县	龙山溪旭日段治水造景项目	旭日村	清淤5km、游步道500m、江滨公园13333.33m^2	110	90	200
22	开化县	休闲公园及道路硬化	下届首村	1500米道路硬化，3000m^2休闲公园	120	60	180
23	常山县	集镇改造提升工程	新昌村	集镇道路白改黑、下水道及管网、路灯安装、人行道工程及绿化	200	100	300
24	黄岩区	黄岩区北洋镇小里桥村移民公园工程	北洋镇小里桥村	文化广场占地面积1700m^2，绿化，廊庭	330	6	336
25	黄岩区	黄岩区沙埠镇横溪村民宿村庄佛岭水库沿库绿道工程	沙埠镇横溪村	绿道长约3270m，路基宽度3m，沥青路面宽度2.5m	180	61	241
26	临海市	临海市小芝镇胜坑村河道整治工程	临海市小芝镇胜坑村	整治河道总长3.206km	279	91.8	370.8

续表

序号	地区	项目名称	项目地点	工程量	移民专项资金	整合资金	总资金
27	松阳县	乌溪江移民安置点村庄整治	乌溪江移民安置点	道路硬化 18.2km 约 10 万 m^2，路灯安装 315 盏	800	250	1050
28	庆元县	生态休闲旅游建设	隆宫乡源尾村	游步道、公园、生态湖建设等	220	380	600

附表四

浙江省水库移民后期扶持基础设施类重大项目统计表

单位：万元

序号	地区	项目名称	项目地点	工程量	移民专项资金	整合资金	总资金
1	富阳区	新登镇南津村综合楼	南津村	南津村综合楼	150	1350	1500
2	富阳区	道路修建	桃花岭村	村林道硬化 10km，余家庄至桃花岭道路拓宽	100	100	200
3	临安市	锦城街道水库移民钱王铺村自来水建设工程	锦城街道钱王铺村	全村进行开展自来水引用工程，该工程覆盖全村	1000	0	1000
4	淳安县	公路大修	汾口镇龙湛线	4.23km	228	114	342
5	淳安县	湿地修复	汾口镇	26.67 万 m^2	3500	0	3500
6	淳安县	湖岸线整治	石林镇	1.5km	120	480	600
7	淳安县	集镇停车场和观景台	里商乡	停车场、观景台	102.96	97.04	200
8	淳安县	农村饮水工程	有关乡镇	拟建	2000	6000	8000
9	文成县	峃口镇新联村办公楼建设	峃口镇新联村	办公楼建设	110.865	269.135	380

续表

序号	地区	项目名称	项目地点	工程量	移民专项资金	整合资金	总资金
10	文成县	西坑镇叶岸村叶岸至西坑公路桥建设	叶岸村叶岸至西坑	桥梁建设	103.5	20.16	123.66
11	苍南县	通景公路	碗窑至石龙	公路建设	300	200	500
12	苍南县	机耕路工程	毛徐村	3.25km	140	30	170
13	长兴县	桥梁	龙山街道后洋村	桥梁 2 座	200	300	500
14	安吉县	赋石村与夏阳村乡道改造	孝丰镇赋石村、夏阳村	13 km	500	200	700
15	衢江区	抽水蓄能电站搬迁小区配套	黄坛口乡黄坛口村	小区配套 26668m^2	200	300	500
16	衢江区	公路	举村乡洋坑至黄坛口	建设公路 5km	200	300	500
17	开化县	饮用水	高韩、高新、三合	蓄水池、管网 304 户	200	0	200
18	开化县	涌莲桥加宽	霞田村前河道	河道宽 100m	180	0	180
19	开化县	村集体综合用房市政配套工程	山甸自然村	施工面积 1035m^2，包括诞道路、给排水、电力通信、环卫设施、绿化等工程	180	20	200
20	开化县	四坝引水工程	包店、杨邵自然村	新建长 2000m、宽 6m 水渠，从四坝环绕村庄至转桥边等	200	300	500
21	开化县	道路硬化美化	汶山村	西坞水库道路硬化长 500m、宽 3m；加工厂鱼塘道路硬化	105	15	120

续表

序号	地区	项目名称	项目地点	工程量	移民专项资金	整合资金	总资金
22	开化县	淳溪、池塘底通公路大桥	淳溪坝头	桥长65m、宽6m	200	0	200
23	开化县	中村（立新）大桥	中村	桥长60m、宽6m，引桥道路300m	260	0	260
24	开化县	综合市场建设工程	朝阳村	建筑面积20000m^2	1200	1100	2300
25	开化县	新建村级办公大楼工程及公园	罗丰村	1136m^2大楼、4800m^2景观及绿化	350	350	700
26	黄岩区	黄岩区西城街道新堂村道路改造工程	西城街道新堂村	道路改造面积约25830m^2，雨水管线长度约为4553m	260	760	1020
27	黄岩区	黄岩区头陀镇移民安置小区公共场地一期工程	头陀镇洪屿安置小区	绿化工程总面积9560m^2，亮化工程包括配电箱1台，电力电缆2123m，路灯40套，装设灯41套等	210	13.9	223.9
28	临海市	临海市杜桥镇塘里洋村村内道路改造工程	临海市杜桥镇塘里洋村	硬化道路面积约10550m^2	191.6	0	191.6
29	庆元县	际下湾房屋改造工程	松源街道五四村（一队）际下湾	黄田洋20余幢房屋改造	540	60	600
30	庆元县	道路硬化	安南乡东村村福洋至班岱村	道路硬化18000m^2	150	30	180
31	庆元县	旧村改造二期工程	安南乡东村村	驳坎2000m^2，回填16000m^2，村庄道路硬化及基础设施	150	150	300
32	云和县	道路建设	饭甑砻村至高山村	8000m	200	520	720

附图

浙江省大中型水库移民分布图

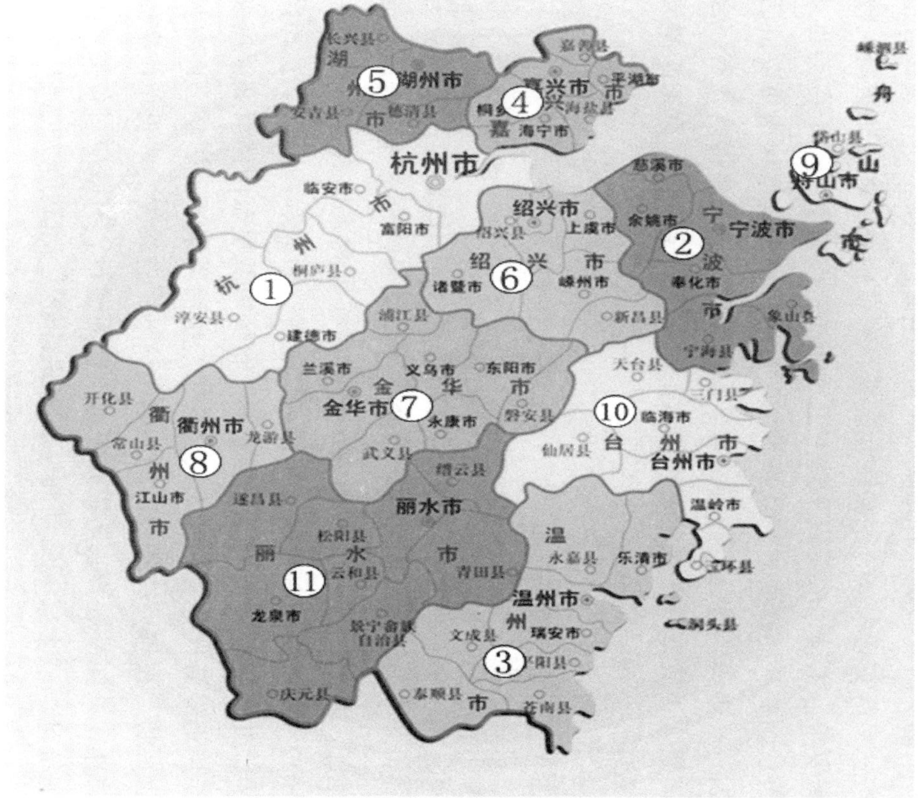

截至2015年底

序号	地区	移民后期扶持人数	直补到人	直补到村
省级汇总		1397587	9804058	417129
①	杭州市	346183	195756	150427
②	宁波市	76451	75550	901
③	温州市	148667	93652	55015
④	嘉兴市	6314	6086	228
⑤	湖州市	95254	66141	29113
⑥	绍兴市	96380	75531	20549
⑦	金华市	164365	117351	47014
⑧	衢州市	164199	123800	40399
⑨	舟山市	1957	1957	0
⑩	台州市	151157	116609	34548
⑪	丽水市	146660	108025	38635

浙江省综合防灾减灾规划（2016—2020年）

防灾减灾救灾工作事关人民群众生命财产安全，事关社会和谐稳定。为进一步落实党中央、国务院和省委、省政府关于加强防灾减灾救灾工作的部署要求，主动适应习近平总书记对浙江工作提出的“干在实处、走在前列、勇立潮头”的新要求，认真贯彻习近平总书记视察唐山重要讲话精神，实践创新、协调、绿色、开放、共享发展理念，进一步提高我省综合防灾减灾救灾能力，最大限度保障人民群众生命财产安全，依据有关法律法规，制定本规划。

一、现状与形势

（一）“十二五”期间防灾减灾救灾工作成效

“十二五”时期，我省自然灾害呈多发频发态势，台风、洪涝、干旱、地震、滑坡、泥石流、雪灾、低温冷冻等灾害均有不同程度发生，特别是2012年的“海葵”台风、2013年“菲特”台风和高温干旱、2014年的丽水洪涝、2015年的“灿鸿”“苏迪罗”台风以及里东山体滑坡等重大自然灾害，给当地经济社会发展和人民群众生产生活带来严重影响。面对复杂多变的灾害形势，在省委、省政府的正确领导下，省减灾委成员单位密切配合，通力协作，共同推进我省防灾减灾救灾能力建设，有效应对各类重大自然灾害。据统计，“十二五”期间，我省累计受灾人口达4722.1万人次，因灾死亡101人，倒塌房屋3.4万间，直接经济损失1461.7亿元。与“十一五”相比，“十二五”时期的受灾人口和因灾死亡人口分别下降了40%和70.1%，直接经济损失占全省GDP的比重也下降了0.13%，防灾减灾救灾工作取得较好成效，主要表现在：

一是灾害管理体制机制不断健全。2011年，省减灾委员会成立，我省防灾减灾救灾工作平台得到进一步健全。在省减灾委的统筹协调下，各成员单位分工协作，省民政厅先后与省气象局、省民防局、省地理信息与测绘局、省科协签署防灾减灾工作备忘录，共同推动我省防灾减灾救灾各项工作的落实。

二是防灾减灾法规体系逐步完善。2012年，省政府办公厅印发《浙江省自然灾害救助应急预案》（浙政办发〔2012〕156号），对我省预案体系进行全面规范。以省委“811”生态文明建设行动为统领，组织编制《浙江省防灾减灾专项行动方案》，成为加强我省防灾减灾体系建设的重要推力。

三是防灾减灾工程建设有序推进。积极推进中小学校、疏散基地和避灾场所“双挂牌”，实现资源共享、力量共建、场所共管，有效夯实城乡防灾减灾硬件基础。推动省级救灾物资储备库浙东、浙西、浙南、浙北分库建设，推进救灾物资虚拟储备工作，不断加强救灾物资储备工作。

四是防灾减灾社会基础稳步夯实。以“5·12”防灾减灾日、国际减灾日等宣传活动为契机，在全省范围开展防灾减灾救灾宣传教育活动，大力宣传防灾减灾救灾的各项法规政策和基本技能，不断提高全社会的风险防范意识和避险自救能力。推进综合减灾示范社区创建活动，至2015年底，共创建全国和省级综合减灾示范社区666个、714个。

五是灾害应急救援体系高效运转。“十二五”期间，省减灾委先后启动自然灾害救助预警响应14次，四级应急响应9次，三级应急响应8次，二级应急响应4次，省级财政（含中央）共支出应急救灾资金近7亿元，有效保障受灾群众基本生活。

六是市场和社会力量作用发挥明显。推进巨灾保险工作，宁波市在全国第一批开展巨灾保险试点工作，并取得初步成效。以省救灾协会为服务平台，引导社会力量有序参与“菲特”“灿鸿”“苏迪罗”台风以及里东山体滑坡等重大自然灾害的救援工作，不断健全政府主导、社会参与的防灾减灾救灾工作格局。

（二）“十三五”时期防灾减灾救灾工作形势

“十三五”时期，全省防灾减灾救灾事业面临新的挑战和机遇。一是自然灾害复杂趋势提出新挑战。受全球气候变暖等不利因素影响，我省极端天气增多趋势明显，灾害的突发性、异常性和不可预见性不断增加。二是经济社会发展形势提出新要求。“十三五”时期是我省高水平建成全面小康社会的决胜阶段，坚持以“八八战略”为指引，围绕“两个高水平”的宏伟目标，“更进一步、更快一步”建设“六个浙江”，要为全省人民在发展中带来更多的安全感、幸福感。三是防灾减灾救灾工作现状提出新课题。近年来，我省的防灾减灾救灾综合体系虽然取得巨大成绩，但依然存在诸多短板，与新的发展形势还有不少不适应、不协调的地方，需要拉高标杆，补齐短板。

根据国家未来5年的防灾减灾救灾工作规划，结合我省实际，“十三五”时期我省防灾减灾救灾工作的基本思路是：坚持以防为主、防抗救相结合的方针，坚持常态减灾和非常态救灾相统一，努力实现从注重灾后救助向注重灾前预防转变，从应对单一灾种向综合减灾转变，从减少灾害损失向降低灾害风险转变，全面提高全社会抵御自然灾害的综合防范能力，为高水平全面建成小康社会提供坚实保障。

二、指导思想、基本原则与规划目标

（一）指导思想

深入贯彻党的十八大和十八届五中、六中全会和习近平总书记系列重要讲话精神，正确处理人和自然、防灾减灾救灾和经济社会发展的关系，坚持以防为主、防抗救相结合，坚持常态减灾和非常态救灾相统一，努力实现从注重灾后救助向注重灾前预防转变，从应对单一灾种向综合减灾转变，从减少灾害损失向减轻灾害风险转变，改革和完善体制机制、落实责任、整合资源、统筹力量，全面提高全省防灾减灾救灾能力。

（二）基本原则

1. 以人为本，统筹规划。牢固树立以人为本理念，把确保人民群众生命安全放在首位。提升群众防灾减灾意识，培训群众自救互救技能。加强顶层设计、合理布局，促进防灾减灾能力与经济社会协调发展。

2. 防灾为主，综合减灾。坚持防灾抗灾救灾过程有机统一和前后衔接，坚持夯实灾前预防基础，强化灾中救援能力，提升灾后救助水平。强化统筹协调，整合各部门信息、科技、人员、物资等资源，增强全社会抵御和应对灾害能力。

3. 分级负责，属地管理。根据灾害造成的人员伤亡、财产损失和社会影响等因素，及时启动相应救灾应急响应。省委、省政府统筹指导，各级党委、政府分级负责，市、县（市、区）党委、政府属地指挥，强化协调，在救灾中发挥主体作用、承担主体责任。

4. 加强法治，科技减灾。树立法治意识，坚持法治思维，提高防灾减灾救灾工作法制化、制度化和规范化水平。加快防灾减灾科研成果转化，加强防灾减灾知识和技能普及力度，营造良好的防灾减灾文化氛围。

5. 政府主导，社会参与。各级党委、政府在防灾减灾救灾工作中处于领导和主导地位，发挥组织领导、统筹协调、提供保障等重要作用。注重采取引导鼓励措施和市场机制，组织动员社会力量和市场主体广泛参与防灾减灾救灾工作，建立完善灾害保险制度、协调准入机制，形成政府、社会力量和市场机制协同配合的工作格局。

（三）规划目标

1. 推进防灾减灾救灾工作法制化、规范化进程。防灾减灾救灾体制机制进一步健全，制度体系进一步完善。

2. 将防灾减灾工作纳入各级国民经济和社会发展规划。年均因灾直接经济损失占全省GDP的比例控制在1%以内。

3. 加强救灾物资储备仓库建设。优化救灾物资仓储网络布局，完成4个省级分库建设，筹备浙中分库建设。

4. 推进避灾安置场所建设。推动避灾场所规划管理使用标准、避灾安置场所内救灾物资储备标准的制定和实践，实现全省地质灾害隐患村的避灾安置场所服务保障全覆盖。

5. 基本建成省自然灾害应急管理系统。完善全省自然灾害监测预警系统和信息传输网络系统，实现对避灾安置场所、救灾仓库及物资调度、紧急转移安置人口评估、社会组织救援力量调度、灾情快速评估等方面的综合管理。

6. 加强防灾减灾宣传教育。公众防灾减灾意识明显增强，防灾减灾知识的社会公众普及率显著提高，在校学生全面普及防灾减灾知识。

7. 提升基层防灾减灾能力。探索整合更多资源，继续推进综合减灾示范社区创建，开展综合减灾示范县（市、区）创建试点工作。加强灾害信息员队伍建设。

8. 进一步完善社会力量参与机制。充分发挥省救灾协会的平台、枢纽和协调作用，从政策、机制、资金、保障、自律等各个方面进一步引导、协调和支持社会力量有序参与防灾减灾救灾工作。

三、主要任务

（一）完善灾害管理体制

不断完善统一领导、分级负责、相互协同、属地为主的自然灾害管理体制，加强各级减灾委员会及其办公室统筹研究和综合协调职能，强化受灾地区党委政府的主体责任，深化部门信息共享，健全军地协作联动机制，充分发挥社会力量和市场机制在防灾减灾救灾中的重要作用，基本形成资源统筹、信息共享、高效协同的运行机制。

（二）健全法规制度体系

进一步推进以专项防灾减灾法律法规为基础、相关应急预案和技术标准为配套的防灾减灾制度体系建设。出台自然灾害救助标准，规范受灾人员基本生活保障工作。制定灾后损失评估有关技术标准，完善自然灾害损失综合评估工作流程。完善各级自然灾害专项应急预案。加快巨灾保险制度建设。

（三）加强灾害监测预警建设

围绕防灾减灾救灾的重大需求，充分发挥科技对防灾减灾救灾的重要支撑作用，积极利用“互联网+”、大数据、物联网、云计算、遥感等新技术新方法，加快科技成果在防灾减灾救灾领域的集成转化和推广应用。推动浙江省自然灾害应急管理系统的建设，完善全省自然灾害监测预警系统和灾情应急救助系统。充分利用我省互联网大数据优势，实现灾前、灾中、灾后信息数据互联互通。

（四）加强应急处置能力建设

科学规划、稳步推进省、市、县、乡四级救灾物资储备库建设，积极推进浙东（舟山）、浙西（衢州）、浙南（温州）、浙北（杭州）4个省级救灾物资储备分库建设，筹备浙中（金华）分库建设。落实救灾物资分级储备主体责任，加强专业应急物资储备，完善包括应急供货平台、协议供货、预购代储等方式的救灾物资虚拟储备体系，扩大虚拟储备范围，提升物资储备调运信息化管理水平。大力推进灾情管理、灾害评估、专业救援、应急救助等专业队伍建设，加快发展社会应急救援救助人才队伍，提高我省应对重特大自然灾害能力和各类应急力量协同应对能力。

（五）加强防灾减灾工程建设

加快推进县、乡、村三级避灾安置场所规范化建设。到2020年，原则上每个县（市、区）建有1—3个安置人口不小于200人的县级避灾中心；每个乡镇（街道）建有1—2个容量不小于100人的乡级避灾中心；有条件的村（社区）建有1个容量不小于50人的村级避灾点，实现全省地质灾害隐患村避灾安置场所服务全覆盖。

（六）加强防灾减灾科技支撑能力建设

组建省减灾委员专家委员会，完善防灾减灾专家咨询制度，充分发挥专家的决策咨询职能。加强理论研究，设计重大科技项目，以科技创新驱动和人才培养为导向，加强省减灾中心建设，强化部省防灾减灾业务协同，推进防灾减灾科技成果转化应用，提高遥感数据获取和应用能力，建设卫星遥感灾害监测系统，提高防灾减灾科技支撑能力。

（七）加强基层防灾减灾能力建设

继续开展综合减灾示范社区创建工作，继续吸收整合多方资源，制定出台相关创建管理办法和标准。逐步形成以综合减灾示范社区为基础、以综合减灾示范县（市、区）为引领的基层减灾能力建设体系。开展社区灾害风险识别与评估，加强社区救灾应急物资储备和志愿者队伍建设。加大对浙南多灾易灾的农村地区基层减灾能力建设的支持力度。

（八）加强防灾减灾科普宣传教育能力建设

增强各级人民政府和领导干部的防灾减灾责任意识，继续推动防灾减灾救灾教育。建立政府部门、新闻媒体和社会组织协作开展防灾减灾宣传教育长效工作机制。统筹做好全国“防灾减灾日”和“国际减灾日”防灾减灾宣传教育活动，创新宣传教育形式，丰富活动内容，提升全民防灾减灾意识。加强在校学生和基层群众防灾减灾知识和应急救护救援知识的教育培训，将防灾减灾知识纳入中小学教育内容。组织开展疏散逃生和自救互救演练，提高公众应对灾害能力。

（九）加强社会力量参与防灾减灾能力建设

出台支持引导社会力量参与防灾减灾救灾工作的实施意见，逐步完善社会力量参与防灾减灾救灾工作服务平台，通过安排福彩公益金等形式，健全相应的激励保障机制，探索救灾救援人员保险业务，完善社会力量参与防灾减灾救灾的工作预案和操作规程，监督指导社会力量依法依规参与防灾减灾救灾工作，全面构建政府主导、多方参与、协调联动、共同应对的全省社会力量参与防灾减灾救灾工作新格局。

四、重大项目

（一）避灾安置场所建设工程

推进全省各级避灾安置场所建设工作，建立标准体系，提高创建工作的标准化和规范化水平。坚持科学选点、合理布局的原则，结合人口分布和灾害隐患点分布，依托现有设施，按照我省避灾安置场所规划管理使用标准，新建、改扩建一批避灾安置场所，满足灾害高风险区对灾害应急救援和较长时间避难的需求。完善避灾安置场所进退机制。

（二）自然灾害应急管理系统建设工程

推进省自然灾害应急管理系统建设，提高避灾安置场所管理、救灾仓库管理及物资调度、紧急转移安置人口评估、社会组织救援力量调度、灾情综合评估等防灾减灾救灾工作的信息化水平，为应急决策提供辅助依据。加强与国家减灾中心间的纵向联动与信息互通，实现减灾救灾信息协同服务，全面提升我省减灾救灾应急反应和综合指挥决策能力。

（三）救灾物资储备库建设工程

优化救灾物资仓储网络布局，积极推进浙东（舟山）、浙南（温州）、浙西（衢州）、浙北（杭州）分库建设，筹备浙中（金华）分库建设，扩大虚拟储备范围，科学确定各级救灾物资储备品种及规模，探索建立一套虚拟与实物储备相结合的救灾物资储备体系。充分发挥科技支撑引领作用，推进救灾物资储备管理信息化建设，提升救灾物资信息化、网络化、智能化管理水平，救灾物资调运更加高效快捷有序。

（四）综合减灾示范区创建工程

推进综合减灾示范社区创建工作。在现有基础上，继续整合资源，建立标准体系，提高创建工作的标准化和规范化水平。开展灾害风险识别和隐患排查，编制灾害风险图，修订完善应急预案并定期开展应急演练，建设应急救援和志愿者队伍，提升基础设施设防水平，提升防灾减灾宣传教育与服务水平，建立跟踪评价与退出机制。

（五）社会力量参与救灾建设工程

以省救灾协会为核心搭建社会力量参与救灾服务平台，进一步完善社会力量参与防灾减灾救灾工作机制。通过政策保障、资金支持、完善服务、激励表彰等方式，强化对社会力量参与救灾的业务指导、协调服务、监督管理，鼓励和支持社会力量积极参与救灾工作。统筹灾区需求和救灾资源，实现各救灾主体协调配合和各种资源与需求有效对接。

五、保障措施

（一）加强统筹协调

充分发挥各级减灾委员会在防灾减灾救灾工作中的统筹指导和综合协调作用，协调主要灾种组织指挥机构、有关部门开展防灾减灾救灾工作，实现重特大自然灾害救助工作统一调度指挥。加强省减灾委员会办公室建设，明确工作职责，提升工作手段，增强沟通协调能力。

（二）强化法治保障

加强立法研究，强化防灾减灾救灾政策法规体系建设，出台自然灾害救助办法，省、市、县、乡、村（社区）及时修订本级应急预案和工作规程，逐步形成以专项防灾减灾法律法规为骨干、相关应急预案和技术标准配套的防灾减灾法规体系。

（三）加大资金投入

完善防灾减灾救灾资金多元投入机制，拓宽资金投入渠道，加大防灾减灾基础设施建设、重大工程建设、科学研究、人才培养、技术研发、科普宣传、媒体宣传、教育培训等方面的经费投入。按照救灾资金分级负担原则，完善救灾补助政策，制定与经济社会发展水平相适应的救灾补助标准。

（四）加大宣传培训

深入开展防灾减灾宣传教育活动，挖掘宣传内容、增大宣传频率、拓展宣传广度，运用多种宣传手段，营造防灾减灾文化氛围。加强减灾救灾专业人才教育培训体系建设，构建全民参与防灾减灾的文化氛围，培育和发展社会公益组织和志愿者团体参与防灾减灾救灾工作。

（五）强化组织实施

分解落实规划目标和任务，强化规划实施情况的跟踪分析和监督检查，建立目标责任考核机制。各级减灾委员会办公室向省减灾办提交规划中期、末期实施情况报告，确保整体规划全面落实。

浙江省民政信息化发展规划（2017—2020年）

信息化是社会发展的先导力量，信息技术对推动民政事业改革发展具有重要意义。加快推进民政信息化建设，充分发挥信息化对提升民政管理服务水平的助推作用，是全省现代大民政建设的重要内容。

根据国务院《关于积极推进“互联网+”行动的指导意见》《促进大数据发展行动纲要》《民政信息化中长期规划纲要（2009—2020）》《浙江省信息化发展“十三五”规划》《浙江省民政事业发展“十三五”规划》等文件精神，结合浙江省民政信息化建设发展实际，制定本规划，规划期为2017—2020年。

一、规划背景

2012年以来，全省各级民政部门紧紧围绕现代大民政建设大局，认真贯彻《浙江省民政厅关于加快推进“数字民政”建设的意见》和《浙江省“数字民政”发展规划（2013—2017年）》有关精神，着力加强民政信息化顶层设计，着力加快民政信息化项目建设步伐，着力加大民政信息化建设投入，切实发挥民政信息化在服务领导决策、提升管理效能、满足服务需求等方面的助推作用，为实施现代大民政战略提供强有力的支撑保障。

（一）发展现状

近年来，在我省各级民政部门的高度重视和共同努力下，全省民政信息化建设步伐不断加快，取得了显著成效。

1. 民政业务数据库基本建成

省民政厅先后建成电子政务办公、民政电子信息交换、高清视频会议系统、民政网站运维监测、财务管理、救灾应急指挥、婚姻登记管理、社会救助管理、优抚对象管理、养老服务管理、社会组织管理、福利企业管理、地名管理、水库移民等14个信息系统；“96345”全省社会公共服务信息平台联网工程、殡葬管理、社会救助家庭经济状况核对、留守儿童管理、社会工作者登记管理、厅机关民政数据决策分析等6个建设项目正稳步推进。市、县（市、区）民政部门除使用民政部和省民政厅统建系统外，结合当地实际，相继开发了智慧养老、智慧社区、门楼牌管理、移民管理、医疗救助结报、数字便民服务等民政信息系统。随着上述信息化项目陆续投入使用，初步实现民政主要业务领域信息系统全覆盖，民政业务数据库已基本建成。

2. 民政网站平台建设全面推进

厅机关及厅属单位建有各类民政网站29个；市、县（市、区）民政局门户网站实现全覆盖。除各级民政门户网站外，全省各级民政部门相继建立了各类民政服务网站，实现了民政业务在线办理、民政服务在线咨询、民政政务在线公开等功能，较好满足民政对象在线服务需求。顺利研发全省民政网站运维监测平台，实现网站运维情况实时监测排名，有力推动了全省民政系统门户网站运维服务水平的提升。

3. 民政信息网络设施日趋完善

依托全省电子政务网和自建VPN专网，民政信息网络已覆盖全省各级民政部门及各级民政服务机构，部分地区民政信息网络已覆盖至乡镇（街道），为全省民政信息系统数据传输提供了强有力的网络保障。此外，全省各级民政部门均已接入全省电子政务视频网络，建立全省民政视频会议10M专网，为民政视频会议高质量转播奠定网络基础。

4. 民政视频会议实现高清转播

全省各级民政部门先后完成高清转播设备购置，成功实现省、市、县三级民政视频会议高清转播，全省民政视频会议转播质量实现大幅提升。开展民政视频会议室规范化建设试点，制订下发《浙江省民政视频会议室建设指导规范》，有力推动了全省民政视频会议室规范化建设。

5. 民政信息化工作机制不断健全

全省各级民政部门均成立民政信息化建设领导小组，组织开展本地区民政信息化建设。民政信息化工作机构建设不断加强，除省民政厅信息中心外，杭州、温州、金华等地相继成立信息中心。民政信息化项目建设机制日益完善，建立以省级集中开发为主、市县两级开发为补充的工作格局。民政信息化建设考核机制逐步健全，民政信息化建设补助力度不断加大，推动基层民政信息化建设深入开展，形成民政信息化建设整体合力。

另一方面，全省民政信息化建设仍存在一些薄弱环节亟待改进，制约了民政信息化建设整体成效的发挥。

一是信息化项目标准化开发有待加强。由于民政信息化项目标准化开发起步较晚，现有大多数民政信息化项目建设标准不一，导致信息系统之间难以实现互联互通，信息孤岛现象时有发生。

二是民政业务协同办理效率有待提高。由于各级民政部门信息系统均为各自开发，且尚未建设数据共享交换平台，导致部分民政信息系统纵向上不能实时共享交换数据，只能采用人工拷盘、电子报文等较为原始的共享方式，影响了业务协同办理工作效率。

三是民政信息化建设保障机制有待健全。各级民政部门信息化建设普遍缺少有计算机专业背景的技术人才，部分地区民政信息化建设投入力度不够，直接制约了民政信息化建设的深入开展。

（二）面临的形势

随着国家和全省对信息化建设顶层设计的不断加强，新一代信息技术的快速发展，信息化在推动民政部门治理能力现代化方面的作用日益凸显，对全省民政信息化建设提出了新的要求。

1. 新形势所需

当前，互联网正逐步成为经济社会发展的战略性公共基础设施、大数据已成为经济社会发展的战略性资源。随着国家和我省 “互联网+”行动计划和大数据发展战略的深入实施，要求全省各级民政部门必须更加积极主动适应时代潮流，牢固树立“互联网+”思维和大数据发展理念，统筹规划民政信息化建设，加快民政大数据中心建设，构建统一的民政管理服务与数据交换共享平台，推动民政信息系统内部互联互通、系统纵向上下共享、与政府相关部门乃至社会各界交换开放，建立以民政信息化为支撑的科学、高效、智能的现代民政管理服务体系。

2. 新技术驱动

大数据、云计算、物联网、移动互联网、人工智能、虚拟现实等新一代信息技术的快速发展，与经济社会发展日益呈现深度融合，新模式、新业态、新服务加速涌现。全省民政信息化建设应充分利用新一代信息技术发展成果，切实推动我省民政管理服务工作创新，以深化信息技术服务应用为重点，切实推进民政信息化项目建设集约化、民政业务办理精准化、民政便民服务高效化。

3. 新工作要求

当前及今后一个阶段，是推进“两富”“两美”浙江建设，深入实施现代大民政建设战略的关键时期，全省民政信息化建设应围绕全省民政事业发展的新形势、新特点、新要求，充分发挥民政信息化对现代大民政建设的支撑、保障和助推作用。一方面，要积极运用大数据手段为民政部门科学决策和精准管理提供数据服务，切实提高民政部门科学管理水平，另一方面，要积极推进“互联网+民政”，以民生需求为导向，在基本民生保障、基础民生服务、民政政务服务等领域，推动民政部门与民政对象线上线下双向互动，优化工作流程，创新服务模式，整合服务资源，满足个性化、多样化民政服务需求，不断提升民政管理服务水平。

二、指导思想和基本原则

（一）指导思想

坚持“创新、协调、绿色、开放、共享”发展理念，认真贯彻落实国家和我省“互联网+”行动计划和大数据发展战略、《浙江省信息化发展“十三五”规划》《浙江省民政事业发展“十三五”规划》等文件精神，顺应物联网、大数据、云计算、移动互联网等新一代信息技术发展趋势，以“民政大数据”和“互联网+民政”建设为方向，以实现民政工作“共享协同、精准管理、高效服务”为目标，以“一中心”（民政数据共享交换中心）、“二体系”（民政信息化标准规范体系和民政信息化安全管理体系）、“三平台”（民政决策分析平台、民政业务工作平台和民政公共服务信息平台）建设为重点，深入推进民政信息化建设，全面提升我省民政工作数字化、标准化、智能化水平，为全省现代大民政建设提供强有力的支撑保障。

（二）基本原则

1. 统筹规划，有序推进

民政信息化建设是一项整体性、长期性的系统工程。全省各级民政部门需要进行统筹规划，才能确保全省民政信息化建设有序推进。省民政厅负责制订全省民政信息化建设总体规划和年度工作计划，确定省级统建业务信息系统范围和相关建设方案，指导市、县（市、区）民政部门开展民政信息化建设工作。市、县（市、区）民政部门根据全省民政信息化建设统一规划，制订本地区民政信息化建设发展规划和实施方案，确定本地区信息系统建设范围和相关建设方案，确保民政信息化建设协调、有序推进。

2. 标准先行，互联互通

标准规范是民政信息系统建设的基础。只有建立健全统一的民政信息化标准规范体系，推动民政信息系统实施标准化开发，才能实现民政信息系统互联互通。全省各级民政部门应在贯彻落实民政部相关标准规范基础上，结合本地实际逐级补充扩展，建立省、市、县（市、区）民政信息化标准规范体系，为全省民政信息化建设实现标准化开发和互联互通奠定技术基础。

3. 共享开放，业务协同

共享开放既是“互联网+”理念的基本内涵，也是民政信息化建设深入开展的内在要求。全省各级民政部门要认真梳理民政数据，按照共享程度（面向相关政府部门无条件共享、受限共享或不共享）、开放属性（面向社会开放或不开放）等要求，建立民政数据共享开放目录。要根据民政部门数据共享需求，建立民政数据内部共享机制，实现民政数据在全省民政系统内部实时共享。要依托全省政务服务网和全省公共数据平台，建立民政数据共享开放机制，按照共享程度实现民政数据与相关政府部门实时交换，并按开放属性向社会对外开放。要在依法加强信息安全和隐私保护的前提下，不断提高民政数据共享开放程度，推动民政业务跨系统、跨部门、跨区域协同办理。

4. 精准管理，高效服务

推动民政工作精准高效开展是民政信息化建设的重要目的。全省各级民政部门要按照“大数据”发展理念，切实加强民政数据整合共享，不断提升民政数据录入的合法性、及时性、准确性、完整性，为推动民政部门决策科学化和管理精准化提供数据支撑服务。要强化“互联网+”思维，加快互联网信息技术与民政服务的融合应用，创新服务模式，整合服务资源，拓展服务渠道，强化服务监督，为民政对象提供高效便捷服务。

5. 集约建设，安全运行

集约建设既是适应云计算技术发展的必然要求，也是降低民政信息化建设投入的重要途径。全省各级民政部门要充分利用各级政务云平台、省电子政务网、省政务服务网等信息基础设施资源，深入开展民政信息化项目建设，为各类民政信息系统稳定运行提供基础设施保障。要切实增强信息安全意识，坚持网络信息安全与民政信息化建设同步推进，加快构建关键信息基础设施安全保障体系，提升网络安全防御能力，强化信息化设施安全管理，确保民政信息系统安全运行。

三、建设目标和总体方向

（一）建设目标

充分利用物联网、云计算、大数据、移动互联网等新一代信息技术，实现与民政业务的深度融合应用，构建“一中心、二体系、三平台”的总体建设框架，推动全省民政信息化建设总体水平继续保持全国民政系统前列。

一是民政大数据中心全面建成。整合共享全省民政业务数据，构建起一个“以民政对象库、民政法人库、民政空间地理信息库为基础数据库，以共享交换库为业务数据库”省、市、县三级联动的数据共享交换中心，实现“纵向到底、横向到边”数据共享交换，形成“一次采集、多次使用”数据应用机制，为民政应用体系建设提供大数据支撑。

二是民政信息化建设规范体系不断完善。以民政部相关标准规范为基础，建立全省民政数据共享交换标准体系，为民政信息化项目建设提供统一技术开发标准，推动民政信息系统互联互通。以数据、网络和系统安全为重点，以信息安全等级保护和安全保障技术措施为依托，建立全省民政信息化建设安全管理规范体系，推动民政信息系统安全运行。

三是民政大数据应用体系基本建立。以大数据为支撑，以民政精准管理和高效服务为应用方向，以民政业务管理、民政公共服务、民政决策分析为应用建设重点，建立以大数据分析为基础的民政信息化应用体系，实现民政管理和服务工作的科学化、精准化和高效化。

四是“互联网+民政”实现深度融合。充分利用互联网特别是移动互联网技术，与民政业务深度融合发展，打造民政管理服务全媒体平台渠道（包括网站、微博、微信、支付宝、手机APP等），打通民政管理和服务工作“最后一公里”，全面提升民政管理服务高效化、便捷化水平。

五是民政物联网技术广泛深入应用。充分利用物联网深度感知、智能互联等技术特征，推动民政领域物联网技术应用，深化在居家养老、社区服务、减灾救灾等领域的示范应用，打造若干“民政物联网”应用示范工程，显著提升民政工作智能化水平。

六是民政云计算技术优势充分发挥。依托全省各级政务云平台资源，充分利用云平台的弹性计算、高性能、易扩展等技术优势，深入推进民政信息化项目集约化建设，推动民政信息系统安全、稳定、高效运行。

（二）总体方向

按照“一中心”“二体系”“三平台”全省民政信息化建设总体思路，以数据共享交换中心建设为核心，以标准规范体系为依据，以安全管理体系为保障，以民政决策分析平台、民政业务工作平台和民政公共服务信息平台建设为重点，形成智慧型民政信息化建设框架体系。

“一中心”：即民政数据共享交换中心。构建省、市、县三级联动数据共享交换中心，实现全省民政业务信息系统互联互通和数据共享交换，统一管理民政数据共享比对和交换开放，统一实施民政数据质量分析评估，统一开发民政数据服务端口，为民政大数据应用提供数据支撑服务。数据共享交换中心建设主要包括数据库、数据共享交换平台、数据管理系统等内容。

“二体系”：即民政信息化标准规范体系和民政信息化安全管理体系。民政信息化标准规范体系建设，重点围绕业务数据、系统接口、共享交换、应用开发、平台运维等标准规范制定，为民政信息化建设和实施提供依据。民政信息化安全管理体系建设，着重加强信息安全、系统安全、应用安全、管理制度等方面的安全体系建设，依托全省各级政务云平台相关安全设施，为民政信息系统运行提供安全保障。

“三平台”：即民政决策分析平台、民政业务工作平台和民政公共服务信息平台。民政决策分析平台建设，基于民政大数据，重点完成综合查询、

全省民政信息化建设总体框架图

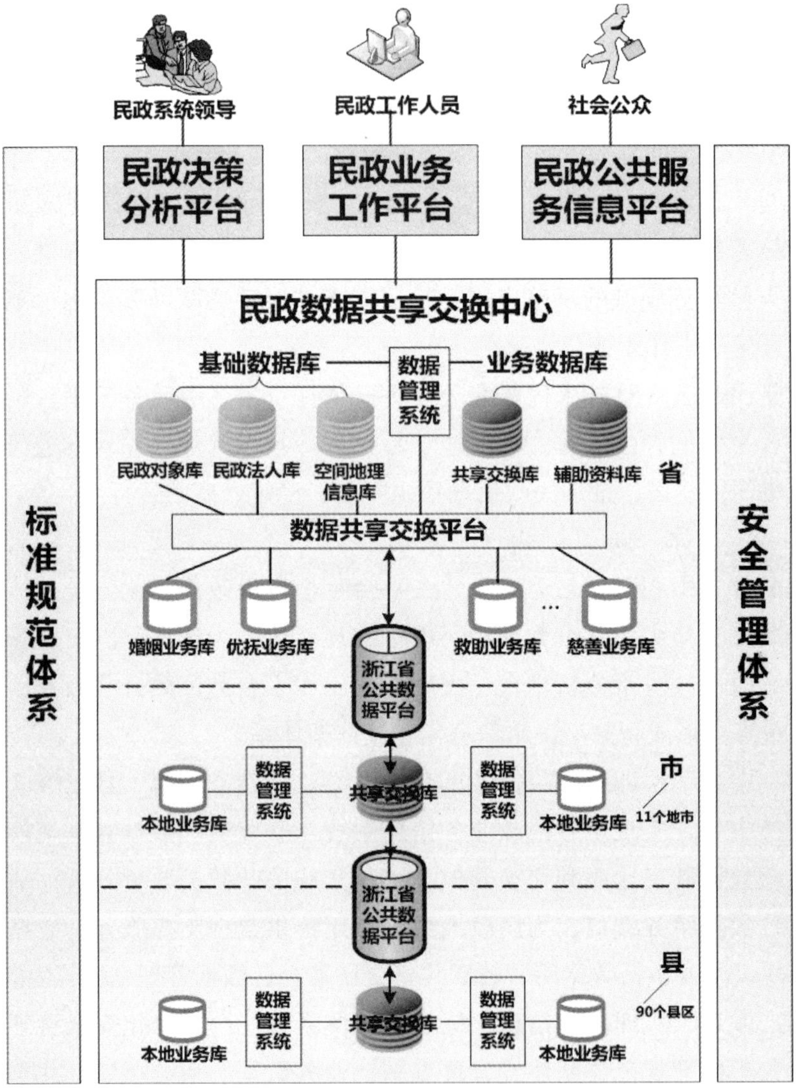

统计分析、决策支持等应用系统建设，为领导科学决策提供支撑。民政业务工作平台建设，建立统一的民政信息系统登录平台，加快已建信息系统升级改造，统筹推进应急救灾、法人库、老年人库、儿童管理、慈善事业等新建信息系统开发，广泛开展居家养老服务、社区服务、地名服务等基层民政服务系统开发，实现民政核心业务信息系统全覆盖。民政公共服务信息平台建

设，整合各级民政服务网站平台，拓展“96345”社会公共服务语音平台服务功能，开发移动互联网民政服务平台，建立涵盖网站、语音通讯、移动互联网等领域的民政公共服务信息平台，为民政对象提供高效便捷的各类民政服务。

全省民政信息化建设总体结构图

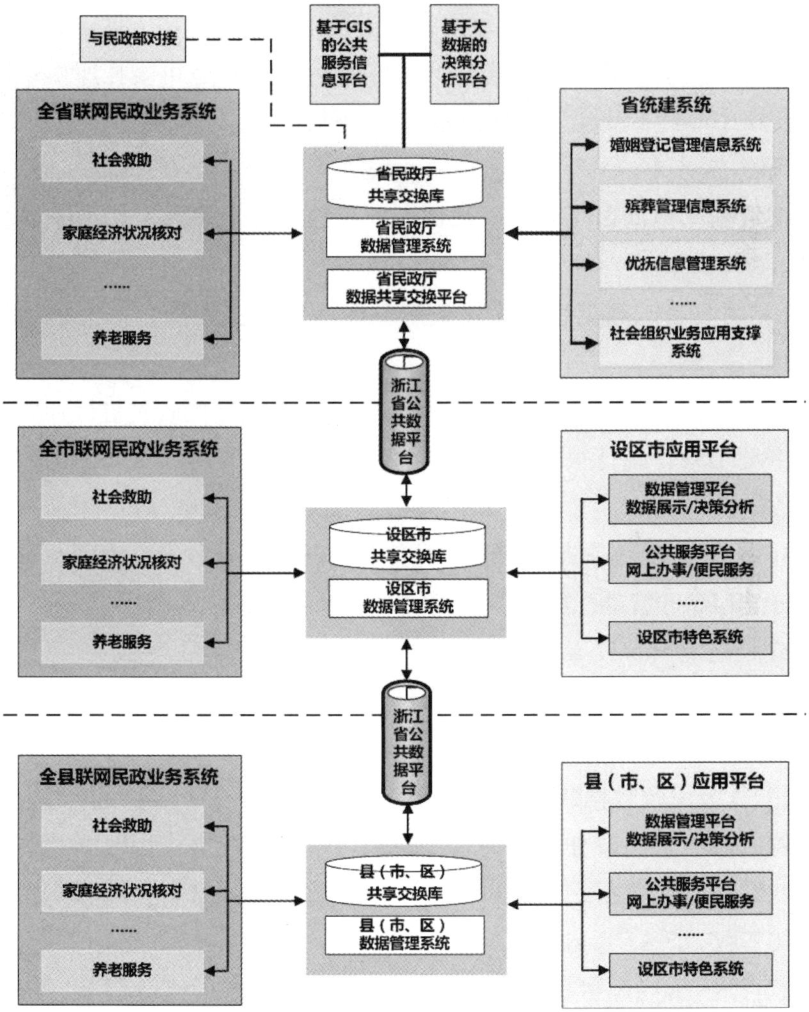

注：浙江省公共数据平台是指依托浙江省政务服务网建设，用于支撑公共数据资源编目、采集、交换、清洗、共享和挖掘分析的数据汇聚、处理和管理平台。

四、主要任务

（一）民政数据共享交换中心建设

全省民政数据共享交换中心由省、市、县三级民政数据共享交换中心组成，可为实现民政数据交换共享和民政业务协同办理提供信息化技术支撑。重点建设1个省级和11个设区市数据共享交换中心。县（市、区）数据共享交换中心，可依托县（市、区）电子政务云平台构建，也可委托所属设区市数据共享交换中心进行代建。建设内容主要包括：

1. 民政数据库

民政数据库主要由民政基础数据库、民政业务数据库、民政基础数据表等组成。

（1）民政基础数据库：由民政对象库、民政法人库、空间地理信息库组成。

（2）民政业务数据库：由共享交换库（主要包括民政关键性业务数据，如业务审批结果、统计数据、状态数据等）和辅助资料库（如图片、视频、文件等数据）组成。

（3）民政基础数据表：以民政对象和民政法人对象建立索引，进行集中管理、分类存储和智能化组织，形成民政基础数据综合表单。

2. 民政数据共享交换平台

民政数据共享交换平台由省级、设区市、县（市、区）民政数据共享交换平台组成。

（1）省级民政数据共享交换平台：承担省级民政信息系统内部数据共享比对、省民政厅与民政部、相关省政府部门及有关社会机构数据共享交换，并通过浙江省公共数据平台向11个设区市民政数据共享交换中心下发属地民政业务共享数据。

（2）设区市民政数据共享交换平台：承担设区市民政信息系统内部数据共享比对、设区市民政局与当地相关政府部门及有关社会机构数据共享交换，并通过浙江省公共数据平台，接收省民政厅下发的属地民政业务共享数据，以及向所辖县（市、区）民政数据共享交换中心下发属地民政业务共享数据。

（3）县（市、区）民政数据共享交换平台。承担县（市、区）民政信息系统内部数据共享比对、县（市、区）民政局与当地相关政府部门及有关社会机构数据共享交换，并通过浙江省公共数据平台，接收设区市民政部门下发的属地民政业务共享数据。

（4）民政数据共享交换方式：主要包括实时交换、电子报文、目录服务、应用接口等。

3. 民政数据管理系统

管理本级民政数据共享交换中心所有数据，提供数据抽取、数据清洗、数据比对、数据入库、数据接口监控、数据质量监测评估、数据查询服务、数据分发接收、数据目录配置等功能。

（二）民政信息化标准规范体系建设

民政信息化标准规范体系建设通过制订出台全省各级民政业务数据共享交换编码、民政数据资源目录、民政数据管理办法等制度文件，为民政数据交换共享提供标准化技术支撑。建设内容主要包括：

1.《浙江省民政业务数据共享与交换编码》

在民政部颁发的《民政业务数据共享与交换编码》（标准编号：MZ/T 012-2014）的基础上，全省各级民政部门结合本地实际，进行逐级补充扩展（即：省民政厅在民政部基础上扩展，地市在省民政厅基础上扩展，县区在地市基础上扩展），最终形成省、市、县三级《民政业务数据共享与交换编码》，为民政信息系统标准化开展提供指导依据。

2.《浙江省民政数据资源目录》

全省各级民政部门负责梳理本级民政部门建设的民政信息系统数据资源，按照共享程度（面向相关政府部门无条件共享、受限共享或不共享）、开放属性（面向社会公众开放或不开放）等要求，制订省、市、县三级《民政数据资源目录》，为全省各级民政部门开展数据共享交换和民政业务跨系统、跨部门、跨区域协同办理提供指导依据。

3.《浙江省民政数据管理办法》

重点明确全省各级民政部门民政数据共享开放的管理流程、交换方式、更新周期等内容。

4. 其他标准规范

主要包括民政业务数据、技术架构、系统接口、共享交换、应用开发、平台运维等其他标准规范。

（三）民政信息化安全管理体系建设

民政信息化安全管理体系建设通过完善安全防护措施、健全安全管理制度、强化安全预警和应急处置等举措，进一步提升民政信息化安全防护能力和应急反应水平。建设内容主要包括：

1. 强化民政业务数据安全保障

加强民政业务数据在数据采集、存储、传输和使用等环节的安全保护，实行数据分类分级管理，保障安全、高效、可信应用。加强民政业务数据在共享交换时的安全评估与保护，建立民政数据资源利用授信机制。加强民政关键和敏感业务数据保护，采用数据加密、电子签名、CA证书等技术手段和措施，确保数据不被非法窃取和篡改。加强涉密敏感数据开放安全管理，应在相关数据进行脱密、脱敏后，方可对外开放应用，防止数据泄密。

2. 强化民政信息系统安全保障

建立民政信息系统等级保护制度，确保民政信息系统安全运行。广泛应用信息系统安全技术手段，如用户身份认证、权限管理、日志管理和安全审计等措施，切实降低民政信息系统使用安全风险。建立民政信息系统应急备份和灾难恢复机制，提高民政信息系统安全应急反应水平。

3. 强化民政服务平台安全保障

加强民政网站安全防护，切实做好病毒威胁、黑客入侵、网页篡改、木马植入等安全防御工作，认真做好等级保护、风险评估等安全基础工作。建立民政网站安全检测机制，定期开展网站安全漏洞扫描、网站木马检测、网站环境检测、远程连接检测和其他安全检测。建立民政网站安全审查制度，完善民政网站安全监测预警和安全重大事件应急处置机制。

4. 强化民政信息化设施安全保障

充分利用全省各级政务云平台和全省电子政务网已有的各类安全防御措施，整合民政部门信息化安全基础设施，加快构建民政信息化基础设施安全保障体系，提升民政信息化基础设施安全防御能力水平。

5. 建立健全民政信息安全管理制度

严格执行国家和省网络与信息安全相关法律、法规和政策，加强安全教育，提升安全意识。建立民政信息系统软硬件设施、运行环境、日常运维、文档资料、数据安全、操作人员安全培训等方面的安全管理制度，明确安全管理岗位职责和工作流程，提高民政信息安全管理规范化水平。

（四）民政决策分析平台建设

民政决策分析平台建设主要依托大数据分析技术，实现民政业务数据综合分类查询、图表直观展示以及民政数据价值深度挖掘，为各级民政部门科学决策提供民政大数据支持服务。建设内容主要包括：

1. 综合查询系统

基于民政大数据，依托民政基础数据综合表单功能，实现民政业务数据综合分类查询和展示。

2. 统计分析系统

依据各级民政部门业务统计要求，基于民政大数据，生成各类统计分析报表，并以图表方式直观展示。

3. 决策支持系统

基于民政大数据，充分挖掘民政业务数据价值，为民政业务工作开展、民政服务流程优化、民政政策制定、民情预测、领导科学决策提供支持。

（五）民政业务工作平台建设

民政业务工作平台建设通过新建一批民政信息系统、完善一批已建民政信息系统等举措，实现民政主要业务领域信息系统全覆盖，为推动民政业务精准管理提供信息化支撑保障，并研发统一单点登录平台，方便用户快速登录使用相关民政信息系统。建设内容主要包括：

1. 加快新建民政信息系统建设

（1）应急救灾系统建设（省统建系统）。系统提供灾害评估、人员转移安置、避灾场所管理、灾害预警、救灾物资管理、社会救灾力量管理调度、现场视频监控等功能，实现对灾害信息全面了解和救灾过程的科学调度。

（2）社会组织业务应用支撑系统（省统建系统）。建立全省社会组织申报系统和社会组织法人业务管理系统，为全省公共数据共享交换平台提供数据支撑，并通过平台实现部门间的信息交换。拓展社会组织年报、备案和业务指导等服务，并在登记管理过程中，通过数据共享交换平台及时获取其他部门提供的社会组织负责人犯罪记录、编办注册、信用状况等情况的核查信息。

（3）慈善事业管理系统建设（省统建系统）。对慈善机构、慈善活动、慈善募捐、慈善信托、慈善资金使用公开及监督等工作实施综合管理。

（4）老年人基础数据库建设。建立涵盖姓名、性别、年龄、住址、健康程度等内容的全省老年人基础信息库，为开展老年人日常管理服务提供数据支撑。

（5）儿童信息管理系统建设（省统建系统）。逐步实现对全省儿童（民政对象）的家庭情况、健康状况、救助情况、涉外收养等信息的动态分类管理。

（6）区划地名信息系统建设。加强对区划地名文化、旅游宣传、地名成果运用等方面的信息化支撑。根据民政部要求，加快全省各级地名地址库建设。探索民政地理空间信息（GIS）与业务系统的整合与展示功能。

（7）民政管理APP。整合现有各类民政APP，统一开发融合各民政业务的民政管理APP，提供信息采集、信息录入、业务办理等功能，实现“互联网+民政”的深度融合。

2. 完善已建民政信息系统功能

（1）OA系统（厅本级系统）。新增收文管理、办件督查、信访接件等功能，实现公文办理流程的自动化管理。

（2）民政事业统计信息管理系统（部省统建系统）。部署该系统网络版应用，拓展现有功能，实现与省统建系统数据的实时对接共享。

（3）家庭经济状况核对系统。加强对优抚对象的困难家庭补助申请处理（优抚对象抚恤金不计入家庭收入）。

（4）优抚管理信息系统（部省统建系统）。加强优抚对象走访的信息采集移动端支撑以及优抚对象尤其是涉军人员的信息安全工作。

（5）婚姻登记管理信息系统（省统建系统）。完善婚姻登记云平台性能，提高婚姻登记数据的安全管理，加强与公安人口信息的联网比对，充分利用人脸识别等信息化新技术。

（6）殡葬管理信息系统（省统建系统）。提高全省殡仪馆殡仪服务数据即时性及准确性，并逐步拓展殡葬信息化管理功能。

（7）社会工作管理系统（省统建系统）。在现有系统对社会工作师管理基础上，加强对志愿者的基本情况、活动组织、活动过程等内容的信息化管理。

（8）社会救助信息系统。进一步完善社会救助系统，增加临时救助、低收入家庭和网上在线救助申请等功能。

（9）养老服务信息系统。拓展省养老服务信息系统功能，进一步完善各地养老服务系统管理服务功能。

（10）水库移民信息系统。进一步拓展水库移民信息系统功能，完善水库移民后期扶持人口信息采集核定管理功能，增加新（在）建水库移民管理、移民培训管理、信访管理和档案管理等功能。

3. 推进民政服务信息系统开发

基层民政部门结合当地工作实际，重点围绕基层民政服务需求，推进智慧养老、智慧社区、地名服务等基层民政服务系统建设。

（六）民政公共服务信息平台建设

民政公共服务信息平台建设旨在打造涵盖网站、电话语音、手机APP等领域的全媒体民政公共服务信息平台，推动民政公共服务高效开展。建设内容主要包括：

1. 整合民政网站服务平台资源

以全省各级民政门户网站为依托，整合各类民政服务网站及子网站，打造统一的民政服务网站平台，统一收集服务需求，统一发布服务资源和统一监督服务质量。

2. 拓展96345语音平台功能

深化96345社会公共服务信息平台联网工程建设，丰富拓展96345语音平台服务功能，逐步将婚姻登记预约、殡葬服务、养老服务等各类民政服务纳入平台服务范围，拓宽民政服务渠道，提升民政服务水平。

3. 建设移动互联网民政服务平台

利用移动互联网第三方平台（如浙江政务服务网APP、支付宝、微信等）的互联网入口优势，在相关第三方平台服务频道开通浙江民政服务频道，面向社会公众在线提供各类民政特色服务。

五、实施计划安排

时间安排	阶段目标
2017 年	1. 完成省级民政数据共享交换中心基本架构及主要功能建设，实现婚姻登记、殡葬、救助、优抚、养老机构等省级统建系统互联互通以及数据共享交换和清洗比对，建立全省统一的民政数据基础库和民政数据共享交换库 2. 全面启动 11 个设区市民政数据共享交换中心建设 3. 继续推进全省民政信息化标准体系建设，完成婚姻登记等领域省级民政数据共享交换标准制定工作 4. 完成全省儿童（留守儿童）信息管理系统建设，逐步实现对儿童（民政对象）信息的综合管理 5. 启动浙江省灾害应急管理系统建设，实现对避灾场所管理、救灾物资调度、转移安置评估、救援力量调度、灾情综合评估等功能 6. 继续推进 96345 浙江省社会公共服务信息平台联网工程建设，进一步提升民政行政管理和社会服务的质量和效率 7. 完善水库移民信息系统中项目管理、资金管理和办公 OA 系统功能，项目监管功能延伸到乡镇、村。启动新（在）建水库移民安置管理、信访管理、档案管理、全省监测评估成果汇总分析管理等功能建设 8. 推进各地养老服务、社区服务、地名服务等民政信息系统项目建设
2018 年	1. 完成省级民政数据共享交换中心建设和 11 个设区市民政数据共享交换中心建设，实现省级民政数据共享交换中心向 11 个设区市民政数据共享交换中心分发属地数据 2. 启动有建设需求的县（市、区）民政数据共享交换中心建设，研究探索省、市、县三级联动的民政数据共享交换模式 3. 继续推进全省民政信息化标准体系建设，完成优抚管理等领域省级民政数据共享交换标准制定工作 4. 启动全省民政信息安全管理体系建设工作，重点围绕数据安全开展相关建设 5. 完成社会组织业务应用支撑系统建设，实现对全省社会组织信息的综合管理 6. 实现省统建民政信息系统与民政事业统计信息管理部建系统数据共享交换 7. 完成新（在）建水库移民管理、信访管理和档案管理等功能建设，启动全省移民系统协同办公平台、移动互联平台和水库移民避险解困专项资金管理模块、移民培训管理等功能建设 8. 启动各地民政决策分析平台、民政业务工作平台、民政公共服务信息平台相关信息系统建设及平台整合工作

续表

时间安排	阶段目标
2019 年	1. 完成有建设需求的县（市、区）民政数据共享交换中心建设，构建省、市、县三级联动的民政数据共享交换模式，实现民政业务共享数据上通下达 2. 继续推进全省民政信息化标准体系建设，完成儿童（留守儿童）管理等领域省级民政数据共享交换标准制定工作 3. 继续推进民政信息安全管理体系建设工作，重点健全完善民政信息安全相关制度 4. 完成全省移民系统协同办公平台、移动互联平台和水库移民避险解困专项资金管理模块、移民培训管理等功能建设 5. 基本完成各级民政决策分析平台相关系统建设和民政公共服务信息平台相关整合工作 6. 全面推进养老服务、社区服务、地名服务等基层民政业务工作平台相关信息系统建设
2020 年	1. 依托民政大数据的民政信息化建设应用体系基本建成，民政管理服务精准化、高效化水平显著提升 2. 基本建立全省民政信息化标准规范体系，完成民政主要业务领域省级数据共享交换标准制定工作 3. 基本健全民政信息安全管理体系，全面提升民政信息化安全防护水平，确保民政信息系统安全运行 4. 完成全省水库移民信息系统县市个性化功能整合，加强系统数据挖掘，提升系统整体使用绩效 5. 全面完成各地养老服务、社区服务、地名服务等基层民政业务工作平台相关信息系统建设 6. 围绕制订全省民政信息化建设新的发展规划，启动相关调研工作

六、保障措施

（一）加强工作领导

进一步理顺全省民政信息化管理体制，认真履行各级民政信息化建设领导小组职责，明确本地区民政信息化建设的目标、任务和措施。各级民政部门主要领导要负总责，强化民政信息化建设统筹协调，确保领导到位、人员到位、资金到位。切实加强民政信息化建设工作考核，将其纳入民政工作年度目标考核内容，与其他民政业务工作同部署、同检查、同落实。

（二）加大经费投入

建立健全民政信息化建设资金投入机制，加强与相关政府部门沟通协调，将民政信息化建设、应用、培训和运维经费纳入同级财政预算。创新民政信息化建设投入机制，坚持财政拨款与多方筹资相结合的办法，确保民政信息化资金落到实处。统筹安排民政信息化建设经费使用，切实加大欠发达地区民政信息化建设补助。加强民政信息化建设投入绩效评价，提高经费使用效益。

（三）推进队伍建设

高度重视民政信息化专业人才队伍建设，在组建各级民政信息化工作机构的同时，选派有开拓精神、能力强、业务精的人员负责民政信息化建设工作。加强民政信息化工作人员技术培训，提高相关工作人员专业技能，建设一支既精通民政业务又掌握计算机技术的复合型人才队伍。探索采取购买服务等方式，引入专业信息技术人才，充实民政信息化工作队伍。加强与科研院校、社会中介服务机构合作，组建民政信息化建设专家团队，发挥指导、咨询和服务作用。

（四）优化政策环境

把政策制度创制作为推动民政信息化建设的重要举措，增强民政信息化建设发展动力。推动民政信息化建设纳入当地经济社会发展和民政事业发展规划，建立民政信息化协同推进制度，形成民政信息化发展合力。建立督导评估机制，将民政信息化建设纳入现代大民政建设指标体系，开展民政信息化发展状态评估，推动民政信息化建设与民政事业协调发展。

下篇 研究报告

浙江省民政事业发展“十二五”规划终期评估报告

“十二五”时期，全省民政系统认真学习贯彻习近平总书记系列重要讲话精神，紧紧围绕省委“八八战略”和“两富”“两美”浙江建设，以实现民政事业城乡一体化为目标，以建设贴心民政、法治民政、阳光民政、数字民政为途径，以法治化、标准化、多元化、信息化、社会化为抓手，充分履行保障基本民生、优化社会服务、创新基层治理基本职能，深入推进现代大民政建设，民政事业发展整体水平走在全国前列。

一、民政事业“十二五”规划执行情况

一是适度普惠的社会福利体系不断健全。初步实现了适度普惠和服务均等化的目标，养老服务体系、孤残儿童福利体系、残疾人保障相辅相成、相互促进。建设“9643”养老服务格局。积极应对人口老龄化，加强顶层制度设计，率先实现社会养老服务地方立法，率先出台加快社会养老服务业发展和促进民办养老产业新政。坚持“政府主导、政策扶持、社会参与、市场推动”，全面构建以居家为基础、社区为依托、机构为支撑，以“9643”为目标，功能完善、布局合理、规模适度、覆盖城乡的养老服务体系。截至2015年6月（以下文中数据统计截止时间均为2015年6月），全省共有养老机构1236家（不含未登记机构），床位20.38万张，居家养老服务基本覆盖所有城市社区和75%的农村社区；全省75%的县（市、区）建成了居家养老服务信息系统；有18.5万老年人享受到政府提供的养老服务补贴，4.5万农村五保和城镇“三无”老人由政府提供供养服务，集中供养率达到97%以上。儿童福利

工作机制逐步健全。儿童福利服务体系不断深化，率先建立困境儿童分类保障制度，将事实无人抚养和贫困家庭重残、重病等困境儿童优先纳入儿童福利保障范围。目前，全省共有31个县（市、区）建立了适度普惠型儿童福利制度，83%的市、县（市、区）建立儿童福利督导制度，全省困境儿童分类保障制度覆盖率已达90%以上。

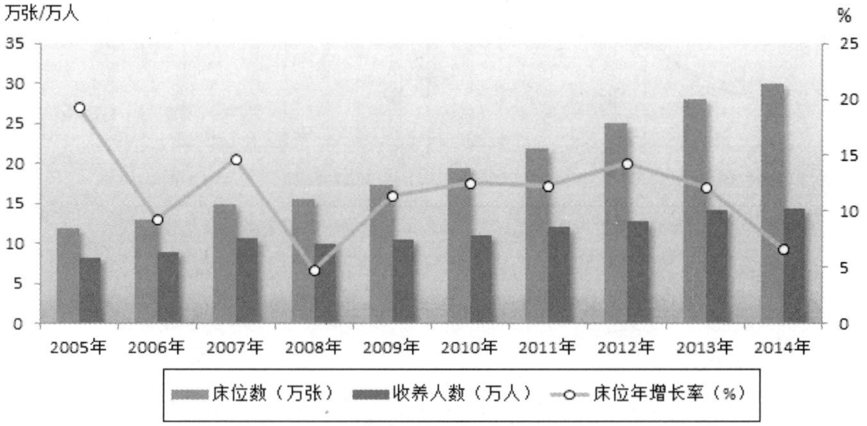

图1　提供住宿社会服务机构情况

表1　2005—2014年提供住宿社会服务机构情况

指　标	2005年	2006年	2007年	2008年	2009年	2010年	2011年	2012年	2013年	2014年
床位数（万张）	11.79	12.89	14.78	15.49	17.25	19.42	21.81	24.92	27.96	29.82
收养人数（万人）	8.17	8.86	10.53	9.87	10.40	10.88	11.96	12.70	14.04	14.22
床位年增长率（%）	19.33	9.33	14.66	4.80	11.36	12.58	12.31	14.26	12.20	6.65

注：提供住宿社会服务机构中不包含未登记机构。

慈善公益事业健康发展，各类慈善公益组织注册志愿者超过420万人。成功举办第三、四届“浙江慈善奖”颁奖活动，指导中国星级慈善城市创建工作。“十二五”以来，各类慈善组织募集善款超过170亿元。福利彩票事业与福利企业健康发展。“十二五”以来，共发行福利彩票530亿元，筹集彩票公益金151亿元。共有福利企业1921家，积极履行社会责任安置残疾职工6.68万人。

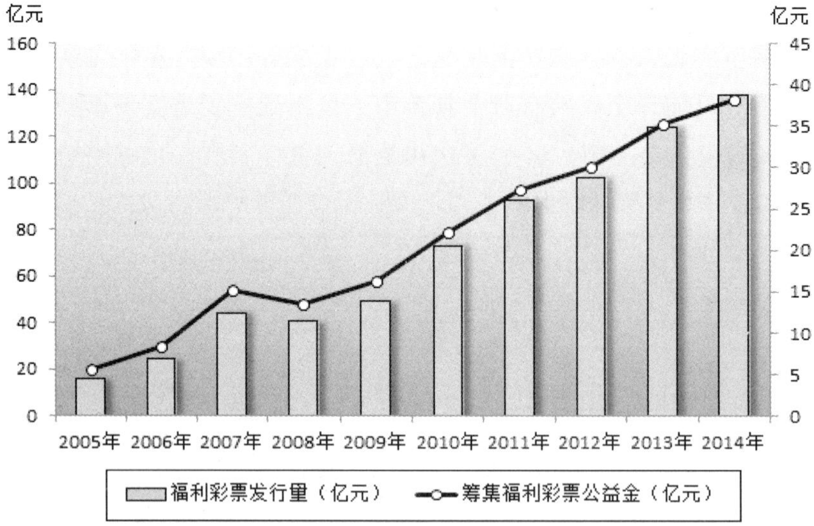

图2　福利彩票发行及彩票公益金筹集情况

表2　2005—2014年福利彩票发行及彩票公益金筹集情况

指　标	2005年	2006年	2007年	2008年	2009年	2010年	2011年	2012年	2013年	2014年
福利彩票发行量（亿元）	16.0	24.4	44.5	40.7	49.3	73.4	92.7	102.4	124.5	137.77
筹集福利彩票公益金（亿元）	5.6	8.4	15.1	13.4	16.2	22.2	27.4	30.1	35.3	38.19

二是城乡一体的社会救助体系不断推进。率先启动社会救助地方立法，颁布实施《浙江省社会救助条例》。进一步完善医疗救助制度，加强临时救助工作，实现各项制度之间的有序衔接。成立省低收入家庭核对指导中心，全面建立社会救助家庭经济状况核对机制，健全“一门受理、协调办理”机制，确保困难群众求助有门、受助及时。深化“阳光救助”工程，加强社会救助绩效评价，及时纠正错保、查处人情保，促进公开公平公正。目前，全省在册低保对象55.3万人，其中城市6.3万人，农村49万人（不含农村五保对象）。全省城市平均月低保标准为594元，比上年底增长1.2%；农村平均月低保标准为499元，比上年底增长2.5%；城乡低保标准的比例达到84%。低保信息化录入率达98%以上。

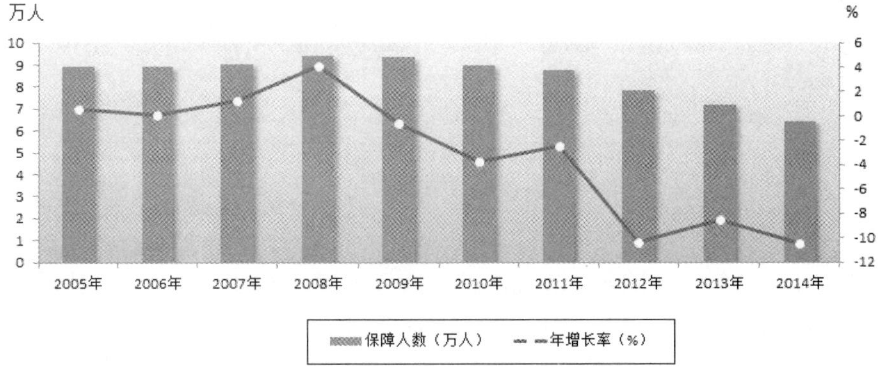

图3　城市最低生活保障

表3　2005—2014年城市最低生活保障

指　标	2005年	2006年	2007年	2008年	2009年	2010年	2011年	2012年	2013年	2014年
保障人数（万人）	8.9	8.91	9.02	9.39	9.33	8.98	8.76	7.85	7.18	6.43
年增长率（%）	0.56	0.11	1.23	4.10	–0.64	–3.75	–2.45	–10.39	–8.54	–10.45

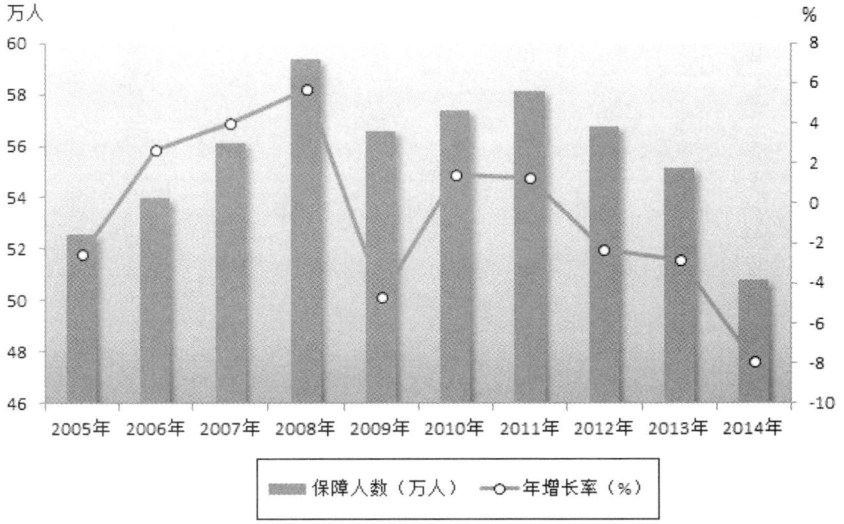

图4　农村最低生活保障

表4 2005—2014年农村最低生活保障

指 标	2005年	2006年	2007年	2008年	2009年	2010年	2011年	2012年	2013年	2014年
保障人数（万人）	52.57	53.99	56.14	59.35	56.58	57.37	58.10	56.74	55.14	50.78
年增长率（%）	-2.58	2.70	3.98	5.72	-4.67	1.40	1.27	-2.34	-2.82	-7.91

加强防灾减灾救灾综合体系建设。成立省减灾中心，深化部门协作和信息共享。进一步完善应急预案，基本形成省、市、县、乡镇、村五级自然灾害救助应急预案体系。规范避灾安置场所建设,共建成避灾安置场所12784个，救灾物资储备格局不断优化，基本实现各县（市、区）均建有救灾物资储备仓库的规划目标。探索推进巨灾保险工作，不断加强基层队伍建设，积极引导社会组织参与防灾减灾救灾工作。持续推进综合减灾示范社区创建活动，预计到2015年底全省共创建国家级和省级综合减灾示范社区600个和650个。“十二五”以来，全省共支出自然灾害救助金10.2亿元。

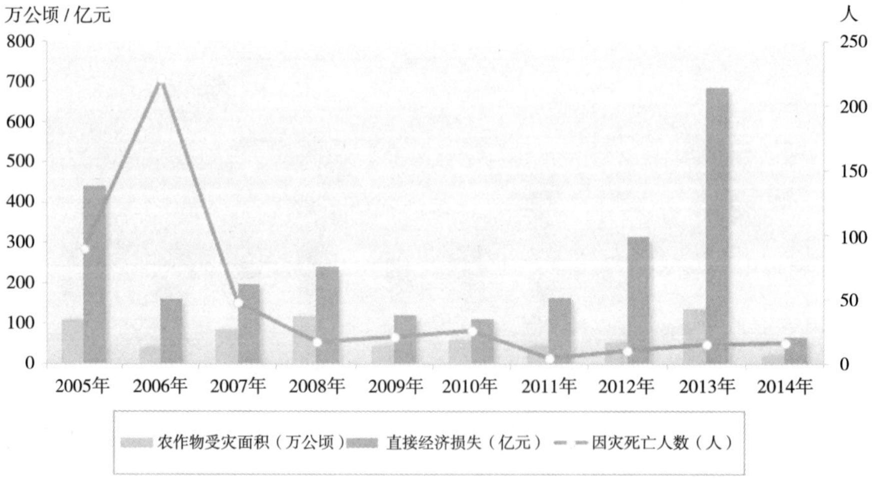

图5 自然灾害损失情况

表5　2005—2014年自然灾害损失情况

指　标	2005年	2006年	2007年	2008年	2009年	2010年	2011年	2012年	2013年	2014年
农作物受灾面积（万公顷）	109.32	41.23	84.63	116.47	44.47	58.93	45.35	53.62	134.78	20.4
直接经济损失（亿元）	441.56	161.37	196.16	240.54	119.87	112.72	163.9	313.01	683.29	64.18
因灾死亡人口数（人）	89	221	48	17	21	26	5	10	15	16

三是军民融合的优抚安置保障体系不断完善。全国双拥模范城（县）创建工作深入开展，共有15个市、县（市）荣获全国双拥模范城（县）荣誉称号。优抚保障服务不断完善，各项优抚政策全面落实，修订出台《浙江省军人抚恤优待办法》。“十二五”以来，全省优抚事业费支出约90亿元。烈士褒扬工作深入开展，健全零散烈士纪念设施保护管理长效机制。退役士兵及军休干部安置改革进一步深化，大力扶持退役士兵自主就业创业。“十二五”以来，共发放退役士兵自谋职业金（自主就业补助金）约14亿元。退役士兵职业技能教育培训向纵深发展，退役士兵教育培训政策知晓率和有培训意愿的退役士兵参训率均达100%。认真做好军休人员接收安置工作，落实军休人员两个待遇，确保军休干部队伍稳定。推动全省军供站现代化、正规化建设，按时保质完成各项保障任务，大力支持国防和军队建设。加强优抚安置政策宣传，切实维护涉军群体稳定，全省军政军民和谐发展。

表6　2005—2014年国家抚恤、补助优抚对象

指　标	2005年	2006年	2007年	2008年	2009年	2010年	2011年	2012年	2013年	2014年
抚恤事业费（亿元）	7.38	8.32	9.96	12.11	14.49	16.20	17.35	19.21	21.78	23.84
退役安置事业费（亿元）	3.97	3.89	5.09	5.71	6.37	7.12	8.55	9.42	10.30	11.67

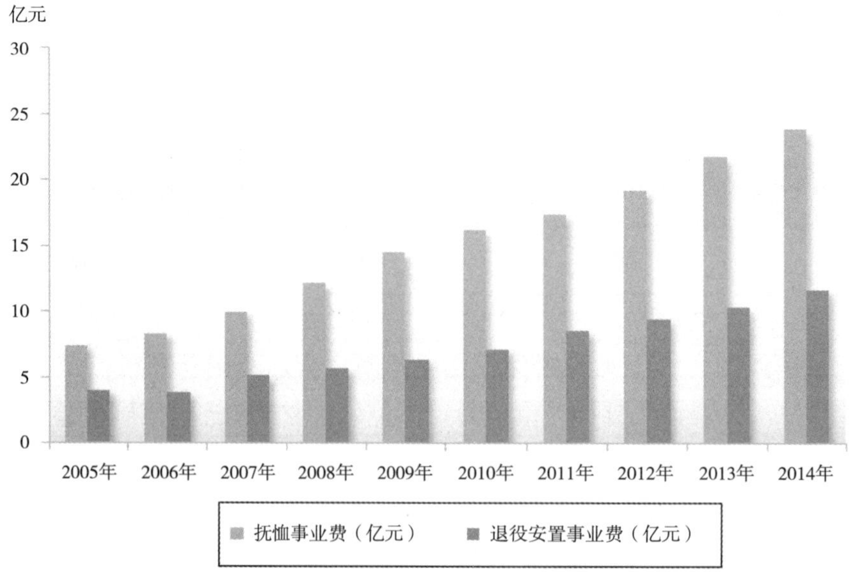

图6　国家抚恤、补助优抚对象

四是“三社联动”的基层社会治理机制不断构建。深化社会组织管理体制改革，出台《关于加快推进现代社会组织建设的意见》，确立“成体系、成建制、成规模”社会组织培育发展思路。探索开展社会组织直接登记，推进社会组织服务平台实体化运作，全省累计直接登记社会组织2500余个，成立各级各类社会组织服务平台189个。全面推行行业协会政社分开，加强社会组织信用体系建设，率先发布首个社会组织建设规范省级地方标准。“十二五”以来社会组织年均增长率为8.6%，预计到2015年底，全省经各级民政部门登记的社会组织42300个，每万人拥有社会组织数7.6个，纳入备案管理的社区社会组织8万个，社会组织数量和每万人数均居全国前列。

表7　2005—2014年社会组织数量

指　标	2005年	2006年	2007年	2008年	2009年	2010年	2011年	2012年	2013年	2014年
社团（个）	11,555	12,470	12,915	13,743	14,352	14,870	15,456	16,452	18,108	19,430
民非（个）	10,189	10,810	11,290	12,383	13,061	13,878	13,770	15,163	17,992	20,033
基金会（个）	109	125	140	151	167	189	222	265	326	381

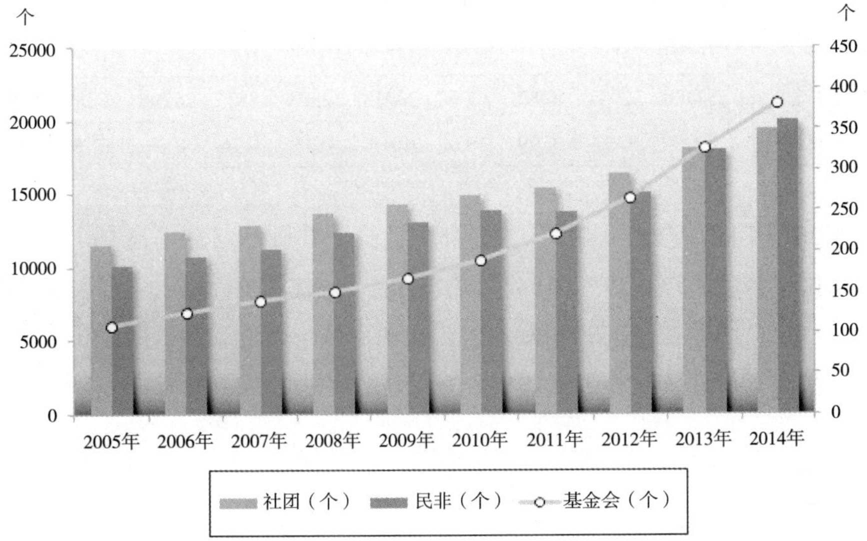

图7　社会组织数量

城乡社区治理框架初步构建，基层民主治理机制逐渐完善，城乡社区服务体系建设不断深化，社区基础设施大幅改善，农村社区建设有序推进，率先推进“三社联动”发展，率先开展村（社区）减负工作，实现政府行政管理和居民自我管理的有效衔接。

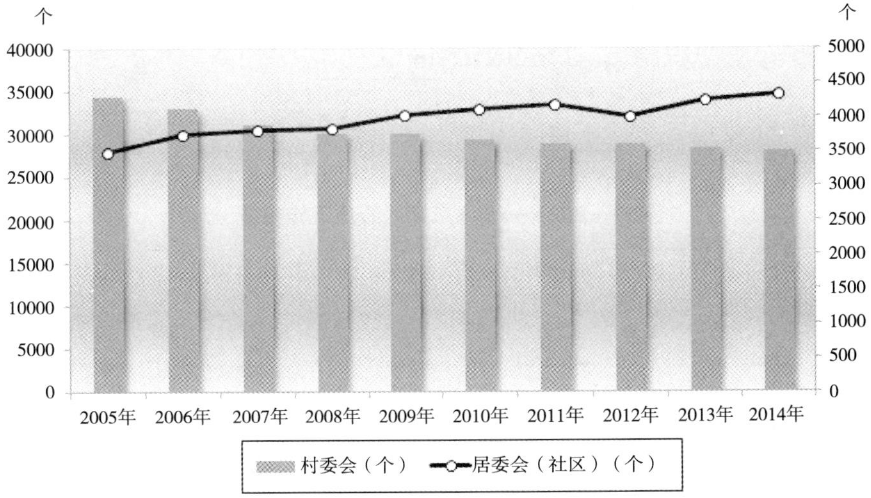

图8　基层群众自治组织数量

表8　2005—2014年基层群众自治组织数量

指　标	2005年	2006年	2007年	2008年	2009年	2010年	2011年	2012年	2013年	2014年
村委会（个）	34408	32931	30978	30068	29958	29303	28812	28798	28339	27997
居委会（社区）（个）	3488	3737	3799	3828	4016	4103	4176	4007	4229	4321

截至2014年底，全省共建成“96345”社会公共服务信息平台76个，覆盖89个县（市、区），逐步将“96345”热线服务向农村地区覆盖，“96345”呼叫热线平台累计话务量超过2000万人次；实现乡镇（街道）社区服务中心全覆盖，累计建成农村社区服务中心19135个，覆盖25196个村，覆盖率89.99%。

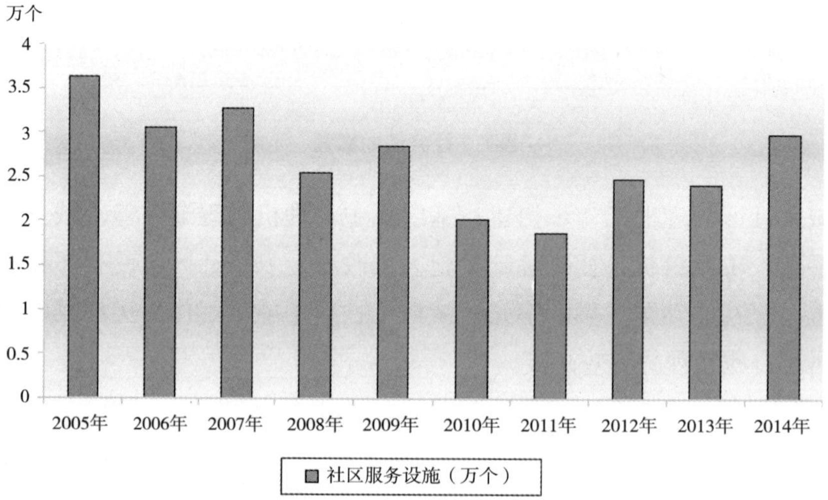

图9　社区服务设施数量

表9　2005—2014年社区服务设施数量

指　标	2005年	2006年	2007年	2008年	2009年	2010年	2011年	2012年	2013年	2014年
社区服务设施（万个）	3.63	3.05	3.27	2.55	2.85	2.03	1.88	2.48	2.41	2.98

社会工作人才队伍建设不断加强，专业水平稳步提升，人才队伍日益壮大，社工机构稳步发展，在民政事业单位、城乡社区和社会服务组织开发设置社会工作岗位工作方面取得突破。全省城乡社区工作者总人数124209人，

其中城市社区工作者28932人，农村社区工作者95277人；全省共有社会工作师和助理社会工作师12753人，登记民办社工机构175家，开发社会工作专业岗位1344个。

五是覆盖城乡的基本社会服务不断优化。扎实推进水库移民创业致富工程，有序开展大中型水库移民后期扶持工作，稳妥推进小型水库移民解困，切实保障移民合法权益。“十二五”以来，共下达各类移民资金73.53亿元。区划地名管理不断规范，率先制定乡镇行政区划调整标准意见，构筑符合浙江经济社会发展实际的城镇体系。全省乡、镇、街道总数分别为256个、628个、436个。第二次全国地名普查基本完成，地名公共服务体系全面建成，地名信息化管理扎实推进，优秀地名文化得以保护和弘扬。深化平安边界创建，确保社会和谐稳定。

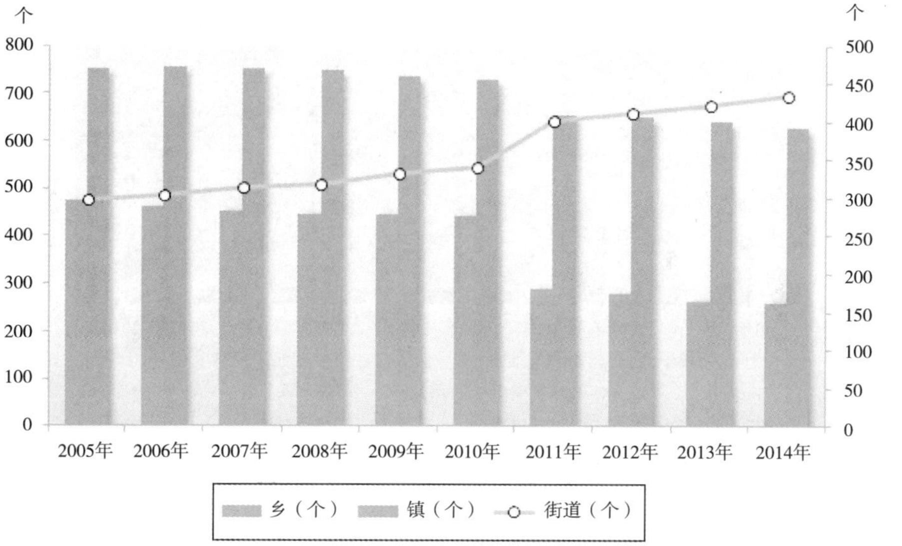

图10 乡镇街道变化

表10 2005—2014年乡镇街道变化

指　标	2005年	2006年	2007年	2008年	2009年	2010年	2011年	2012年	2013年	2014年
乡（个）	475	461	453	446	445	443	290	279	264	258
镇（个）	752	754	750	747	735	728	654	650	639	629
街道（个）	298	304	313	318	333	341	402	412	421	434

健全惠民殡葬服务管理体系，率先实行基本殡葬服务免费制度，鼓励、倡导生态葬法，加快乡村公益性公墓和公益性骨灰堂建设，推进生态文明建设。目前，生态葬法覆盖全省86.1%的行政村，公墓绿化率达到75%以上。婚姻、收养登记工作依法规范，全面实现免费婚姻登记，流浪乞讨人员救助管理水平不断提升，“十二五”以来共救助24万人次。

六是民政事业发展的综合保障能力不断提升。“十二五”期间，预计全省民政事业费实际支出724亿元，比“十一五”时期增长110%，年均增长22%；预计民政事业基本建设投资47亿元，比“十一五”时期增长117%，年均增长23.4%。

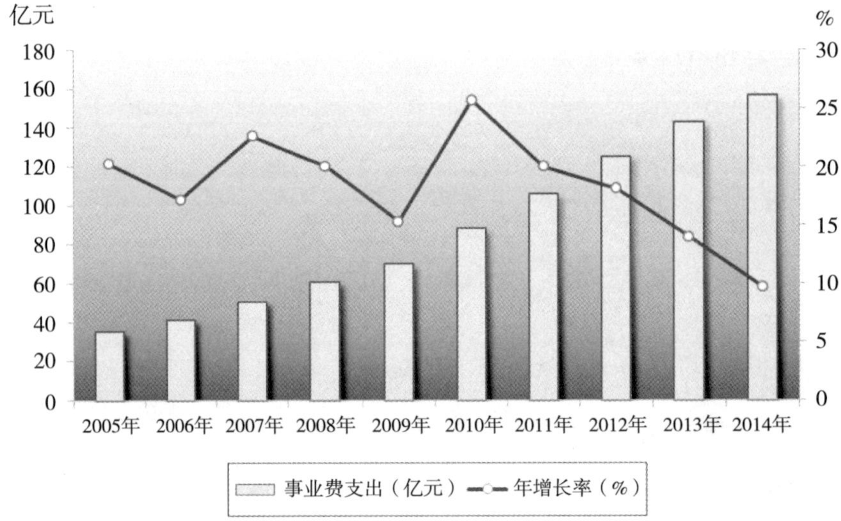

图11　各级财政预算安排民政事业费支出情况

表11　2005—2014年各级财政预算安排民政事业费支出情况

指　标	2005年	2006年	2007年	2008年	2009年	2010年	2011年	2012年	2013年	2014年
事业费支出(亿元)	35.43	41.51	50.89	61.08	70.41	88.49	106.16	125.39	142.88	156.69
年增长率（%）	20.22	17.16	22.60	20.02	15.28	25.68	19.97	18.11	13.95	9.67

加大重点项目建设力度。始终坚持“规划引领、项目支撑、社会参与、规范管理”，按照突出重点、集中力量办大事的基本思路，重点建设养老服

务、社区服务等10大类项目，基本形成布局合理、功能完善、服务便捷的基础设施网络，不断强化民政社会服务保障基础支撑，有效满足城乡居民需求。共计45个项目列入重点，立项总投资额为65.63亿元，立项总建筑面积为139.44万平方米。截至2015年6月，已完工项目7个，已开工项目13个，另有4个项目明确取消，2个项目归口其他部门负责建设。预计到“十二五”期末，完工项目将达到18个。

民政政策法规体系逐步健全，加强民政综合执法队伍建设，率先编制完成民政权力清单，创制形成6部地方性法规，9部政府规章。民政地方标准体系不断完善，建立一批标准化示范单位，管理服务规范化水平显著提升。民政信息化建设初见成效，基本实现省、市、县、乡镇（街道）联网运行。建成电子政务综合办公系统等10个信息管理系统，保障维护民政部统建8个信息管理系统。加强民政文化建设，构建“贴心为民、仁爱向善、守望相助、共建共享”的民政文化体系，打响浙江民政文化品牌。

二、民政事业“十二五”规划实施中存在的问题

“十二五”时期民政事业发展取得的成绩，为今后民政事业又好又快发展奠定了扎实基础。同时，应当清醒看到，我省民政事业发展还面临诸多问题和挑战：一是城乡区域发展还不平衡，各地在民政资金投入等方面差异较大，一些经济欠发达地区、农村地区有限的公共财政还无法满足民政事业发展的需要。二是基层社会治理面临新的挑战，浙江是流动人口大省，户籍制度改革将涉及大量流动人口的经济权益、社会福利再分配，进一步增加民政民生事业的投入，对进一步加强城乡社区建设，实现基本公共服务向全社会群体覆盖提出了新的要求。三是人口老龄化日益加剧，全省60岁及以上户籍老年人口945万人，约占总人口数的19.4%，人口高龄化、少子化、家庭小型化和空巢化的大背景下，家庭赡养和照护老年人的负担将不断加重，全社会对养老服务特别是机构养老服务的需求将日益加剧。四是体制机制壁垒亟待破除,民生权益保障制度化建设水平还有待进一步提高，政策化有余、法制化不足的现状亟待改变，标准化建设水平亟待提高，引导社会力量广泛参与的机制亟待建立。五是项目进度总体滞后。从目前完成进度来看，因土地、资

金制约，重点项目进展并不乐观，预计“十二五”期末仅有一半项目可完工。

三、民政事业“十三五”规划编制思路

“十三五”时期是全面落实“四个全面”战略布局、全面建成小康社会、全面推进“两富”“两美”浙江建设的关键时期，也是深化现代大民政战略的重要战略机遇期，必须认清新使命、适应新常态、把握新机遇、谋划新思路、落实新举措，在新型政社关系中继续发挥引领作用，构建完成现代大民政格局，推进浙江民政事业又好又快发展，整体水平继续走在全国前列。

（一）依法完善社会救助体系，坚守民生保障底线

深入贯彻落实国务院《社会救助暂行办法》和《浙江省社会救助条例》，依法完善社会救助体系，优化社会救助制度，织牢织密困难群众基本生活安全网。

——进一步完善社会救助政策体系。依法破解救助政策“碎片化”现象，形成制度完善、相互衔接、运行有效的社会救助管理体制和运行机制。到2020年，城乡实行统一的低保标准，城乡低保对象审核认定准确率达到98%以上。

——进一步优化社会救助工作机制。大力推进社会救助家庭经济状况核对平台和机制建设，提高社会救助政策实施的精准度。强化救急难工作，及时救助群众遇到的突发性、临时性、紧迫性困难，优化创新社会救助服务管理方式。

——进一步健全防灾减灾救灾体制。出台《浙江省自然灾害救助办法》，健全防灾减灾救灾法制体系。优化救灾物资储备网络，规范避灾安置场所建设，到2020年，形成市、县（市、区）、乡镇（街道）、村（社区）四级避灾安置体系。全面实施巨灾保险制度。

（二）大力构建社会福利体系，提升人民生活品质

以老年人、困境儿童、残疾人等为重点，建设适度普惠的社会福利体系，切实增强民政工作对象的生活幸福感。

——加快养老服务业发展。全面建成以居家为基础、社区为依托、机构

为支撑，以“9643”为目标，功能完善、布局合理、规模适度、覆盖城乡的养老服务体系。到2017年，全省城乡社区居家养老服务照料中心不少于2.3万家。到2020年，全省每千名老人拥有社会养老床位50张，其中机构床位不少于40张，护理型床位占机构床位比例不低于50%，民办（民营）机构床位占比达到70%。

——加强困境儿童福利保障。全面推进以困境儿童分类保障制度，重残、患重病和罕见病儿童康复补贴制度，收养、寄养孤残儿童家庭补贴制度，新生婴儿营养津贴制度等为重点的适度普惠型儿童福利保障制度。

——促进慈善事业发展。颁布实施《浙江省慈善事业促进条例》，以省政府名义制发关于推动现代大慈善发展的意见，完善慈善事业政策法规体系。到2020年，实现全省慈善工作体制机制健全，政策法规体系较完善，募捐市场规范有序，各类慈善组织发展迅速，慈善事业公信力强，慈善事业发展各类指标继续保持全国领先水平。

（三）健全完善优抚安置体系，推动军民融合深度发展

以服务国防和军队现代化建设、保障优抚安置对象合法权益为目标，以完善政策法规体系、健全服务体系为重点，逐步建立充分体现普惠与优待共享、城市与农村一体、物质与精神并重的制度机制。

——提高双拥共建水平。深入开展全国双拥模范城（县）和省级双拥模范城（县、区）创建，认真抓好各项双拥政策法规的落实，努力形成全要素、多领域、高效益的军民深度融合发展格局。

——提高优抚工作规范化、制度化水平。构筑优抚工作政策法规体系新框架，着力推进优抚政策待遇落实、烈士精神褒扬宣传、优抚事业单位建设和复退军人维稳工作，推动优抚工作迈上新台阶。

——深化退役士兵及军休安置改革。健全城乡一体退役士兵安置制度，建立安置补偿费标准自然增长机制，逐步缩小城乡差距。全面推行退役士兵免费教育培训，优化军休安置服务，稳妥推进住房、医疗体制改革，提高军休安置服务社会化水平。

（四）创新基层社会治理，激发社会活力

全面提升城乡社区服务能力，激发社会组织活力，拓展社会工作服务，形成社区建设、社会组织、社会工作“三社联动”有序参与社会治理的良好

格局。

——完善城乡社区治理。大力培育社区治理参与主体，推动各主体参与互动，形成较为完善的社区、社会组织、社会工作“三社联动”机制，让群众在城乡社区治理、基层公共事务和公益事业中实现自我管理、自我服务、自我教育、自我监督。切实加强社区党组织、居民委员会建设。加强社会组织参与社区治理的制度设计，探索开展政府购买社区服务项目清单编制工作，制订社区公益创投计划、社区服务类社会组织培育计划。完善基层群众自治制度，建立健全基层协商民主制度。加快推进“智慧社区”建设。加强社区工作者队伍专职化、专业化建设，到“十三五”末，农村社区服务队伍专职化进一步提升，社会工作方法覆盖到半数以上农村社区，所有城市社区建立社会工作室。

——激发社会组织活力。健全激发社会组织活力的体制机制，着力构建与我省经济社会发展水平相适应的社会组织体系。到2017年，初步构建一个数量充足、机制完善、作用突出的现代社会组织体制的基本框架。2020年，形成政社分开、权责明确、依法自治的现代社会组织体制。深化社会组织登记制度改革，适时推动社会组织地方性法规的制定或修订，完善社会组织直接登记办法，重点培育、优先发展行业协会商会类、科技类、公益慈善类、城乡社区服务类组织。引入竞争机制，允许在条件成熟的领域实行“一业多会”。优化社会组织发展环境，逐步加大政府向社会组织转移职能和购买服务的力度。完善社会组织党建工作体制和社会组织协商民主机制。加强社会组织自身建设。健全社会组织监管体系，按照“统一登记、各司其职、协调配合、分级负责、依法监管”的要求，明确登记管理机关、行业管理部门、业务主管单位以及相关职能部门职责，切实履行各自的监管责任。加强对在浙境外非政府组织的服务管理。探索对离岸社团、网络社团的监管措施。加强社会组织信用体系建设，拓宽社会监督渠道。

——加快社会工作人才队伍建设。以“存量提升、增量达标”为目标，加快扩大社会工作专业人才队伍规模。建立健全社会工作专业人才培养、使用、评价、激励和社会工作服务开展等政策制度体系。大力开发设置社会工作岗位，积极培育发展民办社会工作服务机构。积极推进各领域社会工作服务发展，充分发挥社会工作预防社会问题、恢复社会功能、激发社会活力、提升社会资本的专业优势，探索和实践社会工作服务的本土化。力争到2020年，在全省建立较为完善的社会工作专业人才队伍建设和社会工作服务的运行机制和工作格局，社会工作专业人才总量达到7.2万人。

（五）提升专项社会事务服务，优化公共事务管理

积极顺应人民群众过上美好生活的期盼，逐步健全覆盖城乡、功能齐全的基本社会服务体系，提升为民服务水平。

——优化行政区划格局。以提升城镇化发展质量、促进大中小城市和小城镇协调发展为重点，进一步完善全省城镇行政区划设置，认真研究和科学设置都市区、区域中心城市、县城和中心镇的行政区划。有重点、有秩序地推进撤县（市）设区、撤县设市工作。稳妥开展乡镇行政区划调整，优化乡镇行政区划格局。

——健全地名公共服务体系。健全地名公共服务体系，提高地名管理规范化水平，加强地名文化建设和历史地名保护。深入开展平安边界建设，进一步提高依法管理界线水平，维护促进边界地区社会和谐稳定。

——深化殡葬改革。加快完善覆盖城乡的基本殡葬服务保障体系，继续推进惠民殡葬政策，扩大殡葬基本服务受益范围和惠民服务项目范围，大力推广“绿色殡葬”“生态葬法”。到2020年，全省生态葬法行政村覆盖率达到95%。

——提升流浪乞讨人员救助管理水平。进一步完善临时性救助、家庭保障和其他社会保障制度相衔接的流浪乞讨人员救助管理长效机制，提高救助管理工作规范化水平。

——提升婚姻登记工作专业化水平。全面推行免费婚姻登记，完善婚姻登记规程，不断提高婚姻登记工作标准化水平。完善婚姻登记信息管理系统，开展历史数据补录核对工作，实现相关部门信息共享。完善工作机制引入社会力量推进完善婚姻家庭辅导工作。

浙江省“十三五”社会福利事业发展的前期研究报告

一、导 言

自“十二五”规划实施以来，中国社会福利的发展理念正在发生着根本性的变化。在“十一五”期间，福利发展规划中的基本导向仍然沿着传统的社会救助和福利理念在推进；但在“十二五”期间，随着经济的发展和财政税收的增长，政府对于社会福利项目的支出在不断增多，对残疾人和老年人的相关服务投入也在不断加大。同时，在进入“十二五”时期以后，适度普惠的福利理念和公共服务均等化理念的影响被日益强化。在这些理念的影响下，社会福利的目标群体逐渐由针对特殊困难群体和福利需求群体向普通大众转化，由此导致“十二五”期间的社会福利发展呈现出普遍化和公众化的发展趋势。在即将进入的“十三五”规划时期，我们有必要思考下一步的社会福利发展理念和政策制定的导向，“十三五”期间与“十二五”期间的工作任务有着怎样的不同，从而为“十三五”期间的福利发展规划制定提供一定的理论分析基础。

要展开对于这些问题的理论探索，我们需要考察在“十二五”期间社会福利事业发展所取得的成就，也要讨论目前在社会福利事业发展过程中存在的种种问题，以便与“十二五”期间的社会变化所形成的新条件和新环境相呼应。由于社会福利体系的发展总是与社会其他体系的发展和社会经济环境密切联系在一起，因而在讨论社会福利发展规划时，我们不可能局限于福利体系发展而要综合考察政治经济和社会发展规划的条件，以及这些条件的变化对于福利发展所产生的影响。同时，社会体系的发展总是伴随着社会实践的演进，并在不断发展的群众实践的基础上形成的。因此在讨论社会福利规划时，我们还需要探索社会发展的新方向和新理念，关注群众实践的新变化和新趋势，探索社会创新的路径，并在此基础上倡导新的政策理念和政策导向。

二、“十二五”期间所取得的成就以及社会经济条件的变化

在“十二五”规划期间，浙江省在社会福利建设方面取得了很大成绩，浙江省民政事业发展的各项主要指标执行情况良好（见附表1）。与“十一五”福利规划的执行情况相比，浙江省的福利指标无论在增长幅度和内容上都有所扩展（见附表2）。特别是在养老机构总床位数、城市低保、烈属及牺牲病故军人家属年抚恤金等指标上，情况都有明显的增进。在社会福利制度的发展中，“十二五”期间浙江省提高了社会福利企业残疾职工五大社会保险参保率，发展了专业社会工作者人才队伍，在惠民殡葬制度的覆盖率等指标上也有所改进，在各个项目内容的设置上也有了较大的增长和拓展（见附表3）。

这些进步首先反映在传统的社会福利领域。在“十二五”期间，各项福利事业在传统的福利领域中都取得了十分重要的发展，也进行了社会创新的努力。在此期间，浙江省在全省范围内率先推进老人津贴制度并且不断扩大覆盖面。随着城市和农村低保制度的执行，浙江省也逐渐实现了把确保每个居民的最低收入保障作为基本的和普遍的权利。同时，在社会救助方面，浙江省也率先形成了分层分类救助的福利制度，从而避免了在低保群体和近贫群体之间存在着鸿沟。与社会福利事业发展相关的法规在“十二五”期间也不断出台，特别是在发展民办养老产业、落实税收优惠政策、发展社会工作人才队伍的建设以及促进社会养老服务等方面，都制定了相应的地方性法规、条例、政府的意见和鼓励政策。

这些实践都表明，浙江省在“十二五”期间加大了对社会福利事业的推进力度，并把其工作重点不仅放在如何救济或帮助福利需求群体上，更放在社区工作的体系建设、社会工作者的队伍建设、慈善事业发展的鼓励政策等方面。这些工作所影响的不仅仅包括政府对于民政事业管理和福利组织、福利群体的推进，也涉及法治建设、政策理念的推进以及政府公共财政的支持

力度不断加大等方面。这些发展可以通过以下几个方面突出地表现出来，即养老服务体系的建设、儿童福利和残疾人照顾方面的项目的发展、各类慈善事业的推进以及社区建设方面的扩展。

以养老服务为例，浙江省政府在“十二五”期间在推进机构养老服务方面进行了许多工作，其突出表现在政府公共财政投入的增长和养老机构床位数的增加。在此期间，养老机构床位年增长率都在10%以上，机构养老的标准设置、服务的提供水平以及机构管理方式等方面都有了很大的提升。这些发展强化了对于福利机构的标准评估、质量评估，并改进其信息管理系统，从而针对不同的养老需求群体提供相应的分类服务，并正在探索和建立养老护理补贴制度和服务需求评估体系以确保养老服务的质量。

与此同时，浙江省也通过养老服务业综合改革试点，提升养老服务业发展的整体水平。这些试点涉及托老所的设立、上门送餐服务、老年食堂以及政府购买的家政服务等各种形式的居家养老服务。在“十二五”期间，全省基本实现了城市社区居家养老服务照料中心的全覆盖，并在不少于全省三分之一的农村社区建有居家养老服务照料中心。截至2013年底，浙江全省在继续实施“老年福利服务星光计划”的基础上，建成城乡社区居家养老服务照料中心总数达到4996个，建成城乡老年活动中心（室）3.5万个。尽管迄今为止发展居家养老服务体系方面所存在的问题仍然十分突出，但各地已经开始通过社会管理创新来试图建立起更加有效的居家养老服务体系，作为解决养老服务的基本途径。

在儿童福利和残疾人照顾方面，浙江省在“十二五”规划期间实施了儿童福利机构建设的“蓝天计划”。在推进儿童福利事业的发展方面，政府对于孤残儿童的福利救助展开积极努力，推进对于儿童养育、预防、医疗、康复、心理咨询和特殊教育等综合服务体系的发展。这些项目包括残疾儿童手术康复计划、语言康复计划以及安置残疾儿童的计划、残疾儿童家庭培训计划，也包括为聋哑儿童提供免费的人工耳蜗手术等项目。针对其他福利困难群体，浙江省设立了对于贫困人群和家庭的救助（包括城乡低保项目和五保体系及农村五保和城市“三无”人群的供养体系），医疗救助和住房救助项目。这些项目的实施丰富了社会救助服务的内容。

在社区发展方面，各地政府在“十二五”期间对增进社区的能力建设方面进行了许多工作。这一改进由以下三方面的因素所推动：一是强化养老服务体系的需求，二是推进公共服务体系的发展和社区服务网点的配置，三是实施网格化管理和增进社区管理的有效性。在第一方面，近年来社区所推行的星光计划和在农村建设村镇养老服务中心，都有助于把社区工作的目标落到实处，并且强化了社区组织的管理能力。其次，在“十二五”期间各地政府在社区层面发展了更为全面的公共服务体系（包括社区的文化建设、社区公共设施的建设、社区公共卫生的完善），强化了社区基本设施的配置和社区组织的功能。另外，自2006年以来各地开始推行网格化的管理模式，注重通过社区信息平台的构建来强化社区管理功能。这一信息和网络的电子平台的构建为民众的社区服务提供了便利的条件，也为社区管理创造了巨大的发展空间，从而为推进智慧养老等服务设施提供了基础。

在社会福利和慈善事业的发展方面，浙江省在“十二五”期间不断强化扶持和促进慈善公益组织的运作，拓展了养老残疾人康复、慈善超市等福利机构，慈善捐助总额也在不断提升，并持续保持全国的领先地位。慈善类社会组织发展迅速，并在慈善公益中发挥着重要的作用。这些成果的取得不仅通过开展对口援助、结对帮扶、送温暖等活动以及学校、机构与贫困乡村建立了扶贫的制度性联系，还通过广泛开展的文化扶贫、科技扶贫等活动取得。与此同时，浙江省政府还出台了多项措施鼓励和倡导志愿者在福利机构和社区中提供服务。这些发展和变化都为我们实施“十三五”规划提供了新的基础。这一基础可以从以下六个方面来表述。

第一，以民生为导向的公共福利的项目的设立和公共财政的投入正在不断地增大，为我们在“十三五”期间发展社会福利事业奠定了新的物质基础。从“十二五”之初到2014年，浙江省的人均GDP从59249元 增进到73312元，从而为浙江省社会福利的发展提供了新的条件。

第二，福利覆盖领域不断扩展。“十一五”规划之前社会福利的聚焦群体主要是在福利需求群体（即那些需要社会帮扶的困难群体）。随着老龄化社会的到来和社区公共服务体系的发展，服务的对象群体逐渐由特殊困难群体转向普通群体。在“十二五”期间，这种趋势已经有所体现。例如，在养老服务体系建设中，其政策的关注点不仅仅在于机构养老更在于居家养老服务的提供，而居家养老服务对象便是普遍的老人群体。同样，社区工作的服务领域也由普遍的公共服务扩展为包括社区文化建设、医疗建设、公共卫生设施建设等内容的社区建设领域，从而扩大了福利服务的核心领域。

第三，政策项目类型的多样性。在以往的社会福利体系中，普遍的社会津贴十分缺乏；而近年来，政府的社会津贴项目在逐渐增多，例如各地正在推行的养老津贴制度以及对于特殊群体的补贴和免费项目等。另外，各种社会福利政策的相互融合和支持，福利目标领域也在不断扩展。例如在民政部和浙江省人民政府共同签订的《共同建设民政工作城乡一体化创新示范区合作协议》中，就包括民政保障制度体系、民政管理体制、基层公共服务平台和民政公共服务网络建设等各方面的内容，并且形成以城乡一体化的社会福利体系，创新社会福利工作机制、完善养老服务体系、发展儿童福利事业、推进残疾人社会福利事业、创新慈善事业管理和促进机制为目标的各项工作重点进行全面推进。

第四，服务需求的多样化。随着经济发展和人民生活水平的提高，人们生活方式和需求日益呈现出多样化的趋势。以养老服务为例，老年人群的异质性使这一人群具有低端、中端和高端的不同层次的需求。例如城市退休老人群体中的多数人都具有养老金的保障，因而在收入保障方面的问题不大，并在此基础上形成对于养老服务的高端需求。这些多样化的需求要求我们大力发展民营养老机构或者市场化的服务，促进养老产业的发展。在残疾人照顾方面情况也是如此。许多家庭具有经济实力来支撑对残疾成员的照顾，但当前市场中对于残疾人照顾的服务供给则十分缺乏，出现即便有钱也没有地方购买服务的现象。因此在“十三五”期间，我们不仅要考虑到经济困难群体的照顾，更要考虑怎样通过发展福利市场来提供服务的问题。

第五，职业社会工作者队伍、“医养结合”的服务者队伍、民政工作者和社区工作者队伍的发展。面对多样化的养老需求，许多地方大力发展智慧社区和居家养老服务，强化多样性和专业化的人才培养，包括日间照料人员，上门服务人员，驻社区工作人员的队伍，并在信息化、家政、医学常识、康复知识、饮食安全等方面对这些人员提供一定的培训和训练。因此，虽然我们目前已经形成一些新的福利制度框架，但是如何有效地使用制度框架并通过各类人员的工作把制度优势落实到推进福利服务体系的发展方面，还需要进行许多经验探索和实践推进的工作。

第六，在“十二五”期间，政府在构建福利服务的各种平台方面做了许多工作，包括养老服务信息平台建设、社区服务信息平台以及社区管理信息体系的建设。这些平台的建设使我们在社区照顾方面发展出新的体系和帮助手段。以老年人的居家养老服务为例，一些地区已经在发展智慧社区居家养老服务的过程中设立了“居家养老服务平台”“一键通呼叫器”和“热线88881949”等服务平台，为老年人制定了完备、可查可寻的信息档案；养老服务信息处理中心等项目也提高了老年人智慧社区居家养老服务体系的效能，增进了老年人的满意程度。当然，如何使这些体系和平台能够切实地增进人们的福利状况和改善民生，仍然有很多工作要做。

对于这些发展进行综合性评述，我们可以归纳“十二五”期间社会福利事业发展的一些基本特点。在“十二五”时期，浙江省社会福利事业发展坚持“民生为先”的原则，从实际出发因地制宜，依托经济社会发展来推进社会福利事业的进步，并探索构建多元化的福利服务体系进行实践。在此基础上，我们可以进而展开对于“十三五”期间社会福利发展的指导思想的研究，探索随着社会变化和经济社会发展所导致的新情况和新问题，开掘新的发展方向。这就要求我们去讨论实践中出现的新情况新问题，以便为形成新的理念和政策导向提供社会基础。为此，我们需要讨论目前所面对的新问题和新挑战，解释在政策目标上“十三五”期间与“十二五”期间有哪些不同，揭示社会发展的新趋势，并在此基础上讨论发展的新理念。

三、存在的问题和面临的挑战

在“十三五”期间的福利事业发展中我们将面临着不断增大的社会挑战。在这些挑战中最为突出的首先是老龄化的挑战。中国社会正在快速步入老龄化时代。“六普”数据显示我国60岁以上的老年人已经占到总人口的13.26%。对于浙江省来说这一比例已经达到13.89%（而据2014浙江老年人口公报，这一比例更是高达19.44%）。老龄化现象对于社会生活的影响是多方面的。这就要求我们对于老龄化问题的讨论超越狭隘的关于如何照顾老人群体（特别是低收入和生活困难的老人群体）这一问题，而把养老服务也作为一个公共问题和普遍性问题（或作为普通老人所面临的共同问题）来讨论。

老龄化社会的问题也会影响社会稳定、社会经济文化生活甚至社会发展状况，因而对于老龄群体的社会状况和社会福祉的讨论，不仅要聚焦在收入保障和社会照顾上，也要关注老年人的精神文化生活、社区组织的参与和他们社会能力的充分发挥上。

在城市化进程中出现的对于日益增多的流动人口的福利权利的保障问题，也是一个突出的问题。从“十一五”时期以来中国的城市化进程在不断加快，大量人口从农村涌向城市，城市间的人口流动也在加快。据统计，2012年浙江省流动人口总量达到2400万，连续14年位居全国第二位。其中，省外流入人口为2100万。这些流动人口有的从事体力劳动，有的在城市里进行个体经营活动，也有的在城市里经商并购买房产。尽管这一群体内部差异很大，生活状况很不相同，但他们大多被排斥在城市的福利服务体系之外。因此，如何对于流动群体提供福利服务和公共服务是一个迫切需要研究的问题。在现存的福利体系中，各种城市福利项目所针对的主要是城市中的户籍居民，而对于外来打工者或其他的流动人口群体的融入性的政策设置，则十分缺乏。

此外，福利服务的标准制定是社会服务发展现阶段出现的新问题，需要进行专项研究和探索。当我们把社会福利服务由自愿者的提供、当地社区或社会组织的提供逐渐转向公共服务时，我们就要强化制度化的建设并设立各种服务体系的标准。为此，浙江省专门出台了社会管理和公共服务标准化五年行动纲要（2013—2017年），对人力资源与社会保障服务、公共卫生及健康服务、社会公共及社会养老服务等18个方面进行了规范。尽管如此，目前在社会服务的标准化建设方面还十分落后，许多规范和标准只停留在原则性的规定层面，而缺乏可操作性的条例或者规程。

例如在社会福利服务的提供上，“十二五”期间，随着社会工作职业化的发展推进，一些关于养老机构的运作规范和服务标准体系不断出台，从而大大提高了福利机构的制度化水平。与社会工作相应的规范和标准的形成，也有助于提升福利服务质量。但总体来说，除了养老服务和职业社会工作标准之外，其他领域的标准制定都还十分缺乏，特别是在心理诊疗服务、儿童福利服务、志愿者服务、社区工作评估这些领域，都有待于形成一系列标准来提升其工作水平。

再者，大力推进福利市场的发展和福利服务的产业化，也是我们面临的亟待解决的任务。在“十二五”期间，无论是学界还是政府福利部门都大力倡导推进福利多元化的理念，希望通过各种鼓励措施来推进公共服务和民间服务以及志愿服务的发展。然而迄今为止，民间福利体系的发展程度仍然十分有限，福利产业或者福利市场的发展规模都还较小。原因是，存在着一系列的理论和实践问题尚未解决。从理论上说，人们强调福利服务具有公共性和非营利性，但目前对于非公共福利机构和福利组织参与福利市场的各种鼓励政策或优惠政策仍然十分缺乏。在“十三五”期间，我们要充分考虑这些鼓励性政策的发展，把创造福利多元化这种理念真正落实到政策实践中去。

同时，还应看到，新技术的出现和应用给社会福利事业的发展既提供了新条件，也带来了新的压力。在以往福利体系的发展中，人们强调福利需求的因素，社区管理的因素以及社会行政的因素，而对于技术因素常常是忽略的。要提升福利服务的质量并创造增进福利服务的新手段、新途径，我们就要关注如何采取新技术、新手段来增进我们的福利质量。在当代社会中，各种新技术、新手段大大增进了人们的生活质量，也是提升社会福利事业的有效手段。以养老服务为例，许多社区采取互联网、移动终端、现代通讯网、智能呼叫、智能传感等科技手段实现了老人数据信息化动态管理、多终端服务响应、全自动预警、远程视频监控、动态电子地图标识、多平台无缝接入、追踪定位和实时线路优化求助等服务功能。社区照顾服务也与当地的社区网络信息体系相关联。在网格化社区管理中，我们也看到，技术因素已经成为一种新的社会管理的手段在发生作用。因而在“十三五”期间，我们要充分考虑到技术因素的作用并重视它们所起到的作用。

另外，我们也要意识到，社会福利事业的发展不仅仅是公共管理部门的事务，更是全社会的社会事务。我们需要大力发展集体福利，充分动员志愿者的力量，发展民间福利。在以往福利事业的发展过程中，来自于民间的各种社会力量包括单位、社区、社会群体都起到了十分重要的作用，而政府机构和公共开支所起的作用相对来说比较小。这是由当时十分有限的政府财力与十分广泛的福利需求之间的矛盾所决定的。但随着经济的发展和经济基础的改变，先前的福利状况发生了很大的改变。在“十二五”期间，我们可以看到，推进福利事业的发展的主要驱动力来自于政府和公共财政；而来自于民间的驱动力在不断减弱。这种状况一方面表明政府在强化其对民众所承担的社会福利责任方面有了较大改善，公共财政不断增长，但在另一方面，这也折射出社会组织特别是集体福利体系的基础在不断衰弱的事实。特别是近年来，企业福利、单位福利在不断地削弱，而作为集体福利的经济基础，在许多地方都瓦解了，这就为我们探讨社会福利的经济基础问题，构建了新的背景。

就志愿者服务服务而言，在"十二五"期间，随着各种标准的设立和福利机构的制度化建设水平的不断提高，社会对于志愿者服务重要性的倡导在不断下降。以往人们常说中国的福利体系中存在着许许多多的志愿者提供着非正式服务，包括亲戚、朋友、邻居以及个人网络的依靠；但事实上，志愿者在目前的福利体系中所起到的社会作用十分有限。目前，在社区工作中，人们倡导要增进社区工作人员、社会机构派驻社区工作人员、社区内志愿者、义工和高校实习生之间的互动，社区内志愿者由生活在社区里的居民组成，受民意协会和居委会的安排提供具体的服务和帮助。义工也要定期到社区内为老年人提供帮助，开展志愿活动。即使在老年人群体内部，也要形成"银龄互助"志愿服务活动，鼓励低龄健康老人帮扶空巢、高龄、病残、失能老人。因此，在"十三五"期间，我们要充分考虑如何发展和倡导志愿者群体发挥积极作用，并且设置相应的扶持政策来推进非正式的志愿服务。

四、社会福利与社会创新

为了应对这些挑战和解决所存在的问题，我们必须要探索新途径、新方法，并根据实际情况来确立"十二五"期间发展的新导向。这些导向的形成要基于各个地方实践经验的探索，并通过理论分析来发现其所具有的必然性和推广的可行性。在此，社会创新和对于创新个案的研究就成为我们提出新的发展理念的依据。基于这一认识，我们要探寻和重视能够反映社会发展趋势和福利发展的个案研究，并进行理论提升来提出我们的政策倡导。从目前全国各地的经验探索和理论讨论中，我们看到以下一些实践领域的议题能够引导我们对于发展理念的思考。

第一，养老服务方面的正式照顾和非正式照顾。随着养老服务的目标群体由专门的福利困难群体走向一般老人群体，发展居家养老服务就成为一个基本的导向。根据公众意见调查，95%以上的人愿意采取居家养老方式来养老。要把这一居家养老的模式落实到服务提供和政策制定中，就要深入探讨如何来提供和组织居家养老服务。为此，我们就要讨论正式照顾和非正式照顾这对矛盾。正式照顾是由社会组织或机构组织起来的养老投递服务，因而正式照顾既可以包括机构养老服务也可以包括上门投递服务。在我们目前的养老服务体系中，各种上门投递服务的项目很少，家政服务的市场也很小，存在着普遍的福利服务缺乏的问题。但如果没有这些服务的提供，居家养老模式就无法支撑和运作，因为这些服务如果仅仅依靠政府独立机构和公共财政的支持是无法支撑的。为此，如何发展福利市场和养老产业就成为了一个核心问题。

在另一方面，发展非正式照顾（即家庭、子女、亲戚朋友或志愿者通过非正式的方式来提供服务）则在很大程度上取决于服务提供者的意愿。如前所述，目前我们在发展志愿者服务方面存在着很大的问题，因而那种寄希望于家庭成员和邻里照顾等方式的非正式服务是不现实的。志愿者服务如果没有政策鼓励是难以发展起来的。在“十三五”期间，我们要大力发展、鼓励、支持非正式照顾的政策和项目，而不是仅仅停留在基于个人意愿的志愿服务方面。对此，我们不能把发展非正式照顾的目标寄托在人们良好的意愿上，或者通过对孝道的倡导来推进非正式照顾。要想发展居家养老并取得实效，就必须具有相应的组织者和政策鼓励。

此外，在中国快速进入老龄化社会的背景中，我们要充分考虑到人口结构的变化经老龄化进程所带来的两方面影响。一是养老服务需求增大：随着老人群体的不断扩展，服务和照顾的需求就大幅度地增加；二是劳动力短缺的现象越来越严重：年轻人要满足劳动力市场的需求和商业服务部门（第三产业）的劳动力需求，因而没有多少剩余的青年人可以用在老年照顾上。这就意味着那种倡导青年人去照顾老年人并通过孝道来要求照顾祖辈的想法几乎是不现实的。在此背景中展开讨论，如何使低龄老人（60多岁的老年人）也来承担一些养老照顾的责任将是一个讨论的重要问题。

事实上，老年退休群体的年龄跨度可以从60岁（女性退休年龄为55岁）到八九十岁，跨度可以长达25到30年。这与劳动者群体（从24—28岁完成学业到55—60岁退休）也不过30多年。因此退休群体是一个不可忽视的人力资源群体，我们决不能忽略老人群体在解决养老问题中所具有的潜力。作为政策倡导，我们可以考虑两个途径。一是通过“时间银行”来组织老龄群体的互相照顾。在中国，倡导“时间银行”已经有很长时间了，但迄今为止成功运作的“时间银行”项目还很少。其核心的问题在于人们对“时间银行”的可持续性和公信力存在着怀疑。因此，我们要通过相应的组织建设和机制建设的手段来提高时间银行的公信力（最好是通过与政府相关部门及附带组织来运作这一体系，以确保这一项目的可持续性和公信力）。二是结伴养老。目前在一些地方已经开始进行结伴养老的一些探索。这种方式可以增进老人间的相互照顾，但其存在的问题是制度化水平太低、偶然性太大，尚未形成一个有效的组织建设和机制建设来提高机制的持续性。在“十三五”期间我们可以具体地考虑怎么使结伴养老的方式形成制度并施行。

三是对于流动人口的社会管理。为应对城市化的挑战和保障流动人口的社会福利权利，我们在“十三五”期间要扩展公共服务，使流动人口能够进入到城市公共福利体系中并享受相应权利。目前各地有关流动人口的公共服务方面做的工作，主要是在流动人口的子女入学教育权利和住房管理两方面。儿童的教育权利是社会福利的一个基本内容。中央政府对于如何确保农民工子女的上学权利已经颁布了一定的指导意见，但各地的执行程度各不相同。在“十三五”期间，我们要力图确保流动人口子女的入学入托权利以及校外照顾网点的建设。目前在有的地方已经开始提供校后照顾服务，而这类服务机构也可以成为福利市场的一部分内容。

在另一方面，我们也要尽可能做到对于流动人口（特别是农民工）的住房保障。要争取保障农民工申请公租房的准入性，以便为缓解流动人口的居住困难提供帮助。除此以外，我们要在更多的领域中发展公共服务以便为流动人群提供更多的社会服务。这些领域包括公共卫生领域（特别是社区医疗体系要对农民工开放）、社区文化生活领域（包括图书馆系统、社区活动中心以及农民工的社会组织也要对农民工进行开放）鼓励农民工参与，使他们尽快地融入到城市生活体系中去。

四是发展非营利组织和社会企业以推进福利服务的产业化。从“十一五”规划以来，推进各种非营利组织和社会企业的发展就已经成为中国社会福利发展的导向之一。这一导向使我们强化了福利产业和养老服务市场。目前，这方面所存在的主要问题在于一系列的行政规定过于死板，并且有的规定在5到10年中都没有进行过更新，落后于实际情况的发展。同时，也存在着把社会企业看成“不允许盈利”的假设，从而制约了社会企业的发展。就福利服务的产业化问题，近年来阻碍福利机构福利组织发展的客观原因主要有两方面：一是随着工资水平的提高，福利组织或机构的人力资本大幅度提高；而官方规定的服务和工资标准却没有得到相应的提高。这种状况令许多社会企业无法盈利甚至亏本运营，从而打击了他们发展的动力。二是许多规定不尽合理。例如慈善基金会的注册资金在其后的年检中不能减少，这就使许多机构难以使用它所拥有的注册资金。为此，在下一步的福利发展中我们要尽量地给社会企业松绑，给他们更大的社会空间。

五是社会工作的发展。伴随着专业化人才需求量的急剧增加和我国社会福利方面的投入逐渐加大，职业社会工作者的队伍近年来不断发展和壮大。进入“十二五”阶段以来社会工作职业的发展需求仍然很大，特别是中央政府制定的《社会工作专业人才队伍建设中长期规划》（2011—2020）对于推进社会工作人才队伍建设具有十分积极的作用。当然，在当前社会工作的发展进程中仍然面临着诸多限制。首先是民政工作者、社区工作者和职业社会工作者的关系问题需要进一步得到解决。其次是目前社会工作的人才队伍还存在素质不高、专业能力较低的问题。最后是社会工作者的收入较低，职业成长的空间较小，流动性较大。这些情况需要在进一步加强社工的教育和培训的同时，构建社会工作者发展的长效机制。

六是智慧养老和智慧城市的发展。如上所述，在社会福利事业的发展中我们要注重技术的应用。自“十二五”以来，人们对智慧养老的讨论日益增多，特别是在养老方面的应用中出现了智慧养老问题的讨论。在浙江省，智慧手机、电话平台、网络平台等手段的广泛采用，对于发展社区养老服务、残疾人照顾、幼儿服务等方面都具有积极的意义。在“十三五”期间，这一方面的工作应该被进一步推进，使其成为新的亮点，从而能够提升服务的质量，并在强化需求群体医疗机构的互动等方面发挥积极作用。

总之，我们需要采取新的手段和技术条件来探索新的发展思路，创造新的政策路径。这些发展使我们可以拓展福利服务领域，增大服务体系的覆盖面，并形成多层次多样化的服务供给体系，满足福利群体的需求。为此，我们既要延续以往社会服务的传统领域，强化对于传统议题的探讨，更要探索新的领域和议题。在“十二五”期间，我们已经构建了一个社会服务体系的新框架，而目前我们所面临的基本问题是如何由名到实，把福利行政工作真正落实到以民生为导向的发展上。因此，在“十三五”期间，我们不仅要强化这一新的福利体系的基本框架，更要寻找新的成长点。这些新的成长点是由我们所面临的环境和基础的变化所形成的。在以下部分，我们将讨论这些政策理念，因为政策理念是最为基本的，而具体的政策倡导则是基于这些理念的变化或发展而形成的。

五、从“十二五”走向“十三五”期间的政策理念的发展

从理论的高度来反映上述的变化，我们可以在进行政策倡导和环境变化的分析之后，来研究社会福利体系的目标任务和导向的发展。这些发展可以通过以下七个方面反映出来。

1. 从社会福利走向社会福祉的政策目标

社会福利和社会福祉这两个概念是相互连带又有所区别的。在人们日常的语境中，社会福利主要是指与福利相关的各种事务，包括济贫、社会救助、慈善、养老、儿童福利、残疾人福利和社区工作等各项事宜。这些事务大多是由民政部门运作并通过社会管理的方式和社会政策来提出。社会福祉指在一个社会中人们生活的良好状态。它既包括针对福利需求群体的救助和照顾服务，也包括与人们生活状态相关的状况。这些状况可以通过人们收入的高低、社会保障的状况、相对贫困和社会排斥的状况以及人们对于生活的感受、幸福感与归属感和社会环境因素对于人们生活的正面的或负面的影响体现出来。因此社会福祉是一个比社会福利内容更为广泛的概念。

根据以上对于“十二五”期间社会经济和社会环境变化的描述，我们看到社会福利的目标应由针对特殊的社会福利群体向普通公众扩展，而其内容也由对于福利需求的基本条件的满足向更为广泛的生活方式和社会经济文化的综合发展。因此在今天，对于社会福利问题的讨论常常把客观的生活条件与人们的主观感觉和感受联系起来讨论，把对生活的基本保障与幸福感和生

活方式的变化联系起来，而社会福利发展的目标也由对人们提供基本的收入和保障走向更高的增进人们的幸福感和向人们生活的各个方面提供公共服务的目标演化。这种理念的发展要求我们以民生为导向，从政策层面上设立更高的政策目标，从而改进人们的福祉状况。

2. 从制度建构走向社会创新

“十二五”期间，人们在构建新型的社会福利方面进行了许多工作。这一体系的设置力图建设一个广覆盖、多层面的社会福利体系，并以公共财政的支持和政府的社会福利项目的设立为主要特征。这一体系的设立在很大程度上是沿着自上而下的顶层设计并通过项目设立来推动的。在“十三五”期间，我们要完善这一新型的体系并使其有效地运作。这就意味着，基于顶层设计来建立的新的福利体系和制度的工作已经基本成型，而在“十三五”期间要探索新的领域和新的导向。由此，我们要强调社会创新的理念，注重各地在推进福利体系发展中的创新实践，并沿着自下而上的途径来寻找新的发展点。以往，有关社会创新理论的探讨主要发生在经济和管理学领域，而在社会福利领域中人们对于社会创新、个案经验的探索仍然十分有限。

为了充分地发展民众的创造性、主动性和实践性，我们需要总结各地在推进各个福利领域发展中的创新案例，探求其普遍性和合理性，并形成经验在全国推广。特别是对于地方政府来说，通过社会创新的实践来总结地方经验和地方模式并在国家政策的层面上发生影响，是许多地方政府所追求的目标。这有利于提升地方政府行政管理工作的有效性和创新性，并且促使传统的民政工作和福利战略向新的领域扩展，同时也使发展公共服务成为增进民众福祉的新途径。因此，在“十三五”期间，我们要大力推进各地的社会创新活动，打破对于福利传统领域的局限性，从而丰富在民众生活的各个方面所提供的服务内容，并通过各种鼓励性政策来探索社会福利发展的新路径。

3. 从健康老龄化走向成功老龄化

关于老龄化社会的讨论，以往的研究主要聚焦在如何发展对老龄需求群体的收入保障和照顾服务方面。这种以社会保护为主旨的老龄化政策在今天看来已经是不够了，因为老龄化的服务不仅仅包括基本的生活条件的保障，还包括关注老年群体的生活质量和心理健康状况。因此，近年来关于健康老龄化的讨论就把养老服务议题推进到医疗照顾和心理健康领域，从而把客观的物质条件与主观的心理状态和幸福观联系起来。但是，我们也要强调老年群体不仅仅是社会照顾的对象，因为老年群体不应仅仅被理解为是社会照顾的包袱，也是社会发展的积极力量。在此背景中，积极的老龄化理念（或活化理论）倡导养老是一个积极的社会进程，要求老年人能够积极参与到劳动力市场、科学教育文化活动中去。这对于提升老年生活的质量有所帮助，也促使他们对社会作出贡献。

“成功老龄化”的理念则在这一基础上进一步推进。这一理念在国际上十分流行，但是迄今为止在国内有关成功老龄化的讨论仍然十分缺乏。须知，倡导“成功老龄化”的理念可以为我们思考中国老龄化发展战略提供有效的帮助。这一理念倡导我们把老龄阶段看成是人生历程的一个重要阶段，要求老年人在退休之后仍然能够有事业的追求。它把老年阶段作为一个追求成功的阶段，而不是只作为一个生命衰退或者是走向衰老被人照顾的被动阶段。这种理念有助于我们推进老年人之间的相互照顾、结伴照顾，并推动他们积极地投入到各项社会活动中去。我们不能把60岁的退休年龄作为人生奋斗的一个句号并在以后的日子里无所事事（例如大妈跳广场舞等），而要让他们有所追求，成为推动社会发展的宝贵资源而不是负担。

4. 从“社会福利社会办”走向福利产业

“社会福利社会办”的理念在1986年之后曾经十分流行。其基本的背景是随着经济改革进程的推进，让社会福利的责任要由企业转向社区并导致企业福利向社区福利的转化。自20世纪90年代以来，以乡镇企业为代表的农村集体经济以及以城市社区经营的福利企业为代表的城市集体经济，大大削弱或逐渐消失了。在1994年之后市场经济体系大力发展并形成社会主义市场经济体系后，支持社会福利项目的社会资源日渐匮乏，社区经济和乡镇企业经济也都逐渐转型为私有经济或混合经济而不再具有集体经济的性质。这种状况对于实行“社会福利社会办”的理念构成了很大的障碍。在今天，各种社区活动和村社管理的资金支持主要来自于地方公共财政，但这种公共财政的支持力度仍然是有限的。在这种新的条件下，我们要充分利用市场机制来发展社会福利，推进福利服务的产业化进程，并在“十三五”期间大力推进福利产业的发展。

以养老服务为例，如何提升养老服务产业、培育养老市场，发展居家养老的市场化服务，都与福利产业的理念相关。倡导这一理念可以促使我们设立新的政策发展导向，使它超越旧的理念。养老问题需要整合整个社会的资源来解决。单纯依靠国家力量（譬如20世纪70年代西欧福利国家的模式）会造成沉重的财政负担，使整个国家不堪重负，无法保障养老保障体系运作的可持续性。事实上，如果老年群体单纯依靠社区照顾，那么传统的社区照顾根本无法承担起已有的养老压力；如果单纯依靠家庭，那么养老的负担会严重影响普通家庭的生活，造成较大的家庭压力。因此，我们要建立以护理型为重点、助养型为辅助、居养型为补充的多层次养老服务体系来应对老龄化的挑战。

5. 社会福利服务与社会管理手段的有效运用

社会福利服务、社会政策和社会管理这三者的关系是十分复杂的。我们需要通过社会服务的发展来满足服务需求，也要通过社会管理的方式来管理福利体系的运作。在“十一五”和“十二五”期间，我们大力推进社会工作者专业化和职业化的发展进程，促使社会福利事务的发展超越了传统意义上的民政管理的范畴。在此，社会工作者职业化和专业化的发展对于推进福利服务标准、服务组织和提升服务质量并把福利服务与生活方式和人们的主观感受相结合，起到了十分积极的作用。但在这一过程中也出现了专业社会工作者和非专业社会工作者所起作用的争论。这一争论反映了职业社会工作者所具有的针对个体对象提供的职业化服务与非专业工作者所进行的社会管理功能之间的矛盾。

与此同时，我们也看到许多社会管理和社会福利的事务是可以相互支持的。社会管理事务主要聚焦在人力、物力、财力的资源调配、项目设立和管理资金以及事务的运作上，而职业社工则聚焦于为福利对象群体提供社会服务。在“十一五”和“十二五”期间，我们大力推进社会工作职业化建设，而这一成就的取得有赖于民政部门的社会管理工作：社会管理工作所形成的项目设立和资金支持为社会工作职业化发展创造了条件形成了基础；而许多社会工作者也在社区进行了社区工作和社会管理方面的工作，从而有助于社会管理进程的发展。在“十三五”期间，我们在两方面都要进行推进，即促使社会工作者承担直接的服务投递工作并与社会管理者所运行的组织运作、基金运作、体系协调等方面的工作相配合。只有明确了这些区别和互补，我们才能够摆脱职业社工和非职业社工这些议题上所形成的困境。

6. 从基本的收入保障和福利服务走向生活质量和社会服务

在传统上，社会福利概念的界定是指帮助福利需求群体。随着向普遍人群的拓展（特别是由社会福利的理念推向社会福祉的理念），我们要强化关于生活质量和社会质量的研究。事实上，民政工作体系所涵盖的领域涉及与生活质量和社会质量相关的方方面面的工作。它不仅包括救济、福利服务的事务，也包括社区工作、社会组织等方面的工作。因此，在社会福利发展事业中，我们要把福利议题与其他的社会管理议题相结合，把增进生活质量和社会质量作为其工作的总体目标。这就要求我们把工作的重点由福利服务向社会服务甚至公共服务推进，把具体的福利服务工作与社会发展的总体目标联系起来，把针对福利需求群体的对象（个人）与社区发展和社会发展联系起来。这一推进既能够回应“十二五”期间所倡导的适度普惠和公共服务均等化的原则，同时也把这一导向的发展进一步推进到构建普遍的社会服务体系。它使这一体系既能在物质条件方面获得不断提升，也能注重人们幸福感等主观感受，从而增进社会福祉，形成“十三五”期间社会福利事业发展的总体目标或目标体系。

7. 从政策到技术

在国际有关社会福利问题的讨论中，新技术的采用已经成为社会服务和社会政策讨论的新的议题和领域。在“十二五”期间我们要针对这些议题展开充分的讨论，并形成相应的政策措施来推进其发展。在总体目标设立之后，我们需要进而谈论政策执行的细节和手段问题。这些手段可以包括组织手段、政策手段、资金支持手段以及技术手段。在新型的福利体系框架已经成型的基础上，要注重对于技术和组织方式的采用，从而充实这一新机制的运作手段。譬如在养老问题上，我们可以利用信息技术来整合公共力量，通过智慧社区的平台，将整个社会的养老问题智能化、科学化、流程化。正如我们在杭州所看到的，智慧城市建设的发展与智慧养老服务设施设备的应用推广两相呼应，实施居家服务无忧在线平台建设，构建信息共享、资源整合、协调有序、服务高效的综合“大服务”体系，从而能够在更大程度上满足社区居民多元化的服务需求。

六、总　结

通过对以上问题的讨论，我们认为“十三五”期间社会福利事业的发展需要形成新的政策导向。这些政策理念是在“十二五”期间的社会福利事业发展的基础上提出的，并且通过社会创新的实践来扩展。它在许多关键点上可以形成新的成长点，从而为形成新体制的运作提供丰富的内容。这一新的体制要与社会主义市场经济制度的基础和以公共财政作为驱动力的现实相匹配，并纳入到福利体系的规划中去。这也要求我们将现实条件与历史经验相贯通，并结合本地实际与背景摸索出“十三五”福利规划的政策实践与行动导向。

同时，这些研究也表明我们需要通过创新的驱动力来发展社会福利事业。这一要求需要我们寻找体系运作的新的组织者、新的驱动力来满足福利事务的发展需求，并支持福利服务的机制建设。这些进步也使中国社会福利发展与国际发展的总体趋势相呼应。在此我们需要借鉴国际经验，探索新的发展理念来应对中国所面临的现实问题。对于浙江省来说，沿着这些新的途径来展开其工作有助于进行地方创新，并借助地方实践探讨新的路径取向。由此，我们希望在“十三五”规划的执行期间，浙江省能够像“十二五”时期一样，继续在发展社会福利事业中形成新的探索并走在全国前列。

当然，基于这些政策理念和政策导向，我们可以提出一系列的政策倡导以及具体的政策发展项目，在进行理念倡导的基础上也提出了一些政策建议。例如在养老服务领域，推动政府从管制型政府向服务型政府转变；加强社会组织的孵化和能力建设，并构建机构—社区—居家三种养老方式的转介和衔接；推进社会管理创新。在对于青少年群体和老年群体的福利服务政策措施上，强化社会工作服务，由补救性转向预防性、发展性的目标，帮助他们健康成长，研究诸如网瘾、网购、AA制、试婚同居、自杀倾向等现象，强化职业社会工作服务和诊疗咨询服务。在推进智慧城市与养老服务问题上，实施以科技化养老为依托的模式，建设使老年人能够享受实时化、多样化、个性化的全方位居家照护服务的智慧养老制度体系，同时鼓励民间资本的介入，以丰富活动项目的资金。强化专业队伍的建设，通过物联网技术发挥社会服务资源的最大效益。

然而，本研究作为“十三五”规划的前期研究，其研究目的在于讨论“十二五”和“十三五”时期社会发展的环境变化和相应的理念，为政策研究设立宏观的背景，并为制定具体的政策提供立脚点。据此，我们讨论的关注点不在于政策建议的提供而在于分析福利体系发展的演进和内在逻辑。这些理论研究可以开阔我们思考社会福利发展的思路，并在诸多的政策重点中寻找关键因素。因此，本研究有关政策理念的讨论能够对于政策分析提供理论基础，并有助于我们把理论分析和政策倡导落实到具体的政策措施的分析过程中去。

附 表

附表1　“十二五”时期浙江省民政事业发展主要指标完成情况

主 要 指 标		2010 年	2015 年目标值	年均增长(%)
养老机构床位数（张）	总床位数（万张）	18.9	30	10
	每百名老人平均拥有床位数（张）	2.4	3	4.6
福利彩票年销售量（亿元）		73.39	118	10
福利企业残疾职工五大社会保险参保率（%）		—	100	—
平均低保标准（元/月·人）	城市低保	376.7	600	10
	农村低保	245.2	450	13
医疗救助平均救助比例（%）		45	60	5.9
烈属及牺牲病故军人家属年抚恤金（元/人）		13100	21000	10
城乡退役士兵自谋职业率（%）		96.5	96.5	—
社会组织数（个）		98937	38700	6
村级社区服务中心覆盖率（%）		79.33	100	4.7
专业社会工作人才（万人）		—	10	—
惠民殡葬制度覆盖率（%）		—	100	—
移民人均纯收入与农民人均纯收入之比（%）		76	85	2.3

附表2 “十一五”时期浙江省民政事业发展主要指标完成情况

类别	主要指标		2005年	2010年	年均增速
社会福利体系	养老机构床位数	总床位数（万张）	11.64	18.9	10.2
社会福利体系	养老机构床位数	每百名老人平均拥有床位数（张）	1.78	2.4	6.4
社会福利体系	福利彩票年销售量（亿元）		16.04	73.39	35.5
社会福利体系	福利企业安置残疾职工（万人）		9.81	9.94	0.2
社会救助体系	平均低保标准（元/月·人）	城市低保	222.6	376.7	11.1
社会救助体系	平均低保标准（元/月·人）	农村低保	131.6	245.2	13.3
社会救助体系	医疗救助人均筹资额（元）		5.44	9.96	12.9
社会救助体系	五保对象集中供养率（%）		90.9	96.9	1.3
社会救助体系	“三无”对象集中供养率（%）		97.3	99.4	0.4
社会组织管理体系	社会组织（人）		21833	28937	5.8
社会组织管理体系	社会工作服务用房达标率		40.5	95	18.6
双拥优抚安置体系	列属及牺牲病故军人家属年抚恤金（元/人）		5425	13100	19.3
双拥优抚安置体系	城镇退役士兵自谋职业率（%）		96.5	96.5	—
公共事务管理体系	遗体火化率（%）		96.5	96.5	0.1
公共事务管理体系	乡镇个数（个）		1227	1171	—
公共事务管理体系	街道个数（个）		298	341	—

附表3 浙江省“十二五”时期民政建设项目库分类表

项目名称	项目个数（个）	建设规模（万平方米）	总投资（亿元）
养老服务体系建设项目	429	546.59	142.80
社区服务体系设项目	206	106.38	13.23
综合防灾减灾建设项目	44	11.21	3.21
精神卫生服务建设项目	5	8.20	2.63
儿童福利服务建设项目	14	23.76	5.58
社会救助服务建设项目	27	9.71	3.55

续表

项目名称	项目个数（个）	建设规模（万平方米）	总投资（亿元）
优抚安置服务建设项目	29	51.74	8.23
假肢康复服务建设项目	3	2.06	0.21
婚姻服务建设项目	5	0.28	0.16
殡葬服务建设项目	68	539.31	34.09
合计	830	1299.24	213.69

（课题负责人：浙江大学社会保障与风险管理系主任、教授林卡；课题组成员：张敏杰、方巍、董红亚、张旭开、李振华、朱浩等；执笔人林卡）

浙江省“十三五”社会养老服务发展研究

一、浙江省社会养老服务发展基础

“十二五”期间，浙江省委、省政府将发展养老服务业作为一项重大民生工程来抓，积极应对人口老龄化，主动回应社会需求，探索创新，相继出台了一系列在全国具有引领性、突破性和开创性的政策措施，强化土地、资金、价格、人才等要素保障，突出困难群体优先保障，初步建立了分层分类保障机制。各级政府将养老服务纳入综合目标考核和为民办实事内容，相关部门各司其职、密切配合，社会各界积极参与；基本建立起了覆盖全省的社会养老服务体系，提前完成“十二五”社会养老服务规划设定的“9732”发展目标。

1. 制度设计不断完善

为落实省“十二五”社会养老服务体系建设规划，2011年底，浙江省政府出台了《关于深化完善社会养老服务体系建设的意见》（浙政发〔2011〕101号），提出全面构建以居家为基础、社区为依托、机构为支撑的社会养老服务体系，确立了“9732”的养老服务总体格局[①]。为贯彻落实十八大、十八届三中全会关于积极应对人口老龄化，加快建立社会养老服务体系和发展老年服务业的精神要求，2014年出台了《关于加快发展养老服务业的实施意见》（浙政发〔2014〕13号）和《关于发展民办养老产业的若干意见》（浙政发〔2014〕16号）2个重量级指导性文件，确立了到2020年要实现“9643”的养老服务总体规划，坚持确保托底型养老、扩大普惠型养老、支持社会化养老三条工作主线，明确加强居家养老服务、农村养老服务，促进医养融

① 即到2015年，全省有97%的老年人享受居家养老服务，3%的老年人享受机构养老服务，不少于2%的老年人享受养老服务补贴。

合，建立养老服务标准化信息化等重点工作；对如何引导社会力量、社会资本进入养老服务领域，作了明确规定和政策突破。除以上三个总体指导性实施意见外，“十二五”期间，从资金保障和使用、设施规划、服务补贴、养医融合发展、价格管理、队伍建设等方面出台了近16个配套文件，不断健全完善养老服务保障措施。与此同时，浙江省委将社会养老服务的主要指标列为对各地党政领导干部的绩效考核内容；省政府将养老服务工作纳入政府年度工作目标考核，不断增加社会养老服务财政投入，明确省政府投入社会养老服务体系建设专项资金每年不少于3亿元，2014年起又提高到了5亿元。

2. 养老服务设施实现基本覆盖

继续推进养老服务设施建设。养老机构建设量质并升，截至2014年底，全省有各类养老机构2236家[①]，其中民办养老机构1078家；有各类社会养老床位42万余张，其中，养老机构床位31.69万张，每千名老人拥有机构床位33张。在推进机构建设的同时，“十二五”期间重点推进以社区居家养老服务照料中心为抓手的社区综合养老服务设施建设，到2014年底，累计建成城乡社区居家养老服务照料中心13273个，居家养老服务站16446家，居家养老服务设施基本覆盖城市社区和75%以上的农村社区。实现了设施服务功能升级，强化了生活照料、日托、健康保健等服务，尤其是居家老人助餐服务扎实推进，涌现出了诸如政府主导的“金东模式”、民间为主的“温州模式”和社会运营的“杭州模式”等，多途径探索运营机制创新。

3. 基本对象服务实现有效保障

自2003年开展城乡基本对象集中供养工作以来，全省逐步建立起了以集中供养为主、分散供养为辅的供养体制，明确五保供养标准按不低于所在县（市、区）上年度农民人均纯收入60%的长效和动态调整机制，确保城镇“三无”和农村五保老年人的基本生活。2014年底，浙江省“三无”和五保集中供养率分别达到98%、96 %。2012年起，在试点和摸底评估的基础上，在全国率先建立了省级统筹的养老服务补贴制度，为低保等经济困难的失能老年人提供养老服务补贴，出台了《浙江省养老服务需求评估工作设施意见（试行）》（浙民福〔2012〕72号）和《浙江省养老服务补贴制度实施意

① 没有特别说明的数据均来自浙江省民政厅2014年度统计数据。

见》（浙民福〔2012〕81号），当年发放补贴1.33亿元[①]，其中一类补贴对象达到1.37万。2013年底，完成全省90个县（市、区）建制工作，养老服务补贴制度在全省全面实施。从2011年至2014年9月，浙江省累计实施养老服务需求评估老年人500多万人次，3年来享受服务补贴人数42.59万人，共计发放补贴资金5.1亿元[②]。到2014年底，有21.69万老人享受养老服务补贴，占到老年人总数的2.30%。高龄津贴深化实施。

4. 社会力量参与区域特色呈现

不断加大社会力量参与养老服务建设的政策扶持力度和政策创新，先后出台了《浙江省人民政府关于发展民办养老产业的若干意见》（浙政发〔2014〕16号）、《浙江省养老服务收费管理暂行办法》（浙价费〔2014〕235号）等，从养老服务用地供房、投资收益、产权管理、价格管理、税费优惠、资金补助、人才队伍等多方面实现了政策创新；充分发挥浙江省市场机制发育成熟、民营经济活跃等优势，吸引社会力量进入，使之成为养老服务业发展的重要力量。“十二五”以来，浙江省投入养老服务设施建设的民间资金约计40.6亿元，占全部资金的48.7%。全省共有民办养老机构1078家，拥有床位14.8万张，民办养老机构床位占总床位数的46.71%，从数量和质量上，已接近公办机构。其中，民营经济发达的温州、台州等地民办养老机构床位占比达当地养老床位总数的70%。在全国率先探索养老机构的公办民营，目前浙江省有93家养老机构实现了公办民营。杭州、宁波、嘉兴等地还积极探索社会力量运营居家养老服务设施，提升居家养老服务设施的利用率和服务专业性。其中宁波市将居家养老服务机构直接进行社会组织登记，实行开办资金认缴制，鼓励、引导居家服务机构实体化发展。各地发挥农村老年协会作用，开展“银龄互助”活动，与独居、空巢、失能老人结对子上门服务。此外，还出现了绿城乌镇雅园、万科随园嘉树、平安桐乡养老服务综合社区等多个养老社区、养老养生（健康）基地等项目，丰富养老服务设施内容，满足老年人多样化服务需求。

---

① 文中数据均来自浙江省民政厅年度统计数据。

② 在没有特别说明的情况下，文中数据皆为来自省民政厅有关处室截至2014年9月的统计数据。

5. 行业服务标准体系逐步构筑

为规范社会力量服务，保障老年人权益，浙江省民政厅重抓服务标准编制工作，会同省市质量监管部门先后编制了《居家养老服务与管理规范》《养老机构服务与管理规范》《养老护理分级标准》《浙江省农村社区居家养老服务照料中心规范化建设指导意见》《浙江省城镇住宅小区居家养老服务设施规划配建标准》等标准，引导行业有序健康发展。杭州、宁波等地还编制了《社区（村）居家养老服务标准》《养老机构等级评定标准和服务规范》等养老服务地方标准，充分发挥标准的引领和促进作用。

6. 医养融合实现破题发展

2014年，浙江省民政厅、卫计委、发改委、人力社保厅和财政厅等五部门联合下发《关于推进医疗卫生与养老服务融合发展的实施意见》（浙民福〔2014〕216号），鼓励医疗机构在养老机构设点、提供医疗巡诊或开通转接绿色通道，探索建立医疗护理和养老服务转接评估机制，建立医疗服务和养老服务人才联动机制。杭州市还出台了《关于推进医养护一体化智慧医疗服务的实施意见》（杭政办〔2014〕8号），同时启动了医养护一体化签约服务，在社区逐步推广全科医生签约服务，通过政府购买服务方式，为高龄老年人提供免费的上门诊视服务。此外、湖州、台州、温州等地还利用部分医疗机构闲置资源，开辟为老年病床或拓展兴办养老机构，实施设施和人力资源整合。嘉善县还开出了健康服务流动车，以政府购买服务的方式为居家养老提供上门诊疗和健康咨询。

7. 智慧养老品牌迭起

浙江省将养老服务作为信息惠民的重要内容，在已有宁波、嘉善等地政府综合信息服务平台的成熟运营基础上，各地相继推进信息平台建设，为居家老年人提供各类呼叫服务，独居高龄老人提供应急呼叫服务。尤其是杭州市，近年着力打造智慧城市品牌，重点推进智慧养老项目；2014年通过公开招标运营商，为主城区70岁以上的孤寡、独居、空巢老人，80岁以上的高龄老人以及政府购买服务对象免费发放“关爱手机”，利用区域信息呼叫平台，以居家养老服务为中心，整合社区服务和社会服务资源，为居家老年人提供就近、高效和便捷的多元养老服务和安全救助。其中，西湖区、江干区把养老服务需求评估、政府购买养老服务、社会组织服务分配及质量监管等也整合到信息平台，进行信息化管理。西湖区探索建设“智慧养老云服务平台”，老年人可享受包括远程医疗保健、远程居家养老、情感关怀、远程文娱、远程教育等服务，老年人足不出户就能享受实时化、多样化、个性化的全方位服务。智慧养老，为传统养老服务注入了新的内涵。

8. 护理队伍教育培训凸显亮点

针对护理人员力量薄弱的现状，加强各项保障工作，2012年出台了《关于加强养老护理人员教育培训工作的意见》（浙政办发〔2012〕138号）；2013年创新实施了养老服务人员“入职奖补”制度，吸引本专业毕业生到一线护理岗位就业。通过定期发布护理员工资指导价位，实施护理特殊岗位津贴等手段，保障护理人员收入待遇。开展厅校合作，在杭师大建立了全省养老护理人员师资培训中心，在37所大专院校、中职学校开设了老年护理专业，编制了养老护理人员培训教材，强化人才培养，提升养老服务的专业化水平。同时，为提高居家养老照护质量，引导支持家庭成员照护，2014年开展了养老护理人员知识技能进家庭进社区活动，为居家失能老人家庭照护成员提供免费培训。

应该说，近年是浙江省社会养老服务快速发展阶段，各个方面取得了较大突破，但比照社会养老服务发展新形势新要求，老年人及其家庭不断提高的服务品质要求，社会养老服务深化发展任务依然紧迫。总体看，养老服务制度体系化有待进一步构建完善，政府、社会和家庭关系有待进一步理顺，市场的主体作用有待强化，养老服务质量有待进一步提高；养老服务设施还缺乏系统规划，养老机构用地落实较难，养老机构结构单一，医护服务欠缺问题依然存在；社区、居家养老的依托和基础地位尚未夯实；养老服务补贴制度还不尽完善，福利梯度有待调适；老年人消费观念有待引导，养老服务产业尚处于起步阶段；护理服务队伍数量不足、素质不高，结构性矛盾依然突出，部门协同、政策统筹和落实等有待进一步落实等。

二、浙江省“十三五”社会养老服务发展背景

（一）迈向老龄社会中期对社会养老服务发展提出更高要求

1987年浙江省早于全国13年进入了人口老龄化社会后，老龄化水平持续

提高，截至2014年末，全省60岁及以上户籍老年人口945万人，占总人口的比例是19.44%，仅次于江苏居全国省区第二位；其中80岁及以上高龄老年人将近146.7万人，占老年人口的15.5%。无论是老龄化的水平，还是高龄化的程度，均比全国高3—4个百分点。

据预计，到2015年底老龄化水平将首次突破20%，从老龄化社会步入老龄社会[①]。“十三五”期间，老龄化程度持续提高，到2020年，全省户籍老年人口将达1186万人，约占总人口的24%。

在人口老龄化快速发展的同时，浙江省人口少子化、家庭小型化，以及因城乡青壮年人口流动导致空巢化的现象进一步加剧，家庭照护能力继续弱化。家庭平均人口持续下降，“六普”家庭平均人口仅为2.62人，远低于全国的3.10人。2014年底，浙江省纯老户家庭人口数超过225万人，占老年人口总数的23.9%；有失能、半失能老年人近70万人，占老年人口总数的7%以上。

人口老龄化是发展社会养老服务的直接动因。在老龄化程度逐步加深的过程中，养老服务的社会化程度将不断提高。浙江省相比全国较早进入了老龄社会，并将在“十三五”期间持续深化发展。期间，高龄老人、失能老人绝对数量将不断增加，家庭提供养老服务人力资源继续减少，社会养老服务的压力进一步加大，需要全省上下、社会各方切实达成共识，进一步确立积极应对人口老龄化的指导思想。

（二）全面深化改革对社会养老服务发展产生深远影响

党的十八届三中全会提出了全面深化改革的指导思想、目标任务和重大原则，描绘了全面深化改革的新蓝图、新愿景和新目标。核心内容之一是确立了市场在资源配置中的决定性作用，这将对整个“十三五”期间我国经济社会的发展产生深远影响。对于社会养老服务来说，就是要深入理解市场机制在养老服务资源配置起决定作用的深刻内涵。

① 根据联合国世界卫生组织的定义，当65岁及以上老年人口占总人口的比重≥7%或60岁及以上人口≥10%时，一个国家就迈入了老龄（年）化社会（ageing society）；65岁及以上老年人口占总人口的比重达到14%时，由老龄化社会转为老龄（年）社会（aged society）；当这一比例提高到20%时，为“超老龄（年）社会”（super-aged society）。换算成60岁及以上占总人口比重计，老龄化社会、老龄社会和超老龄社会的门槛分别为10%、20%和近30%。

一是尊重价值规律。价值规律是市场机制的核心，在养老服务领域尊重价值规律，就是要让市场在养老服务产品的生产、流通、消费等各环节的价格拥有直接决定权。要让市场价格这只无形的手，自动调节生产和需求，形成资源配置机制。

二是明晰产权关系。在养老服务领域，产权关系尚不清晰，存在扭曲现象。特别是登记为民办非企业单位的养老机构、服务组织，按现行法规，投入资产为社会资产，赢利部分不能分红，停办后资产不能收回，这种非营利组织在发达国家是经过长期发展逐步形成的。在社会主义初级阶段，由于进入养老服务领域的主体大多为小企业主，甚至下岗职工、农民，以谋生为目的，不少资产都是借贷的，因此现行法规一定程度上成了社会力量进入养老服务领域的门槛。浙江省已率先进行积极探索，明确了民办非营利性养老服务机构出资财产属于出资人所有，经营管理较好的，经审计，可给予一定比例的奖励。这些具有浙江特色的投资权益保护政策，充分考虑了非营利性养老服务机构的发展现状，有利于激发养老机构特别是民办养老机构做大做强的信心。

三是激活多元主体。一直以来，养老服务的发展，政府是主体、是主角，直办直管了大量社会福利院、敬老院等养老机构，具有政策优势的公办养老机构挤压了社会力量生存空间。全面确立市场经济体制后，经济要素全面活跃，政府应从主体、“主角”退到幕后，各类社会主体，包括企业、社会组织、公民个人将走上前台，为老年人提供丰富的养老服务。

改革的全面深化，市场在资源配置中决定性作用的确立，将极大地提高社会养老服务领域资源配置的效率，从而全面深刻地影响社会养老服务的发展。供求机制、竞争机制、价格机制的运用，将为“十三五”期间社会养老服务的发展开辟更加广阔的空间。

（三）依法治国全面推进为社会养老服务发展营造良好环境

党的十八届四中全会明确，要全面推进依法治国，建设社会主义法治国家。2012年12月，国家修订颁布了新的《中华人民共和国老年人权益保障法》，明确了老年人享有社会服务的权利，并对社会养老服务体系作出了具体规定。2013年6月，民政部相继颁发《养老机构设立许可办法》和《养老机构管理办法》，对养老机构的设立、服务质量、政策扶持、监管管理、变更终止等作了明确规定，标志着我国养老机构管理进入了法治轨道。积极贯彻落实中央依法治国精神，2015年1月，浙江省第十二届人民代表大会第三次会议通过了《浙江省社会养老服务促进条例》，条例把我省近年的改革创新成果用法律的形式固定下来，同时通过法律引领社会养老服务新的发展。随着十八届四中全会精神的全面贯彻落实，社会养老服务将进一步走向法治化、规范化，从而厘清政府责任和边界，促进政府依法履职，依法建设养老服务设施，依法管理养老服务，依法维护老年人合法权益，以极大提升养老服务整体水平。

（四）新政效应的释放推动社会养老服务发展上新台阶

在人口老龄化日益加剧的态势下，顺应人民群众的热切期待，近年来，党和政府作出了一系列大力发展社会养老服务的战略决策，实施了全方位的政策措施。这些战略和政策措施将在"十三五"期间持续发挥作用，产生叠加效应，从而全面推进社会养老服务的持续健康发展。

1. 社会养老服务的战略新定位

党的十八大报告重申，要"积极应对人口老龄化，大力发展老龄服务事业和产业。"2013年8月，国务院常务会议更是明确要求，要加快发展养老服务业，强调这是调结构、惠民生、促升级的重要力量。党的十八届三中全会则强调，要加快建立社会养老服务体系和发展老年服务产业。养老服务从单纯的民生问题，提升为国家实现经济转型发展的宏观战略高度；从单一的社会养老服务体系建设，转向养老服务事业和产业并行、共融发展的视角；从而形成了社会养老服务的新的战略定位。

2. 养老服务发展方式的根本转变

根据党的十八大精神，国务院出台《关于加快发展养老服务业的若干意见》（国发〔2013〕35号），强调要支持和引导各类社会主体参与社区综合服务设施建设、运营和管理，提供养老服务，明确提出要逐步使社会力量成为发展养老服务业的主体。

党的十八届三中全会以深化市场机制发展为主题，进一步理顺政府和市场的关系，首次提出要充分发挥市场机制在资源配置中的决定作用和更好地发挥政府作用；同时，第一次把加快建设社会养老服务体系和发展老年服务产业并列，反映了党对养老服务发展机制的新认识，要求我们充分发挥"看不见的手”“看得见的手”这“两手”的作用，紧紧抓住历史性机遇，推动养老服务事业的快速发展。这为我国养老服务事业和产业的进一步发展指明了方向和途径。

3. *养老服务新政的叠加效应*

为积极贯彻党的十八大、十八届三中全会关于积极应对人口老龄化，加快建立社会养老服务体系和发展老年服务业精神要求，国务院下发了《关于加快发展养老服务业的若干意见》（国发〔2013〕35号），为落实35号文件精神，财政部、发改委、民政部、住房城乡建设部、国土资源部、人力社保部、商务部、卫生计生委员会等部委相继出台了近30个配套文件，分别从养老服务设施规划土地、补贴制度、市场化推进机制、价格管理、服务标准化、养医融合、人才培养、行政事业收费及税费减免、养老服务产业发展等方面分解落实35号文件精神和任务，从目前看政策保障体系日渐形成。

各部委养老服务配套政策

各部委文件	《关于开展公办养老机构改革试点工作的通知》（民函〔2013〕369 号） 《关于开展养老服务业综合改革试点工作的通知》（民办发〔2013〕23 号） 《关于加强养老服务标准化工作的指导意见》（民发〔2014〕17 号） 《关于加强养老服务设施规划建设工作的通知》（建标〔2014〕23 号） 《关于养老服务设施用地指导意见的通知》(国土资厅发〔2014〕11 号) 《关于推进城镇养老服务设施建设工作的通知》（民发〔2014〕116 号 《关于开展老年人住房反向抵押养老保险试点的指导意见》（保监〔2014〕53 号） 《关于做好养老服务业综合改革试点工作的通知》（民办发〔2014〕24 号） 《关于做好政府购买养老服务工作的通知》（财社〔2014〕105 号） 《关于建立健全经济困难的高龄、失能等老年人补贴制度的通知》(财社〔2014〕113 号) 《养老机构医务室、护理站基本标准》（国卫办医发〔2014〕57 号） 《关于推动养老服务产业发展的指导意见》（商服贸函〔2014〕899 号） 《关于规范养老机构服务收费管理促进养老服务业健康发展的指导意见》（发改价格〔2015〕129 号） 《关于鼓励民间资本参与养老服务业发展的实施意见》（民发〔2015〕33 号）

上述养老服务新政，是对社会养老服务战略的深化和细化，是对进一步理顺政府和市场、政府和社会的关系的具体化；随着时间的推移，政策累积

的叠加效应必将对我国养老服务业的发展产生极为重要的影响。

三、浙江省“十三五”养老服务发展思路和重点

（一）发展思路和目标

发展思路：

——“十三五”是国家积极应对人口老龄化，依法有序推进，深化养老服务体制机制改革，全面落实关于加快养老服务业各项政策，加快建立社会养老服务体系建设的重要时期；

——是进一步理顺政府和社会、家庭关系，深化市场机制改革，推进养老服务综合改革，初步形成社会力量主体供给，满足多元服务需求的重要时期；

——是突破民政单枪独斗，部门协同推进，社会养老服务体系融合发展，全面提升养老服务品质的重要时期；

——也是实现全面建成小康社会，实现城乡基本养老服务一体化，推进基本公共服务均等化的完成期。

发展目标和主要指标：

到2020年，全面建成以居家为基础、社区为依托、机构为补充，医养融合发展，政策体系完善，社会主体作用显现，体制机制创新，体系互融开放，设施数量充足、功能完善、布局合理、规模适度，服务项目齐全、福利对象梯度分明，城乡一体的社会养老服务体系，基本形成“9643”的养老服务总体格局。

——社区居家养老服务设施实现全覆盖，全省城乡社区形成20分钟左右的居家养老服务圈，各类养老服务覆盖所有居家老年人；街道（乡镇）层级建成一所机构式的社区居家养老服务照料中心。

——全面确立以护理型为重点、助养型为辅助、居养型为补充的养老机构发展模式，每千名老年人拥有社会养老床位达到50张，其中机构床位数不少于40张，护理型床位占机构床位比例不低于50%，民办（民营）机构床位占机构床位比例力争达到70%。

——进一步健全养老服务补贴评估制度和服务供给机制，全省不少于3%的老年人享有养老服务补贴，实现一类养老服务补贴对象应补尽补，

建立补贴标准动态调整机制。完善高龄津贴制度，探索建立老年护理保障制度。

——基本实现护理服务队伍培训上岗，持有初级及以上职业资格证书的养老护理员占比达到50%以上。建立养老服务专业人才和护理人员培养培训、引入和就业激励制度。

——发展环境更加优化。养老服务管理实现数字化、标准化、规范化，监管机制更加完善。社会组织进入、退出机制建立健全。志愿服务广泛开展，全社会支持和参与养老服务的氛围更加浓厚。市、县（市、区）三级养老服务管理和服务网络健全。全社会积极应对老龄化意识增强，敬老、爱老、助老优良传统进一步弘扬。

（二）重点任务

1. 实现基本服务保障，达到城乡一体化发展

根据浙江省到2020年全面实现小康社会的目标要求，到“十三五”末应实现基本养老服务全覆盖。基本养老服务，包括基本对象和基本服务。基本养老服务保障，就浙江省经济发展水平及老年人需求来讲，主要包括为城市“三无”、农村五保老人提供供养保障，为低保、低收入家庭中的孤寡、失能、高龄老人、优抚对象、计划生育特殊家庭老人等政府保障对象的照料和护理提供服务和经济支付的保障。

（1）实行养老机构分类保障

公办养老机构，包括公建公营和公建民营机构，是履行基本养老服务职能、承担特殊困难老年人集中养老和开展养老服务示范的重要载体，要确实起到兜底线、保基本的职责，明确福利属性和福利导向。公办养老机构要逐步实行公开轮候适度，通过综合入院评估，发挥托底保障作用，优先和重点保障政府保障对象。

（2）健全完善养老服务补贴制度

继续做好城市“三无”、农村五保老人政府供养对象的保障工作，健全完善养老服务补贴制度，使浙江省低保、低收入家庭中的失能、高龄老人确实得到各项服务保障。健全服务需求评估制度，全面实施老年人服务需求评估，编制地方性评估标准，探索评估人员统一培训上岗制度。着眼客观、公平公正和可持续，修订完善养老服务补贴管理办法。

（3）逐步建立护理服务保障制度

鼓励各地探索建立老年护理和生活照料资金分类支付系统及服务保障体系；编制养老护理评估标准和支付标准；建立在医院、老年护理院和养老机构、居家之间相衔接的评估标准、有梯度的医保支付政策和顺畅的转接平台。

（4）切实加强农村养老服务工作

在社会养老服务建设中，农村仍是一个短板。要按照城乡一体化和均衡发展要求，加快农村养老服务设施建设，对农村的养老服务发展、设施建设、项目布局给予一定倾斜；鼓励引导有条件的农村，通过兴建村老年公寓、幸福院和配套服务设施，开展"以宅基地换养老"等方面的探索。各地要编制敬老院改造提升三年行动计划，把农村敬老院转型升级为农村综合服务中心。鼓励发达地区支援欠发达地区养老机构建设，建立对口支援和合作机制。加大农村留守老年人关爱工作力度，重点做好对农村失能老人，重大疾病老人的生活照顾和精神关爱。

2. 贯彻社区照顾理念，推进机构和居家融合发展

深刻理解社区照顾的国际养老服务发展趋势和内涵，淡化机构服务和居家服务的界限，实现两者融合发展，做强做实社区服务平台，大力推进社区养老。

（1）强调机构布点的社区化理念

编制养老服务设施布点规划。各地要根据区域老年人口、老龄化发展水平以及老年人口发展预测，科学确定区域床位数、机构规模、类型结构；养老机构空间布点要着力体现社区化、开放化，规划预留家院互融空间。

（2）实现社区照料中心机构化转型

社区居家养老服务设施要实现统分结合，实现居家养老服务设施梯度承接发展、分层发展。街道（乡镇）层面的社区居家养老服务照料中心要转型为微型嵌入式养老机构，能承担中度失能老人综合住养服务，为居家失能老人提供日间托管服务；同时为辖区社区级照料中心及居家老人提供配送餐、助浴及上门护理服务等辐射服务。

（3）拓展在宅服务并分类提供服务

积极拓展围绕居家老人的在宅服务项目，提供家政清洁、居家护理、送餐、安全询问、紧急救援等服务，为失能的居家老人提供辅具购买、借租服

务及居家无障碍环境改善。同时，根据不同服务需求特点分类提供服务。

（4）建立健全家庭养老服务支持政策

建立健全家庭养老支持政策，倡导家庭成员与老年人共同生活或者就近居住，鼓励发展多代居混合型新型社区建设，为照护老人的成员提供免费知识和技能培训，提供政策咨询和喘息服务；搭建社区特殊家庭群体互助群体。

3. 深化机制改革，着力推进养老服务社会化运营

（1）推行居家养老服务实体运行

鼓励引导社会组织接手管理各类居家养老服务设施，实行实体化、市场化运作，做实居家服务，提升专业化水平，提高服务品质。引导各类管理运行主体主动对接需求，积极创设服务项目和平台，提高设施和服务效能；构建以专业社会组织和企业为主体，社区为平台，居家养老服务项目化发展、集约化运作，满足老年人各种服务需求的居家养老服务支持系统。

（2）推进公办（建）养老机构改革

稳步推进养老服务机构公建民营。鼓励以公办（建）民营、合作经营、购买服务等方式，引导各类社会主体接管、运营公办（建）机构。建立市场机制形成价格导向。在公办机构中逐步引入成本核算，兼顾老年人承受能力，发挥价格机制的调节作用。

（3）健全政府购买养老服务机制

健全政府购买养老服务机制，扩大购买服务项目。建立省财政对民营养老机构、居家养老照料中心以及各类社会组织、企业购买服务制度；建立养老服务评估制度。科学确定老年人服务需求类型、照料护理等级以及明确护理、养老服务等补贴领取资格，分层引导服务提供。

（4）探索政府与社会资本多途径合作方式

进一步细化、完善政策体系，支持社会资本进入养老服务业，加快培育连锁化、规模化、集团化的养老服务机构，培育一批带动力强的龙头企业和知名度高的养老服务业品牌。探索开展“PPP”合作模式，推进社会力量和民资参与养老公共服务设施建设，充分发挥民资在资源整合及经营上的优势。

4. 加强平台和政府扶持，加大社会组织孵化培植

公建民营、政府购买服务、信息平台服务等，其核心都是运营商的保障

支持，培植多元、专业化服务组织，是重点。

（1）非禁即入，最大限度吸引社会力量进入

要解除各种禁忌和制约，放开限制，非禁即入，通过放宽登记限制、直接登记、零资金门槛等，解除各种禁锢，敞开大门、降低门槛，吸引各类有志于养老服务的企业、组织和个人进来，参与养老服务供给和运营。

（2）搭建平台，实现政府和社会供需对接

编制并公布政府购买服务指导性目录，明确政府购买的服务种类、性质和内容。编制并公布养老服务产品与服务优先发展目录，引导社会力量，积极参与养老服务产业发展。建立健全政府购买养老服务的招投标运行机制及有关制度，指导并规范实践操作。

各地建立养老服务社会组织服务中心，构建养老服务社会组织网，创建养老服务社会组织孵化和产业园区，为各类养老服务组织提供发展平台。

（3）加大扶持，力促社会组织健康发展

设立养老服务社会组织专项发展基金，用于扶持具有创新、示范和品牌效应的居家养老服务组织的发展。扩大养老服务组织政府购买服务项目范围，力保更多的个性化服务组织有获得扶持的机会。拓展政府扶持鼓励项目，通过提供场地扶持、人员培训补贴，以及鼓励争先创优等，配置社会组织的发展。

5. 推进养医融合发展，提高养老服务品质

（1）加强养老医疗护理资源供给

省和地市要开设综合养老医院，综合性医院要开设老年病科，增加老年病床；鼓励医院开设养老护理院、老年康复院，到养老机构设立分支机构；鼓励有条件的街道（镇）卫生服务中心、社区（村）卫生服务机构开设养老护理病区、老年病床，拓展兴办、运营养老服务机构。

（2）健全医疗资源支持养老服务机制

支持有条件的养老机构设置医疗机构，医保部门应简化审批手续，严控审批时限，做好医保申报等工作；支持医疗机构和养老服务机构之间，建立对口支援、绿色通道和双向转诊联动机制。健全由社区（村）卫生服务机构负责的老年人健康档案，推动社区健康教育和咨询、慢性病管理服务；探索建立社区（村）卫生服务机构与老年人家庭医疗协议服务，开展上门诊视、

健康查体、保健咨询等服务。

（3）探索推进养老护理院建设

鼓励社会力量举办老年护理院，为长期卧床、晚期姑息治疗、慢性病及其他需要长期护理服务的老年人提供医疗护理、康复促进等服务。逐步建立老年护理和生活照料资金分类支付系统；编制养老护理评估标准和支付标准，形成在医院、老年护理院和养老机构、居家之间相衔接的评估标准和有梯度的医保支付政策。

6. 引入“互联网+”，拓展智慧养老服务

浙江是互联网新经济体强省，应充分利用已有资源，做强智慧养老，做出特色。

（1）建立老年人基本信息系统

建立养老人基本信息系统，完善老年人基本数据库并建立日常管理、负责制度；共享老年人基本信息，实现人力社保、卫生等涉老部门信息联通，提高信息整合使用效率。

（2）实现养老服务管理网络化

开发养老服务信息管理系统。建立具备信息发布，居家养老服务设施查询，老人个人需求受理和反馈，居家老年人紧急呼叫和服务，养老服务补贴申请与审批、公示、监管，服务监管和服务经费电子结算，时间银行管理等管理、服务功能，具备手机、网络、电视等多终端可接入的智慧养老大平台。

（3）健全助老服务呼叫体系

各地逐步建立养老服务信息呼叫平台，深化运营机制，丰富线上服务功能，拓展线下服务项目。规范享受呼叫设施配置的老年人条件，对有需要的高龄、失能、独居、空巢等困难老人免费配备助老呼叫器。细分服务对象，分类提供服务，尤其要深化研究如何把独居空巢中的特殊关爱老人群体通过责任制做实“平安问询”。

7. 加大引导扶持，推进养老服务人才队伍建设

（1）完善养老服务人才教育培养体系

加强教育培训基地建设。进一步建立与高校、职业技术学校的合作，按需定制专业，培养人才；建立省、市、县（市、区）分层教育培训体系。逐

步推行养老服务机构管理人员、评估人员持证上岗制度。完善社会工作介入机制。加强养老服务社工队伍建设，引导社区居家养老服务照料中心、养老服务机构引进社工，逐步建立社工工作机制，提高管理和服务品质。探索社工介入志工的联动机制，提高志愿服务品质。

（2）完善养老服务人才扶持政策

继续完善做好省“入职奖补”政策，各地要配套建立当地“入职奖补”政策。保障薪酬待遇，推广浙江省定期发布养老护理员工资指导价位，以及建立岗位就业补贴、养老护理员特殊岗位津贴、技术等级津贴、社保补贴等四项用工补贴制度的做法。引进专业技术人员，探索建立养老服务机构引入专业技术人员的激励制度，增加技术等级津贴比重，优化专技岗位设置，为引进的专技人员提供上升通道。

（3）健全志愿服务工作机制

逐步理顺志愿服务和专业服务关系，明确各自职责，形成两者互补格局。创新志愿者参与机制，推广“银龄互助”规范化管理经验，完善为老志愿服务“爱心银行”“服务储蓄”等机制，促进志愿服务持续发展。采用“培育+补贴+奖励+购买”方式，促进公益性社会组织与志愿者成长。

（4）培育志愿组织和互助团体

支持单位、企业和个人组建以服务老人为主的各类特色志愿性、慈善性社会组织。鼓励具有类似精神与生理特征的老年人或其家庭组建互助组织，如智障老人家庭互助会、中风老人家庭互助会等，增强康复信息与服务资源的交流。

8. 依法有序推进，加强制度标准建设

（1）进一步健全完善制度建设

进一步夯实居家养老服务主体地位，出台深化推进居家养老服务建设的指导性意见；深化机制改革，积极指导公办养老机构改革推进。健全养老服务标准体系和管理标准化，编制老年人照护需求统一评估体系及分类标准，制定养老机构设施设备配置规范、养老机构内设医疗机构服务质量控制规范等标准；制定和实施养老机构等级划分与评定、养老服务质量评估和等级评定等标准；统筹推进需求评估、质量评估、等级评定部门协调机制；建立养老服务评估专家库，加强第三方评估。

（2）依法有序推进着力规范发展

加强社会养老服务依法治理，进一步明确财政、发改、国土资源、人力社保、税务、质检、公安消防等部门职责，健全协同推进的工作机制。建立健全对各部门养老服务工作的考核制度。加强养老服务法律法规宣传，积极落实国家、省部关于老年人权益保障、机构设立许可和管理、社会养老服务促进等法规有关精神。

（执笔人：浙江外国语学院社会福利研究所所长、教授董红亚）

整合与发展：低保与扶贫开发有效衔接的浙江经验

内容提要：中国政府在农村地区的反贫困工作取得了巨大成就，但问题依然严峻。低保和扶贫开发是农村反贫困治理的两翼，但彼此在对象识别、动态管理、运行机制等方面不能很好衔接，影响反贫困的实际效果。2016年以来，浙江省进行了两项制度有效衔接的制度创新。本研究在国家大力推行农村低保与扶贫开发有效衔接工作的大背景下，试图对浙江省低保与扶贫开发有效衔接进行系统总结，并在此基础上借鉴国际反贫困的经验，展望浙江省未来反贫困的趋势。

本研究的第一部分对研究的背景、意义进行了介绍。第二部分分析了低保与扶贫开发的一致性与差异性。第三部分阐述了低保与扶贫开发衔接过程中的问题。第四部分介绍了两项制度衔接的浙江经验。浙江省以低保户和低保边缘户为低收入农户，进行了诸多的制度探索创新。第五部分，社会安全网构建的国际经验的介绍。主要分析美国“伟大社会”建设的经验与教训及对浙江省反贫困的启示。第六部分介绍了浙江省反贫困的挑战展望。在浙江省人均GDP达到中等发达国家水平，进入“后扶贫时代”的形势下，浙江省反贫困发展趋势表现为：由基础整合到协调发展；由政府主导到多主体参与；由关注不平等到关注不确定性；从区域面向到个体面向；由最低保障到多维度保护；由低收入农户到低收入家庭；由复杂到基于信任的简单；由被动补救到主动回应；由脱贫到消减贫困脆弱性；由地方经验到地方立法。

关键词：农村低保；扶贫开发；衔接；“伟大社会”；后扶贫时代

一、问题的提出

近30年来中国在减少农村贫困方面成就斐然。2016年中国农村人口58973万人，按照中国官方设定的贫困线，农村贫困人口从1978年的2.5亿人，减少到2016年底的4332万人。此外，中国不断提高按现价计算的贫困线，从2011年的2300元提高至2015年的2855元，相当于提高了1/4。实现全面建成小康社会目标的重要标志之一，就是建成“无贫困的社会”。[①]经济飞速发展，为反贫困事业打下了良好的基础。根据国家统计局公布的数据，从1979年到2014年，中国GDP平均每年增长9.7%。1978年，中国还是世界上最贫困的国家之一，那时的中国GDP总量仅为2915亿美元，人均GDP只有305美元。2010年，中国超过日本，成为全球第二大经济体。到2015年，中国GDP总量为87980亿美元，人均GDP达到6416美元。中国已跨入世界银行定义的“中高等收入国家”行列。[②]

浙江省2016年全省生产总值（GDP）46485亿元，增速高于全国（6.7%）0.8个百分点。财政收入稳定增长，民生支出保障有力。财政总收入9225亿元，一般公共预算收入5302亿元。公共服务供给能力有效提升，民生改善事业积极推进。一般公共预算支出6976亿元，其中，一般公共服务、公共安全、教育、科技、社保就业、卫生计生、节能环保、城乡社区等八项民生支出4873亿元。2016年，全省居民人均可支配收入38529元。城镇、农村常住居民人均可支配收入分别为47237元和22866元，增长8.1%和8.2%，扣除价格因素增长6.0%和6.3%。[③]

浙江省的反贫困事业取得了极大的成就，是全国第一个没有贫困乡镇的省份。浙江在改革开放以来的扶贫过程中，坚持以人为本的理念和“多予、

① 胡鞍钢，杭承政．中国脱贫攻坚“言必信，行必果”[N]. 人民日报（海外版），2017-02-24.

② 凤凰国际智库课题组．宣战 2020——中国扶贫报告 [R].［EB/OL］. http://pit.ifeng.com/report/special/zgfpbg/.

③ 浙江省统计局．浙江省 2016 年经济运行情况［EB/OL］. http://www.tjcn.org/jjfx/201702/34785.html, 2017-02-10.

少取、放活”的方针，充分发挥政府的主导作用和市场机制的基础作用，并根据不同时期贫困发生的特点，采取有针对性的反贫困措施，走出了一条体现浙江特色的扶贫之路。早在2004年的“全球扶贫大会”上，浙江省的经验就被大力推广。[①]1978年，浙江省共有贫困人口1200多万人，农村贫困发生率高达36.1%，高于全国平均水平。2015年，浙江全面消除了家庭人均年收入4600元以下的绝对贫困现象，成为全国第一个率先打赢脱贫攻坚战的省份。2015年，浙江一次性摘掉26个欠发达县的“帽子”。

面对扶贫助困进入攻坚阶段的现实状况，国家也全面调整了扶贫助困战略。2009年，国家下发《关于开展农村最低生活保障制度与扶贫开发政策有效衔接试点工作的通知》，2010年下发《关于做好农村最低生活保障制度和扶贫开发政策有效衔接扩大试点工作意见的通知》，2011年《中国农村扶贫开发纲要（2011—2020年）》确立了新时期扶贫方针：农村低保和扶贫开发有效衔接。2013年11月，习总书记提出“精准扶贫”的思想，相关设计逐步落实。2016年9月，国务院转发了《关于做好农村最低生活保障制度与扶贫开发政策有效衔接的指导意见》，要求做好农村低保与扶贫开发的有效衔接，旨在通过两项制度的有效衔接形成政策合力，确保2020年农村贫困人口全部脱贫。一系列关于精准扶贫、精准脱贫的指导意见和政策规划全面铺开、协同推进。然而低保与扶贫开发形成了两套管理程序、两套标准以及两套贫困对象识别体系，这成为实现两项制度有效衔接的重大阻碍，既影响了反贫困的实际效果，也带来了理论分析与政策阐释上的困扰。正是由于贫困的多样性和动态性，倒逼浙江在长期的探索与实践中形成了贫困治理的系统性和创新性。随着贫困治理进程的加快，其治理的难度和深度也逐渐体现，粗放式的扶贫策略已然无法适应当今的工作要求。如何适应浙江省经济发展的特点，尤其是在浙江省反贫困取得巨大成就的前提下，进一步发挥社会救助的兜底功能，促进贫困治理效果与效率的统一，是值得思考的问题。为此，我们有必要对浙江省农村低保与扶贫开发有效衔接的经验进行系统总结，在此基础上，对浙江省“后扶贫时代”反贫困趋势进行展望。

---

① 浙江省统计局．浙江省2016年经济运行情况［EB/OL］.http://www.tjcn.org/jjfx/201702/34785.html, 2017-02-10.

二、低保与扶贫开发的比较

（一）低保与扶贫开发的一致性

首先，两者都是以保障贫困者的基本权利为基础，保障贫困家庭的基本生活，促进贫困家庭的发展，帮助这些家庭摆脱贫困。

其次，两者都是以公平与正义为价值追求。农村低保保障了农村中极端贫困家庭的基本生存权利，这是实现公平正义的前提与基础。扶贫开发则注重农村中贫困区域与贫困群体的脱贫与发展，让其能够分享经济与社会发展的成果，从而实现公平与正义的目标。在这一点上，农村低保与扶贫开发有着共通之处。

最后，两者在目标对象的认定实践中都遵循选择性原则。选择主义者赞成有限制的救助，应该把援助集中在最需要的人的身上。从目前的制度实践来看，无论是农村低保制度还是扶贫开发，都采取的是选择性原则，建立一定的瞄准机制，找寻总人口中较少比例的目标群体。在救助与帮扶对象的认定实践上具有共通性，都主张把有限的福利资源用到最需要救助和帮扶的人身上，充分发挥制度的最大效率，保障制度的公平与效率的统一。

总之，农村低保与扶贫开发相辅相成。一方面，农村低保是保障基本生存，属于“救命”。扶贫开发的工作对象重点是有劳动能力的可扶之人，属于“治病”。绝对贫困人群的脱贫不能完全依赖扶贫开发，这时农村低保就成为扶贫开发的有效补充。另一方面，扶贫开发巩固了农村低保的成果。绝对贫困中也包含有劳动能力的人群，这部分人群同属于扶贫开发与农村低保的对象，对于这部分人群要采取扶贫开发的方式使其自主脱贫。

（二）低保与扶贫开发的差异性

首先，政策的直接目标不同。农村低保的直接目标在于通过现金或实物救助的方式保障贫困群体的基本生存需要。扶贫开发则是动用多种资源，对贫困地区、贫困家庭提供人员、现金、实物、信息、智力、技术以及优惠政策等各个方面的支持，[①]以此提高贫困人口的自我发展能力，实现脱贫致富。

---

① 章恒．全球扶贫大会：将“浙江模式”的反贫困经验推广到全球［EB/OL］．http://www.cnr.cn/news/200404/t20040417_217783.shtml.

简言之，农村低保是保障生存权，是社会救助制度，通过政府的财政转移支付手段，来确保贫困人口的资金和实物的供给，注重“输血”。农村扶贫开发注重落实发展权，通过扶持生产来提供生产发展的机会，提高贫困人口的可行能力。[①]前者是“授人以鱼”，而后者则是“授人以渔”。生存与发展的不同目标诉求，成为农村低保与扶贫开发最直接的差异。

其次，两项制度的标准不同。低保标准一般由设区市以上政府根据当地的经济社会发展水平以及当地财政的承受能力，合理确定标准，适时调整。整体上看，目前各地的标准是本着“低标准起步”保障基本生存需要的原则制定的。从省级来看，各省1季度平均农村低保标准由最低的广西壮族自治区的2985.80元/年到最高的北京市108000元/年不等。[②]而农村扶贫标准一般是国家统一标准，2011年的扶贫标准为农民人均纯收入2300元，2015年调整为2855元，2016年为3028元。各地发展不平衡，经济发达地区可根据自身实际和能力确定更高的本地扶贫标准。

再次，两者的认定程序不同。农村低保实行“村民家庭申请—乡镇受理审核—乡镇、村入户调查—评议小组评议—家庭经济状况核对—初审公示—县（市）民政局审批—公布”的工作程序。其中涉及类别定位、收入与财产定位。民政部门通过社会救助家庭经济状况核对平台建设，极大提高了低保对象认定的准确性。扶贫开发则是自上而下，逐级分配指标，通过国家统计局地区平均收入的测量，确定贫困县、村。识别贫困农户主要有区域与社区瞄准。随着“精准扶贫”的实践，扶贫的方式有了从瞄准贫困县转向瞄准贫困村、贫困户的转变，在区域瞄准与个体瞄准相结合治贫脱贫的设计中，个体的瞄准成为了扶贫重点。民政和扶贫办两个部门有其各自的工作计划，低保与扶贫的申请直到评议审批环节都是分开运行的。

最后，两者在管理体制上存在差异。农村最低生活保障制度主要由民政部和各地民政部门负责实施，而扶贫开发制度则主要由国务院扶贫开发领导小组办公室和各地扶贫办负责实施。国务院民政部门统筹全国社会救助体系

---

① 刘宝臣．中国反贫困政策的分裂与整合：对社会救助与扶贫开发的思考 [J]．广东社会科学，2016（6）：5–13.

② 杨成波．农村低保制度与农村扶贫开发政策衔接问题探析 [J]. 农业现代化研究，2012（1）：37–40.

建设。民政、卫生计生、教育、住房城乡建设、人力资源社会保障等部门，按照各自职责负责相应的社会救助管理工作。扶贫开发的管理机构主要隶属于各级党委机构，坚持中央统筹、省负总责、县抓落实的管理体制，建立片为重点、工作到村、扶贫到户的工作机制，实行党政一把手负总责的扶贫开发工作责任制。

三、低保与扶贫开发衔接过程中存在的问题

（一）功能边界需要厘清、整合与发展

扶贫工作资源往往多样化，重在为贫困家庭提供技术、信息、贷款、金融、产业支持等多各个方面的帮助。农村低保的主要功能在于通过现金或实物的方式为低保对象提供基本的生存保障。但是扶贫开发有时会与农村低保发生功能重叠，资源投入出现重合现象，造成资金浪费等弊端。例如某些地区既在社会救助体系中开展教育救助，又在扶贫体系中开展雨露计划[①]，造成资源浪费与效率低等问题。[②]因此，农村低保与扶贫开发的功能边界需要进一步厘清。

扶贫开发为农村低保的发展完善提供了新的契机，同时也对未来社会救助的服务、调节等功能整合提出新的要求。所谓服务功能，是指该项制度具有满足社会公共服务需求的功能；所谓调节功能，是指社会救助本质上也是收入再分配制度，目的在于调节社会资源，减少不平等。社会救助制度除了保障公民基本生存的功能外，具有调节资源配置、提供社会公共服务等发展型功能，而这些功能本质上与扶贫开发的理念是相呼应的，因此，在两项制度功能整合过程中，上述功能应当得到适当的强化和关注。

因此，一方面，我们要求农村低保与扶贫开发的功能要边界分明，同时又要求两项制度的功能要有机地整合。边界分明是出于制度瞄准精准化，整合有限的福利资源的考虑，有机整合是出于两项制度功能最大化的考虑。两

① 雨露计划是指通过扶持、引导和培训，提高贫困人口素质，增强其就业和创业能力，把人口压力转化为资源优势，是加快贫困农民脱贫致富步伐的有效途径。

② 民政部．2017 年 1 季度低保标准 [EB/OL]. http://www.mca.gov.cn/article/sj/tjjb/bzbz/201705/20170500004323.shtml.

项制度衔接，首要的是功能上能够实现有效的衔接。

（二）救助帮扶对象溢漏，信息不共享，识别不同步

农村低保侧重于满足贫困人口的基本生活，而扶贫开发侧重于贫困地区的贫困人口的可持续发展，官方的文件中将贫困人口分为低保对象和扶贫对象，两项瞄准机制在对象分类上各自为政，两个部门难以把握两项制度交叉重叠的贫困农户，目标瞄准中存在漏户现象。一些经济发达地区的低保标准远高于国家扶贫标准，而一些贫困地区则是低保标准低于扶贫标准，两类地区都有可能出现贫困人口界定的交叉与重叠。在后期的衔接中，有必要厘清彼此的界限与联系，有效衔接，使得两项制度所救助帮扶的对象清晰、明了，让有限的福利资源得到最有效的配置，发挥制度的效率。

（三）制度如何有效衔接，地区差异较大

在标准衔接方面，目前各地较多倾向于提高低保标准，试图实现“两线合一”，但呈现地区差异较大的特点。部分省份采取各地区低保线分类推进的模式，例如吉林省将省内各地区分为任务较重的贫困县、已脱贫的长春吉林和其他地区三类，山东将全省划分为东中西三地区等。在低保线与国家扶贫线相衔接的具体方案中，也有两种不同的做法，其中一种是以某一年的国家扶贫线为目标倒推一个增长数值逐年提高，例如吉林省；另一种是先在标准上达到国家扶贫线，然后同步提高，如河北省。而像浙江、江苏等地，由于完成了国家确定的扶贫任务，扶贫对象有了新的界定，原有的扶贫线就不再适用。

“两线合一”仅为一种合并的过程，完成的结果即“合一”的这条线应有其相应的定义、测算标准和增长机制等配套制度，但目前缺乏明确的界定，从各省市方案来看，提及最多的是将低保线不断提高以达到或超过扶贫线，在两线如何衔接方面却未作解释。这些方案对“两线合一”的定义仅为“将低保线提高到不低于扶贫线”，而不是“将低保线与扶贫线相衔接”，违背了“两线合一”的本质含义，原因在于这样调整后低保线仍旧是低保线，扶贫线也仍旧是扶贫线，两者除了数值上的相对高低变化依旧是两条独立的标准。

（四）部门资源未能很好整合，缺乏监督管理

农村低保与扶贫开发分别属于政府部门与党委机构管理，有着各自的人员设置及机构设置。农村低保要求以民政部门为主，其他部门协助做好相关

工作，扶贫开发大致类似，以农办为主，其他部门协助。基层社会救助工作人员与扶贫队的基本职责存在一定程度的重复，基本都是具体负责帮扶对象的信息收集、入户调查、数据整理上报及动态跟踪等工作。两个部门未能对行业部门的资金和项目统筹整合，信息资源未能共享。在动态管理方面，民政部门的社会救助明显要好于扶贫开发部门的帮扶。曾经有一段时期，扶贫开发政策在确定扶贫对象以后，出现了5年不变的问题，既不考虑自然减员，也不考虑这些贫困家庭经济条件的变化，使得一部分实际生活水平已经超出贫困线的家庭依然被列为贫困户，甚至一些已经去世的人也在扶贫名单之列。一些地方的农民对这种不符合条件应该退出而没有退出、继续占用福利资源的事情反而津津乐道，甚至成为一些人炫耀个人能力的象征，这在基层造成恶劣的影响。如何纠正这种政策执行偏差，是后期需要重点解决的问题之一。

从现行的监管体制来看，两者的监督稽查体系并不完善，主要依靠行政系统内部的监督方式为主，尚未建立独立的第三方监管体制。两项制度的统一考核标准尚未建立，缺少科学专业的考核评价体系，且考核监督信息公开不够及时。

四、两项制度衔接的浙江经验

（一）浙江省低收入农户认定的制度实践

浙江省在推进农村低保与扶贫开发有效衔接过程中，既有与全国其他地区相似的共性问题，更有自身的独特性。2015年底，浙江省全面消除家庭年人均收入4600元以下绝对贫困现象，成为全国率先完成脱贫攻坚任务的省份。2016年底，浙江城乡低保标准月人均分别为678元与631元，全省各地年人均低保标准均高于4600元，扶贫标准远高于全国标准，步入“后扶贫时代”。浙江省于2016年12月正式出台了《浙江省低收入农户认定标准、认定机制及动态管理办法》，民政部门联合扶贫办，共同实施低收入农户的认定工作。这是具有重要意义的举措，在全国首创低收入农户与低保对象统一认定标准，有效解决了以往因标准不一导致“扶贫”与“救助”的矛盾。

1. 直接目标：三个实现

按照民政部门与扶贫办的统一协调，新一轮低收入农户对象，由低保对象、低保边缘对象与“4600”低收入农户巩固扶持对象（指如无巩固帮扶措施，年均收入极易滑入4600元以下的农户）组成，前两类对象为主体。低保对象与低保边缘对象按1：1测算，享受相关优惠政策。“4600”低收入农户巩固扶持对象，享受社会救助专项政策。浙江省低收入农户认定办法初步实现三个目标：一是实现低保对象与扶贫对象紧密衔接。新的低收入农户认定办法解决了以前低保与扶贫对象由民政与扶贫办各自认定，方法不统一，容易造成目标人群的偏离与溢漏的问题，两个部门统一认定程序与方法，实现了对象的有效衔接。符合条件的低收入农户都可以申请相应的专项社会救助，并享受相应扶贫政策。二是实现社会救助政策与扶贫政策相互覆盖。低保对象、低保边缘对象享受扶贫优惠政策，“4600”低收入农户巩固扶持对象享受社会救助专项政策。社会救助政策与扶贫政策针对低收入农户完成了政策覆盖，保障了各类目标群体都能享受到相应的救助或扶贫政策。三是实现造血与输血有机结合。民政部门进行生活兜底保障，负责“输血”脱贫；农办进行生产性帮扶，负责“造血”增收。既发挥民政部门多年来在开展低保认定上工作规范、相对准确的长处，又发挥农办在帮扶农户方面资源丰富、行之有效的优势，多开辟增收的渠道，做到各尽所长，相得益彰。

2. 具体程序：“四个统一”

浙江省低收入农户认定办法在具体的程序与管理上实现了“四个统一”：

统一收入财产范围。低收入农户认定时的收入计算和财产认定，按《浙江省社会救助家庭经济状况认定办法》（浙民助〔2015〕13号）执行，收入包括工资性收入、财产性收入、经营性收入和转移性收入。

统一限制性条件。适用低保认定的房产和生活用轿车否决性指标，低保边缘对象的存款比低保认定适当放宽（“4600”低收入农户巩固扶持对象按此掌握）。

统一审批流程。低保对象、低保边缘对象、“4600”低收入农户巩固扶持对象的认定，都实行家庭经济状况核对，前两类由民政部门对认定的准确性承担责任，后一类由农办对认定的准确性承担责任。

统一数据管理。民政部门在低保和低保边缘家庭对象审核审批时将数据全员录入，农办（扶贫办）在“4600”低收入农户巩固扶持对象审批时将数据全员录入，并相互实时交换给对方，做到数据共建共享。各地民政部门与农办（扶贫办）对于低收入农户享受的政策，及时交换信息，并反馈至省社会救助管理信息系统和省扶贫信息系统，准确反映帮扶成果。

3. 收入财产认定：“五个新规定”

浙江省在低收入农户收入财产认定上有5项新的规定。一是低保边缘家庭人均货币财产暂按低于当地同期6年的最低生活保障标准之和，比原来3年至4年有所放宽。二是“十三五”期间，中央确定的农村居民基本养老保险基础养老金暂不计入家庭收入。三是因病、因灾、因突发性重大变故或因学造成生活、生产严重困难，实际生活水平已低于最低生活保障边缘对象收入认定标准的，当年度应予以列入“4600”低收入农户巩固扶持对象。四是自住房屋或门面房出租，年租金应予以适当折算；农村居民家庭原有宅基地住房废弃不用，以商品房为唯一居住用房的不作为最低生活保障否决性条件，但非自住的商品房仍然作为否决性条件。五是是集体农田和山林承包的，按经济收入或租金收入核算，是生态公益林的，按生态公益林的补偿标准来核算收入。

（二）浙江省两项制度衔接的经验总结

1. 去重化简，重设功能边界

根据能力贫困理论，两项制度的功能整合作为衔接的一部分是必然趋势。所谓功能整合，并不是指将两项制度功能统一化，而是要求将两项制度纳入我国反贫困体系中，在该体系内实现功能的整合，虽各有侧重但相辅相成、相互补充。简单地说，农村低保要发挥低保的功能，扶贫开发要发挥扶贫开发的功能，两者统一在反贫困的整体体系中，互为补充，连贯一致。通过低收入农户的统一认定，两项制度、两个部门、多种资源，分别根据低收入农户的不同情况，发挥各自的功能，边界清晰。

2. 明确分类，同步对象认定

《浙江省低收入农户认定标准、认定机制及动态管理办法》对两项制度衔接过程中的对象认定有明确的设计。在两项制度的对象衔接上，所需要做的事情就是确定低收入农户。好处在于在对象的认定上，两个部门只需要共同协调做好一件事情即可，也就是将所有需要救助帮扶的贫困人口认定为低收入农户即可，然后再根据不同类别的低收入农户，实施相应的帮扶救助措施，或者是农村低保，或者是扶贫开发，抑或是两者兼而有之。这一方面降低了制度的成本，另一方面，又能够协调农村低保与扶贫开发双方的力量，对福利资源进行有效的配置，提高制度的效率，从而实现成本与效率的有效统一。认定为低保、低保边缘对象和“4600”巩固扶持对象的，即统一纳入低收入农户范围管理。民政部门与农办（扶贫办）实行上述数据共建共享。符合条件的低收入农户都可以申请相应的专项社会救助，并享受相应扶贫政策。

3. 淡化扩充，厘清标准内涵

低保标准与扶贫标准的分离是两项制度衔接进程中的最大阻碍因素之一。不同的统计口径必然导致统计的重复、差错和矛盾。因此，需要在收入指标基础之上，综合考虑家庭的健康、教育、住房等因素，多维度识别贫困家庭，并按照统一的程序与方法将这些不同的家庭统一认定为相应的贫困人口。目前浙江省是将这些贫困人口统一认定为低收入农户，同时按照不同标准归类为低保家庭、低保边缘户以及“4600”巩固扶持对象。从浙江省低收入农户的划分来看，非常明确，就是将需要政府帮扶的贫困群体以一个相对统一的标准进行区分，进一步淡化扶贫线，扩充低保线内涵。

表1为2016年浙江省各地区平均低保线，可见已远超国家贫困线，也高于省内认定的4600元贫困线。相对于国内目前对贫困人口的定义，浙江省已实现全面脱贫，贫困线的概念也就不合时宜。但是全面脱贫不代表没有扶贫对象，浙江省的做法是在低保标准的基础上建立统一的低收入农户标准。

表1　2016年浙江省各地区平均低保线

单位：元

地区	杭州市	宁波市	温州市	嘉兴市	湖州市	绍兴市	金华市	衢州市	舟山市	台州市	丽水市
平均低保线	8373	8261	6929	7901	7615	7530	6703	5508	7968	7313	6094

数据来源：中国民政部网（2016）。

作为低保标准1.5倍的低保边缘线，则提示符合这一标准的人应该享受扶贫开发政策，满足这部分贫困人口的发展性需求。低保线、低保边缘线同样是两条线，与之前的低保线、扶贫线两线并立、互不关联截然不同，而这里的两条线是递推的关系，层层配合使用，两个标准彼此的内涵与外延非常清晰，彼此又能够协调一致，共同作用于低收入农户，从而帮助贫困家庭实现生存与发展的目标。

（三）浙江两项制度衔接在整个反贫困体系中的作用

农村低保与扶贫开发的有效衔接，在整个反贫困战略体系中起着基础性作用：

一是制度整合与衔接有利于打破“多龙治水”的贫困治理格局。无论是农村低保，还是其他专项社会救助制度，以及扶贫开发政策，在没有进行有效衔接以前，其主要的作用目标都是我国的贫困群体，只不过在这一过程中多个主体、多套程序、多种方法，贫困治理“多龙治水”的格局尤其明显。这不仅使得贫困治理的重心与核心不突出，而且彼此之间还会出现制度重叠、资源浪费等问题，严重影响反贫困的效率。两项制度的有效衔接，是厘清反贫困的制度体系的重要举措。

二是制度的整合与衔接是形成制度合力的重要前提。在理顺反贫困的基础制度体系以后，各项反贫困的制度安排形成制度合力，共同作用于贫困群体。理念上形成保生存与促发展相结合的反贫困思路，制度上形成社会救助与扶贫开发协调统一的制度体系，主体上形成政府为主导，整合其他多元主体参与的贫困治理架构，目标上共同作用于低收入家庭，工作程序上形成统一协调、信息共享、鼓励创新的良好方法。因此，通过两项制度的有效衔接，在反贫困的理念、制度设计、主体、目标、具体工作程序等方面，都会促使反贫困的整个体系形成合力，共同推进反贫困事业的进步与发展。

三是制度的整合与衔接奠定了未来反贫困制度创新的基础。从浙江省的具体制度实践来看，推进农村低保与扶贫开发的有效衔接解决了困扰各地的多年难题，多部门、多种资源得以有效的整合，理念统一，制度协调，程序一致，是反贫困规范化、标准化、有序化的高度体现。无论是经济欠发达地区，还是类似浙江省这样的经济相对发达地区，在反贫困的宏大进程中都会不断面临着新的问题，新的挑战。只有在基础性的制度协调一致、工作有序开展的前提下，才能进一步鼓励地方的制度创新，推进反贫困事业的发展。

浙江省完成了农村低保和扶贫开发两项制度有效衔接，受到了基层民政干部、扶贫干部的广泛认可，认为两项制度衔接后，不仅消除了原来两个部门各自认定的矛盾，减少了工作摩擦，而且还达成了工作共识，凝聚了部门合力。教育、住房等社会救助相关管理部门也对此表示赞同，认为该举措促进了困难群众的精准识别，有利于教育救助、住房救助等专项救助的精准实施。但浙江省仍需要进一步思考未来反贫困面临的挑战，把握未来反贫困可能的发展趋势。

五、社会安全网构建的国际经验

（一）美国“伟大社会”建设的经验

1. 美国“伟大社会”建设的背景

（1）“二战”以后，美国经济不断增长。国民收入不断提高，美国进入所谓的“丰裕社会”。但在这丰裕与繁荣的背后，失业问题日益严重；出现教育危机和社会公共领域的“缺失”，出现家庭危机和“垮掉的一代”文化。

（2）贫困及由此引发的人民社会运动是美国社会潜伏的社会危机。[①]

（3）美国民众呼唤改革，自由主义改革精神的复兴，为民主党执政和“伟大社会”改革奠定了群众基础，准备了思想条件。[②]约翰·F.肯尼迪的自由主义实践为“伟大社会”改革奠定了经济和思想基础。

（4）约翰逊总统接过反贫困的大旗。他在国会慨然允诺“向贫困开战”。1964年选举的胜利确认了约翰逊总统的合法地位及总统权威，国际局势的缓和有利于专注于国内社会改革，为“伟大社会”改革奠定了政治基础。[③]

1964年5月22日，约翰逊在密歇根大学正式提出“伟大社会”的构想。他宣布“在你们的时代，我们不仅有机会走向一个富裕的社会和强大的社会，而且我们要走向一个伟大社会。”主要目标为：第一，全力以赴消灭贫困、消除种族歧视，追求社会平等；第二，美化城市和乡村，改善生活质量；第

---

① 吴金平．评六十年代美国反贫困斗争 [J]. 山东师范大学学报，1995（3）：35–38.

② 王庆安．林登·约翰逊和“伟大社会”改革研究 [D]. 上海：华东师范大学，2006：30.

③ ［美］赫伯特·斯坦．美国总统经济史 [M]. 金清，郝黎莉译．长春：吉林人民出版社，1996：81.

三，满足国民的道德需要和精神需求，增强理解，消除冲突，构建和谐社会，使每一个美国人都能过上充实、富裕、安详的生活。[①]

2. “向贫困开战”计划的具体实施

约翰逊则认为贫困在于社会过错与个人原因之间，要求把贫困与制度联系起来，这种对贫困的普遍解释成为决策者制定政策的依据。最后把解决这个问题的办法引向了对环境的改造——为穷人提供工作的机会和对权利机制的改革。反贫困计划有三大组成部分：使穷人走向社会或者接受教育；对不公平的经济、政治和文化攻击；改造造成贫困文化的环境。最初一批对“向贫困开战”计划有重要贡献的社会学家更重视结构性措施，认为经济增长并不能解决贫困问题，要打破贫困的恶性循环，还需要通过如职业训练等多种教育形式，采取改造落后地区和反对种族歧视等结构性措施，改变贫困得以产生的环境，向穷人开放机会。同时要改革组织涣散的官僚福利机构，既设立协调全局的反贫困机构，又把权力下放到地方社区，让穷人参与社区活动。据此，经济机会局[②]推行了一系列反贫困计划，[③]主要集中于儿童与青年教育计划；职业训练与再训练计划；社区行动计划（Community Action Program）以及改善落后地区状况等四个方面。涵盖了儿童的早期教育、职业训练等各个领域，尤其是“社区行动计划”是反贫困计划中最富于革新精神的内容，是“向贫困宣战的心脏”，包括居民点服务、就业援助、教育、住房、居民点医疗中心、家庭、法律服务[④]等。

① 王庆安．林登·约翰逊和“伟大社会”改革研究 [D]. 上海：华东师范大学，2006：71–82.

② 依据经济机会法成立的经济机会局是政府反贫困计划的执行机构，从公共管理的角度来看，它既是一个监督机构，又是一个执行实体。从级别上看它与预算局平级，它起着统一国家策略和在联邦机构之间进行协调的作用；它能够设计、资助、评估和选择小规模的试验项目。

③ 徐以骅．林登·约翰逊“伟大社会”述评 [J]. 世界历史，1986（3）：23–32.

④ 1965 年春末，经济机会局宣布一个“向浪费天才开战”计划，从高中毕业班挑选贫困的、有前途的学生送到大学校园进行一周指导，在随后高中学年暑期补习班扩充他们的视野使他们高中毕业后能够充分接受高等教育，增强他们对知识渴求的欲望，使他们高中毕业后能够充分接受高等教育。

3. “向贫困开战”计划的成果

首先，使生活在官方编制的贫困线以下的人口有较大幅度的减少。1964年到1969年生活在贫困线以下人口从占总人口的19%降至12%。同时，失业人数也大为减少。美国工人实际工资也有所提高，生活有所改善。①

其次，改变了对贫困的态度。政府放弃了放任主义，进一步扩大并巩固了新政以来的改革成果，对穷人由不管不问到积极照顾，改善了最贫困的美国人的生活，各项反贫困措施有利于维护社会经济持续稳定发展和促进生产率的提高。

再次，进一步编织了“社会安全网”。“向贫困开战”所采取的各项反贫困政策进一步发展和完善了罗斯福政府开始的社会福利保障制度，成为美国社会发展不可或缺的“社会安全网”。尤其是联邦政府不断扩大对教育的支出，重视早期教育，对提高人力资本因素起了重大的作用。

最后，调节了美国各利益集团之间的关系。以约翰逊政府的食品券计划为例，以国家补贴的形式低价向低收入的家庭提供食品，缓和了这类家庭入不敷出的矛盾。帮助了贫困家庭解决了吃饭问题，同时也使美国的农业资本家获得了好处。

（二）“向贫困开战”计划的教训及对浙江的启示

选取美国20世纪60年代“伟大社会”建设为例进行分析，主要有两个原因：

一是中国同样正在“向贫困开战”。十八届五中全会的“十三五”规划建议明确指出：“我国现行标准下农村贫困人口实现脱贫，贫困县全部摘帽，解决区域性整体贫困。”《中共中央国务院关于打赢脱贫攻坚战的决定》也明确了打赢脱贫攻坚战的总体目标：“到2020年，稳定实现农村贫困人口不愁吃、不愁穿，义务教育、基本医疗和住房安全有保障。实现贫困地区农民人均可支配收入增长幅度高于全国平均水平，基本公共服务主要领域指标接近全国平均水平。确保我国现行标准下农村贫困人口实现脱贫，贫困县全部摘帽，解决区域性整体贫困。”2017年6月23日，习近平在山西太原市主持召开深度贫困地区脱贫攻坚座谈会，强调脱贫攻坚工作目前阶段要重点

---

① 杨鹏飞．林登·约翰逊的“伟大社会”与美国工业社会的成熟 [J]. 史学月刊，2006（11）：78–83.

研究解决深度贫困问题。①

二是浙江处于与当时的美国相似的阶段。如今的浙江省等经济发达地区的经济、社会发展状况，与那一时期的美国极其相似，在经济高速发展，人民社会生活不断富裕的同时，也存在着极大的社会隐忧。以至于有些学者提出，现代的中国也需要进行一场类似于美国那样的“伟大社会”建设运动，通过社会建设，可以重拾人心，增加社会团结，凝聚改革共识。②因此，我们有必要通过对美国“伟大社会”建设的分析，尤其是对其中“向贫困开战”计划的分析，对浙江省的社会建设提供有益的借鉴。

1. 坚持严格选择性原则

美国“向贫困开战”计划的一些反贫困措施放松了对享受资格和条件的限制，特别是对有劳动能力贫困者过于慷慨的资助，导致这部分人对联邦政府援助和救济的依赖，在被动地接受帮助的同时，认为自己的贫穷是因为社会不公平，是政府应该给予的补偿。当有人宁愿坐享其成而不愿去找工作时，最后的结果适得其反，造成严重的福利依赖。③ 这就提醒我们，即使是在经济条件相对发达的地区，即使是在地方财政相对宽裕的时期，即使是在福利资源相对充足的阶段，也必须建立起严格的瞄准机制，确定救助与帮扶的标准，筛选符合条件的对象进入相应的救助帮扶序列，享受到相应的帮扶救助措施。只有这样才能保证制度的效率、公平与可持续性。

2. 明确政府责任边界

美国“向贫困开战”计划的各项反贫困措施的推行都是建立在联邦政府财政开支不断扩大的基础上。许多支出都是以开支的过分膨胀为代价的，它每年的增长超过经济发展的5至6倍，结果政府开支不堪重负。自尼克松时代起便向“福利病”开火，到里根时大砍福利项目，结果是穷人人数马上又回升。1973年贫困人口2600万，占总人数11%，1983年两者分别上升为3500万

① 新华社记者．习近平主持召开深度贫困地区脱贫攻坚座谈会并发表重要讲话 [EB/OL]. 2017-6-25，http://www.china.com.cn/newphoto/news/2017-06/25/content_ 41092226.htm.

② 朱玲．我们需要一份“伟大社会”计划 [EB/OL]. 原载 21 世纪经济报道，转自凤凰网财经频道，2013-12-30，http://finance.ifeng.com/a/20131230/11362031_0.shtml.

③ 王玉．林登・约翰逊政府时期美国的贫困与反贫困 [D]. 长春：吉林大学，2006：30-33.

和15%，1993年为3690万，成为1962年以来穷人最多的一年。[①]过于强调政府的作用，导致政府财政负担过重，开支膨胀，福利削减，引发多种不稳定因素。当前中国包括浙江省在内的一些经济发达地区，地方财政相对比较好，能够支撑大量的福利支出，容易发生政府大包大揽，成为很多地方凸显制度优越性和政府恩民惠民的仁政举措，政府责任的边界模糊不清。一旦经济下行，这种模式将难以为继。

3. 制度整合至关重要

美国“向贫困开战”计划之所以最后出现诸多问题，其中一个重要的原因就在于众多的项目计划彼此之间较为零碎和分散，不成系统，彼此之间相互隔离，不能形成合力，甚至存在相互矛盾与冲突的地方。反贫困是一项整体性、全局性的斗争，不是仅仅依靠单一的项目计划就能实现最终的反贫困目标。[②]此外，矛盾、零散、混乱的制度安排，只会让受助者无所适从，丧失对政府反贫困的信心，缺乏自我发展的动力，影响反贫困的效果。因此，这就提醒我们，反贫困的各个制度之间一定要做到协调与统一。目前的农村低保与扶贫开发，作为反贫困体系中最为重要的两项制度安排，更是需要加强彼此的联系与协作，厘清彼此交叉、重叠、矛盾的地方，加强衔接，充分发挥制度的合力，共同构建牢固的社会安全网，促进反贫困战略目标的实现。

4. 要加强多主体参与

许多项目的实施需要将联邦、州和地方的资源整合到一起，由此带来了一种新的联邦管理模式，经济机会局将资金直接拨给社区而不是通过州和地方机构，这不可避免地就形成了一种联邦机构—社区授权计划的关系，联邦处于绝对优势地位。过度集权会使权力机构自身看不到隐藏在权力背后的危险。对我们的启示在于，在反贫困过程中不仅仅要发挥中央政府与地方政府的作用，还要其他多元主体的参与，才能形成协调发展的局面。

---

① 吴金平．评六十年代美国反贫困斗争[J]. 山东师范大学学报，1995（3）：35–38.

② 王庆安．林登·约翰逊和“伟大社会”改革研究[D]. 上海：华东师范大学，2006：117.

六、浙江省反贫困的挑战与展望

（一）浙江省反贫困面临新挑战

2016年，浙江省生产总值（GDP）达到46484.98亿元，全省人均GDP为83157.39元，超过1.2万美元。从各地级市来看，杭州、宁波和温州GDP总量领先，分别为11050.5亿元、8541.1亿元和5045.4亿元；从人均GDP来看，各市均超过全国平均水平。杭州、宁波和舟山位列前三，杭州市人均GDP为18106.83美元，宁波市人均GDP为16328.44美元，舟山市人均GDP为15971.59美元。温州市人均GDP最低，为8278.87美元。①从数据上看，浙江省人均GDP已经达到中等发达国家水平。与此同时，浙江省经济社会发展过程中存在着诸多隐忧，反贫困事业出现许多新情况、新问题，面临新的挑战。

1. 社会对先富帮后富缩小贫富差距的期待

一项有关浙江省的调查显示，无论社会成员之间的收入差距、行业收入差距，还是社会成员间财富占有量、区域性差距，绝大多数先富者都认为差距过大。他们主要将其归因为社会制度性的因素，如分配制度。社会贫富差距不只是财富与收入的问题。财富和机会不平等的巨大鸿沟会造成极度贫困的持续存在，并影响到很大一部分人。这既浪费了人的潜力，而且在很多情况下会减缓持续经济增长的速度。②此外，一些贫困者正从暂时贫困走向长期贫困和跨代贫穷，贫困发生代际传递，阶层固化，社会阶层流动通道也将被严重堵塞。

一方面是浙江省的人均GDP达到了中等发达国家水平，另一方面是社会中依然普遍存在的贫富差距。浙江省依然有经济相对欠发达地区和生活困难群众，整个社会对先富帮助后富，最后实现共同富裕有着强烈的期待。贫穷与富裕是共生的，简言之，生活在一个充满贫穷的社会环境中的富人群体，

---

① 数据来源：宜居城市研究室.2016年浙江各市GDP和人均GDP排名[EB/OL]. http://www.elivecity.cn/html/jingjifz/3138.html。常住人口数据采用2015年末数据，2016年美元兑人民币平均汇率为6.6423。

② 朗友兴.先富群体对社会贫富差距状况的认知：浙江之调查[J].中共宁波党校校报，2006(1)：65-70.

其自身的生活也会受到各种影响。因此，这就对国民收入再分配提出了挑战。在经济高速发展同时收入分化与极化的社会中，再分配制度显得至关重要。从反贫困角度来讲，如何更好地发挥社会救助制度的兜底功能和扶贫开发的发展功能，有效衔接与整合，形成制度合力，帮助贫困群体摆脱贫困，分享经济社会发展的成果，如何在新形势下实现制度创新，构建一整套高效率、可持续的反贫困政策体系等，这些都是当前需要解决的重要问题。

2. 极端事件对政府形象的严重影响

社会稳定和谐是政府追求的目标之一。政府也在通过推动经济、社会发展的同时赢得政府公信力，提升政府形象。但是，一些极端事件往往会产生巨大的负面影响，破坏政府的形象。一些群体由于自身原因和各种社会因素的作用，在社会竞争中处于困难地位，生活陷入困境。因病致贫、因学致贫、创业失败、就业不顺、突发事件等，都会导致部分群体采取极端行为来引起社会注意，期望获得社会帮助，或者，采取一些极端手段，伤害自己或他人。这些都会造成社会危害，对整个社会的稳定产生巨大影响。尤其是在自媒体时代，微信、微博以及各种网络媒体的传播速度极快，传播方式多样性，都会在短时间内对政府的形象造成恶劣的影响。贵州毕节的留守儿童自杀事件，甘肃的杨改兰事件等等，无疑给全社会敲响了警钟。因此，必须发挥社会救助的兜底功能，实施精准扶贫，构筑牢固的社会安全网，通过完善的反贫困制度体系，及时发现贫困群体及一些高风险的脆弱性群体，将极端事件的发生概率降到最低。正所谓“仓廪实而知礼节，衣食足而知荣辱”“饥寒而起盗心”，只有通过完整的制度安排，防患于未然，才能防止极端事件的发生。

3. 户籍制度改革对反贫困提出新的挑战

户籍制度改革应该从本质上保障公民的迁徙自由。一些研究者提出了许多方案，如有学者提出以登记地确立居民的各项权利的行使地域。居民可以在户籍登记所在行使政治权利、经济权利和社会权利，如行使选举权和享受各种社会公共产品福利待遇等。①但这会造成一些城市负担加重，公共财力难以承受，导致社会管理的隐患。因此，户籍制度改革的目标应是将户口背后

① 李永军，王欢. 论户籍制度改革对农民社会保障的影响[J]. 中国集体经济，2007(7)：33-34.

涉及的社会保障、福利待遇等与户口管理相脱钩。同时，以基本公共服务均等化为目标，注重城乡、区域之间社会保障制度的统一、政策的衔接、待遇水平的基本均等。只有这样，才能解决以上的各种冲突，促进人口的合理流动。

2015年底，浙江省政府出台《关于进一步推进户籍制度改革的实施意见》，提出全面放开县（市）落户限制，有序放开大中城市落户限制，取消农业户口与非农业户口性质区分，把计划生育等政策与户口登记脱钩等，标志着全省户籍制度改革进入全面实施阶段。根据2016年浙江省5‰人口抽样调查推算，2016年末浙江省常住人口5590万人，城镇化率为67.0%，比上年提高1.2个百分点，较全国平均水平（57.4%）要高9.6个百分点。[①]在浙江，相对自由的户口迁移政策体系已经基本形成，新型居住证制度正在加快建立。浙江省需要逐步完善城乡低保制度，推动扶贫开发适应户籍制度改革的新趋势。户籍制度改革以后，一些原来的农村居民的户口在户籍登记上已经看不出是属于农村还是城市，这给农村贫困群体的认定带来很大的困难。此外，随着相对自由的户口迁移政策体系的完善，浙江省内农村人口与城市人口相互流动，一些原来农村人口流向城市及城镇，可能导致部分贫困人口在社会救助制度的对象瞄准过程中被遗漏，势必造成事实上农村贫困群体认定人数的减少。与此同时，随着人口的流动加速，农村贫困有向城市贫困转移的迹象，在这种情况下，城市与农村如何适应户籍制度改革，共同应对贫困问题成为一个急需解决的问题。

（二）浙江省反贫困需要新的理念

尽管浙江省的人均GDP早已达到中等发达国家水平，2015年全面消除了家庭人均年收入4600元以下的贫困现象，成为全国第一个率先打赢脱贫攻坚战的省份，同时一次性摘掉26个欠发达县的“帽子”。在这种形势下，要防止在一些干部中出现错误的意识，认为浙江省不存在贫困家庭，不需要进行扶贫和救助工作了，导致实际的工作中忽视社会救助，轻视反贫困。实际上，这只是提示浙江省进入了长期的反贫困新阶段。这主要体现为：

首先，贫困是世界性、历史性的难题。人类从古到今，几乎一直在同

① 数据来源：http://www.zj.stats.gov.cn/。

贫困作斗争，很多国家与地区一直在从事着反贫困的伟大事业。每一个时期的贫困，都有其独特的特点，各种反贫困项目，也具有阶段性的特征，贫困与反贫困领域的新问题、新现象层出不穷。因此，我们需要做好反贫困的长期性的准备。尽管目前取得了阶段性的胜利，但随着整个社会进入高度复杂性、高风险的阶段，需要做好各项制度安排，建立前瞻性的政策，应对不断出现的风险冲击，保护社会中的困难群体，防止这些脆弱性的群体在高风险的冲击下陷入绝对贫困的境地。

其次，对贫困的理解需要全新的视角。从浙江省的经济、社会发展阶段来看，贫困已经开始由绝对贫困向相对贫困转变。理解贫困的全新视角，除了绝对贫困以外，还包括相对贫困、社会排斥、社会融合、脆弱性、不确定性等，都给我们认识和消除贫困提供了全新的视角，提醒政策的设计者，要适度降低制度的刚性，提高制度的弹性，在规范化的同时减少制度衔接与整合的阻力。这些视角能够将多项制度统一整合在同一个反贫困战略体系中，按照统一协调的程序与方法进行制度对象的瞄准与识别，从而让不同的制度能够瞄准相应的目标群体，有效减少制度瞄准的偏离与溢漏，实现制度的效率与公平的统一。

最后，反贫困需要制度化与规范化。根据浙江省的经济社会发展状况，反贫困的重点应该在相对贫困。政府承担主导责任，目前的主要任务是厘清责任边界，根据一定的程序确定政府需要保障的相对贫困人口的比例。不因领导人与具体主事者改变而改变，不因财政收入增长速度改变而改变，使浙江的社会救助更加标准化、规范化。这是在后期的研究与实践中迫切需要解决的问题之一。

（三）浙江省反贫困的未来展望

1. 由基础整合到协调发展

基于浙江省进入“后扶贫”时代的判断，反贫困的制度设计需要凝聚成一个整体，形成一个有机的体系，实现由基础整合到协调发展的格局。基础整合，是指坚持以低保制度为基础，同时整合特困人员供养、受灾人员救助、医疗救助、教育救助、住房救助、就业救助以及临时救助在内的专项救助，发挥保基本的基础性功能，形成基础性救助综合体系，继续发挥社会救助的兜底功能。但是，仅仅做到这些是不够的，社会救助的功能有限，很大程度上还不能实现帮助贫困群体脱贫的目标。这就需要同扶贫开发制度协调发展。与此同时，还需要根据浙江省经济、社会发展过程中出现的新情况、新问题，进一步整合资源，多方协调，尤其是提倡社会力量的参与，形成制度的合力。显而易见的是，在实现了低保与扶贫开发的有效衔接以后，下一步的目标，应该是两项制度在实施主体、管理体制、认定程序、标准及对象等层面的彻底融合，形成一套新的反贫困的整体性制度安排。可以设想，现在一些地方为促进两项制度有效衔接而设立的联席会议制度也会逐渐被取代，在未来的发展中，随着政府机构改革及调整，将形成一个统一的反贫困领导与办事机构。

2. 由政府主导到多主体参与

正如前文所述，美国“伟大社会”建设给我们的启示之一在于要明确政府责任的边界，强调政府主导并不意味着政府大包大揽，否则会导致贫困者的福利依赖，政府自身也会背上沉重的财政负担。提倡社会力量的参与，是现在政府有关部门早已看到的可选路径之一。重视社会组织在资源整合过程中的作用，应当鼓励社会多主体参与社会救助，积极探索社会组织在反贫困中的作用，可以通过捐款、提供服务等形式补充资源，促进制度可持续发展。

要充分发挥社会组织在反贫困资源整合过程中的积极作用，通过政策、宣传等方式提高社会组织地位，鼓励社会组织积极参与，另一方面要注意社会组织各自优势，使得社会组织与项目充分对接，使得资源效率最大化。

除社会组织之外，个人的社会捐赠也很重要。尤其是一些富豪的捐赠，将会给反贫困带来大量的资源。浙江省是藏富于民的省份，2012年浙江省拥有中国民营企业500强中的142家。整个社会在强调企业社会责任的同时，实际上也为富裕起来的个人回馈社会奠定了重要的思想基础。

因此，未来浙江省的反贫困事业，将依然由政府主导，但此时政府的责任边界清晰，不再大包大揽，而是承担有限的主导责任。如果说在绝对贫困人口占据多数的时代，政府需要义不容辞地承担起主导责任的话，那么在经济高速发展，社会进入相对贫困的时期，政府就需要明确自身边界，动员社会力量的广泛参与。一方面能够增加反贫困的福利资源，整合多种力量参与反贫困的事业，另一方面还能够消解由于贫富差距带来的社会隔离，促进社会和谐。

3. 由关注不平等到关注不确定性

不平等（Inequality）往往与贫困有关，同时与贫富差距紧密相连。不平等强调的是一种不公平感。社会不平等在各个领域都有体现，例如收入不平等、财富不平等、地位不平等、健康不平等以及其他各种不平等的表现形式等。一些不平等起源于国民收入初次分配的不公，因此许多解决措施寄希望于后期的国民收入再分配，亦即通过社会救助、社会福利等形式来帮助人们摆脱不平等，实现社会公平。而不确定性（Uncertainty）是一个出现在哲学、统计学、经济学、金融学、保险学、心理学、社会学的概念。不确定性就是指事先不能准确知道某个事件或某种决策的结果。或者说，只要事件或决策的可能结果不止一种，就会产生不确定性。在任何一个社会中，人们对于不确定的、含糊的、前途未卜的情境，都会感到面对的是一种威胁，从而总是试图加以防止，希望构建安全的生活环境。反贫困的诸多制度设计本质上其实是一种社会建设运动，其主要目的是为了帮助底层群众摆脱贫困，实现社会公平。当前的社会建设主要面向不平等的问题展开，反贫困主要和直接的受益者是社会的最底层。贝克等认为现代社会已经进入风险社会，全球化、高科技、高风险的社会特征增加了社会生活的不确定性。社会生活中充满着不可预测性，人们的生活缺乏安全感。因此，社会建设在面向不平等、增进公平感的同时，应比以往更加自觉地面向不确定、提升安全感，这是一个巨大的转变。不平等关注的是社会底层，而不确定性关注的是全体社会成员。[①]消除不平等，促进社会公平的努力，其主导力量是政府，而消除不确定性，增强安全感的努力，其主导的力量应该是社会，正如前文所述，由政府主导到社会力量参与。

未来浙江省反贫困的趋势，应该是在消除不平等的同时，更多的关注不确定性。尤其是在保障了少数社会最底层群体的基本生存需要以后，需要转向对全体社会成员不确定性的关注。通过主动地积极干预，防止社会成员中的脆弱性的群体陷入贫困。

4. 从区域面向到个体面向

在扶贫开发政策中，许多项目都是以县、村及少量家庭为单位，采取的

---

① 王小章 . 面向不平等和不确定性的社会建设 [J]. 探索与争鸣，2015（10）：49-53.

更多是一种区域面向的选择，关注区域的反贫困问题，而对家庭及个体层面的贫困关注较少。区域面向的反贫困策略存在忽略贫困的个体差异性、忽略贫困的多维度性以及贫困个体参与度低等缺陷，与精准扶贫的要求不一致。现在一些反贫困项目整县、整村推进，缺乏精准性，效果不佳，在部分地方甚至成为一些人中饱私囊寻租的重要手段，这就明显背离了扶贫开发的初衷。自精准扶贫战略提出以来，现行的许多政策设计需要调整。从目前浙江省的现状来看，需要从区域面向转向个体面向，不仅仅要关注区域的贫困问题，通过一系列的措施来推动区域经济发展，帮助贫困区域内的居民摆脱贫困，发家致富，还需要关注个体面向的反贫困，增强反贫困的精准性。

精准扶贫要求“因人因地施策”。“因人因地施策”则是强调个体的差异性，强调贫困群体的地区差异性。这要求针对一个家庭中的不同个体，不能笼统地看着一个同一性很强的家庭整体来实施救助，要分辨这些个体彼此之间由于性别、角色地位、年龄、职业等不同所导致的贫困状态以及贫困需求状况的差异性。男性与女性、儿童与成年人、老年人与中青年人、留守儿童、妇女与外出务工者、有工作和没有工作的人，等等，彼此之间都应该存在着较大的差异性，精准扶贫要求体现出这种差异性，做到有的放矢，做到“因人因地施策”。因此，在制度设计中采取个体面向是实现这个目标的有效路径。

精准扶贫要求“因贫困原因施策”“因贫困类型施策”。“因贫困原因施策”要求弄清楚贫困的根本原因，因病致贫、因学致贫、暂时的灾难导致的贫困，不一而足。“因贫困类型施策”意味着必须弄清楚贫困群体的贫困类型。贫困原因更多的带有个体色彩。一个家庭最主要的致贫原因往往来自家庭中的某一个个体。这就需要对贫困家庭的个体进行深入的分析，采取个体面向，弄清贫困的具体原因，才能进行有效的政策回应。对贫困类型区分更多来自对家庭中个体状况的深入分析，个体面向是必然要求。

5. 由最低保障到多维度保护

低保制度强调的是最低保障，是对贫困群体最基本生存需要的满足。低保与其他的社会救助制度以及扶贫开发一起，构建了一个相对完整的反贫困体系，形成对贫困群体的多维度保护。但这一“社会安全网”还需进一步完善。

第一，进一步拓展社会救助的服务功能。社会救助制度既是公民的基本权利，也是国家的义务。社会救助的服务功能也开始得到重视。所谓服务功能，是指社会救助制度以提供社会服务的形式来满足特定群体的生活需求。之所以对其服务功能进行拓展，是因为社会救助制度的服务功能是现代救助对象需求差异化、多样化的应有之义；同时也是对现实贫困状况及贫困人口结构变化的回应。社会救助服务是多维度保护的具体体现之一。

第二，构建多维度保护的“社会安全网”。社会安全网的构建，仅仅依靠以低保为基础的社会救助制度是远远不够的。安全网的构建还需要其他制度的协调与整合。低保能够保障贫困群体的基本生存需要，医疗、教育、就业、住房以及临时救助等专项救助制度，成为低保制度的有益补充。而扶贫开发则承担起发展的功能，发展本身就是对社会中的脆弱性群体最大的保护。此外，安全网的构建需要发挥多主体的作用，政府主导、社会力量参与，多主体协调一致，共同构筑了牢固的社会安全网。

因此，可以设想，未来浙江省的居民，无论贫富，无论城乡，都能够置身于社会安全网的多维度保护之下，消除不确定性，提高安全感。

6. 从低收入农户到低收入家庭

这是救助帮扶对象的认定标准与方法的转变。实际上，在农村低保与扶贫开发有效衔接之前，还存在其他各类对象，如低保对象、贫困户、低收入群体、困难家庭等，各种名称，各种认定方式。两项制度有效衔接以后，农村的反贫困客体就统一为低收入农户（占农村人口的5%）。无论是社会救助制度还是扶贫开发政策，都是以低收入农户作为基本帮扶救助对象，名称统一，认定标准与认定程序统一，保证了制度的规范化和有效运行。正如前文所论述，随着户籍制度改革的推进，给浙江省的反贫困事业提出更多更高的要求。2016年，浙江省进行尝试，按国际通行做法，将人均可支配收入60%以下的家庭，视为低收入家庭。未来浙江省的反贫困对象，不仅仅包括农村的低收入农户，还包括城市中的贫困群体，因此，可由“低收入农户”的概念扩展为“低收入家庭”的概念，无论是城市还是农村，统一以低收入家庭作为政府承担社会救助、社会福利的责任范围，以低收入线作为大病保险报销比例、养老服务补贴、公共租赁住房配置等公共服务界线。需在现行低收入农户认定办法的基础上，进一步研究低收入家庭的认定办法、认定机制和受益范围，形成整个反贫困的制度体系。建议低收入家庭的受益范围可参照香港综援制度的救助比例（占总人口的7%）或美国食品券的发放范围（占总人口的10%）进行合理确定，进一步拓宽反贫困制度的覆盖范围。

7. 由复杂到基于信任的简单

具体工作程序的优化，对提高制度的效率有着至关重要的意义。浙江省的现实情况与中国其他地区类似，一方面存在着基层民政力量薄弱的问题，另一方面，农村中存在着家计调查困难的问题，很多收入财产核查实施起来极其复杂，各种新问题新情况层出不穷，最后只会徒耗人力物力，导致制度瞄准不精确，对制度的公平与效率都会产生较大的影响。

例如，在对申请社会救助家庭经济状况进行认定的时候，属于转移性收入的赡养费需要计入家庭收入范围，但由于农村的情况多种多样，导致农村居民的赡养费往往经常难以核定，给基层的社会救助工作带来很大的阻碍。[①]基于此，浙江省开展了赡养能力计算的试点工作。赡养能力计算的试点主要基于人性善的假设，充分相信申请人的自诉与承诺，目的一是为了简化程序，减少工作量，降低工作成本，提高工作效率，二是为了方便群众，引导人尽孝，与社会的诚信系统建设的大趋势接轨。现行的试点文件要求简化赡养能力证明材料，以赡养人的自诉承诺为依据，不需其提供烦琐的材料，但应当告知其不诚信的严重后果。被赡养人低保公示时应注明赡养人自诉无赡养能力。审核审批机关应对20%以上的自诉无赡养能力对象进行事后核查。赡养人的自诉承诺虚假，需承担以下后果：重新审批申请人家庭的救助资格；赡养人家庭纳入社会救助诚信“黑名单”，如今后申请社会救助，需严格审查；该诚信“黑名单”提供给赡养人所在单位、社区以及工商登记、银行、保险等社会征信系统。[②]“敢于承诺，敢于给予；敢于违反，敢于惩罚”。尽管当前制度设计还有一些问题，但总体方向和趋势是不变的，代表着未来发展的方向。在良好的诚信系统基础上，简化工作程序，提高工作效

① 浙江省在《浙江省最低生活保障家庭收入核定办法（试行）》（浙民低〔2007〕93号）、《浙江省低收入家庭收入核定办法》（浙民助〔2010〕225号）的基础上，出台《浙江省社会救助家庭经济状况认定办法》（浙民助〔2015〕13号），原有的两个制度即行废止。

② 浙江省民政厅．浙江省民政厅关于开展赡养能力计算试点工作的通知．浙民助〔2016〕93号．

率，未来还可以配合大数据等系统进行事后的抽查，完善整个工作程序。这改变了以前复杂的工作程序，脱离复杂的工作环境，转变为基于信任基础上的简单工作程序，精练工作方法，提高工作效率。大数据可以充分应用到社会救助与扶贫开发的瞄准机制中，例如，通过大数据记录普通民众的日常消费习惯，通过水、电的使用等数据来帮助判断一个家庭实际的贫困状况，这些都可以作为帮扶救助对象目标瞄准过程中的重要辅助措施。此外，还可以通过居民日常生活消费数据的变化，建立起大数据预警系统，一些家庭的实际生活是否发生困难，是否有陷入贫困的风险，都可以通过预警系统进行早期的预判与干预，协助民政部门做好前期的干预、中期的筛查、后期的排除工作，提高制度的效率，减少制度的溢漏效应。未来浙江省的反贫困工作，都可以遵循这一思路进行设计，这应该可以成为缓解基层民政力量薄弱的一个可行途径之一。

8. 由被动补救到主动回应

现行许多反贫困的制度设计是被动的应急型制度。这种制度关注于对贫困后果的事后补救，关注的是对贫困的“下游干预”，①当贫困者陷入极端赤贫，生存难以为继的时候，给予一定的资金和物质帮助。事实证明这种制度的成本高，效率低。而按照风险管理的理论，在经济全球化的环境下消除贫困不仅代价高昂，也是很难实现的事情，因而只有预防贫困才能达到消除贫困的目的。②因此，在新型的制度设计中应该贯彻贫困预防的理念，提倡贫困的“上游干预”，在上游消除贫困产生的条件和机制，切断贫困产生的链条。应该按照生命周期理论，针对不同年龄阶段贫困群体的特点，采取不同措施预防贫困的发生，减少个体面临的贫困风险，防患于未然，将干预时机提前，形成对贫困群体的社会保护。

“被动补救”模式总是在社会问题出现并一直蔓延到不得不解决的时刻政府才会被动采取相应的治理措施，始终处于一种被动的状态。在新的制度理念下对社会问题的解决，政府的决策必须做到“主动回应”。主动发现社

---

① 祝建华曾对这一问题进行了深入的探讨与分析，详见祝建华．城市居民最低生活保障制度的评估与重构 [M]. 北京：中国社会科学出版社，2011.

② 徐月宾，刘凤芹，张秀兰．中国农村反贫困政策的反思——从社会救助向社会保护的转变 [J]. 中国社会科学，2007（3）：40–53.

会问题的变化，分析社会问题的特征，及时做好事前预防和“上游干预”。这就要求政府的决策是积极和主动的，制度的设计也应是前瞻性的。[①]随着浙江省进入所谓的“后扶贫时代”，关注全体社会成员的不确定性，主张对贫困群体进行多维度保护，多方主体参与的积极主动干预的“主动回应”模式的政策设计将应运而生，这代表着未来发展的趋势。

9. 由脱贫到消减贫困脆弱性

现代社会是一个高风险社会，贫困脆弱性的概念可用来解释当前人们的状态。贫困脆弱性是指个人或家庭面临某些风险的可能性，并且由于遭受风险冲击而导致财富损失或生活质量下降到某一社会公认水平之下的可能性。贫困脆弱性的度量能够帮助识别目前并非贫困而未来可能会陷入贫困以及那些无法脱离贫困的家庭或个人。脆弱性既是风险的产物也是个体抵御风险的能力和行动的产物，脆弱性的程度依赖于风险的特点和家庭抵御风险的机制。这些分析对于提高扶贫对象识别效率，以及有效实施扶贫政策干预具有重要意义。导致脆弱性的冲击的种类很多，最常见的大范围冲击有自然灾害、环境危机、经济波动、政策改变、种族冲突等；疾病、失业、突发事故等冲击都可能导致家庭财富的损失和生活水平的下降。农村地区由于其生产和生活环境更加复杂多变，遭受各种冲击的可能性也更大。因此，在完成脱贫攻坚的任务以后，后期主要就在于如何帮助这些家庭消减贫困脆弱性，避免这些家庭由于各种各样的风险冲击，缺乏应对能力，无法采取合理的行动，从而导致返贫。要提高农村居民的抗风险能力，社会福利应超越收入再分配的旧思路，必须投资到具有促进人力资本、社会资本、劳动技能的社会项目上，并通过保障农村居民的合法权益等途径，消除农村居民参与经济的障碍，促进个人能力的提升。简言之，可以从以下几个方面入手：

首先，建立贫困协同治理网络。风险的防范、贫困的治理、脆弱性的消减，都需要多方力量的参与。因此，需要动员社会力量参与整个脆弱性贫困的治理，帮助已经脱贫但是具有较强脆弱性的家庭应对社会风险的冲击，防止其再次陷入贫困。只有构建贫困协同治理网络，才能保证组织与资源的有效整合，构建“社会安全网”，从而使反贫困的战略有序化、规范化。

---

① 祝建华 . 城市居民最低生活保障制度的评估与重构 [M]. 北京：中国社会科学出版社，2011：154–155.

其次，进一步加强现有制度的整合与协调。在社会救助与扶贫开发有效衔接的基础上，还需要从反贫困的决策机制、沟通机制、内部信息传递机制以及各部门联动机制等方面入手，协调不同的职能部门，整合各种资源，促进制度的有效衔接，打破之前部门封闭、各自为营的做法，形成整体有序的制度框架。

最后，在“后扶贫时代”，政府官员与广大公民要树立风险意识，加强能力建设。能力建设包括两方面，一方面是政府反贫困的能力建设，能够组织协调各方资源，共同帮助困难群体应对风险冲击；另一方面是指全体社会公民需要多方位、多渠道地提高应对社会风险的能力，提高整体上的应对能力和自我恢复能力，同时在面临风险冲击的同时，能够采取正确合理的应对行动。

10. 由地方经验到地方立法

在长期的反贫困实践中，浙江省进行了许多有益的制度探索，有许多较好的制度创新。但在制度的规范化、法制化建设上依然存在滞后性。通过反贫困立法能够保证政策实施的稳定性，能够进一步促进社会救助、扶贫开发等政策的规范化。同时，反贫困制度的法制化建设和我国建立法制化国家的指导思想相吻合。只有通过立法的形式促进民生制度上升到国家意志，才能进一步提高制度的有效性和权威性，才能更好地规范、调节和监督制度实施过程中的不规则行为，保证制度良性、协调和有序的发展。从反贫困体系自身的建设而言，只有通过立法的形式才能统一协调各个部门的力量，实现政府资源的有效整合，充分发挥政府各部门的功能，促进制度的协调统一性，保障各种复杂问题的解决，提高制度的运行效率。也只有通过立法的形式才能进一步地明确各个政策主体的权利与义务，保障制度的良性运行与协调发展。

因此，浙江省反贫困事业还面临着一个重要的任务，就是如何将一些地方经验，通过详细的评估以后，进入地方立法，上升为法律，这是进一步保障浙江省反贫困事业有序推进的必要手段。

（课题负责人：浙江省民政厅副厅长王忠志；课题组成员：祝建华、陈建义、张华、鲍柏焕；执笔人：浙江工业大学副教授祝建华）

参考文献

［1］European Council. Joint Report on Social Inclusion[R]. Luxembourg: Office for Official Publications of the European Communities,2004：10.

［2］Neil Gilbert，Paul Terrell. 社会福利政策导论[M]. 黄晨熹等译．上海：华东理工大学出版社，2003：121．

［3］Robert Lampman.The Ends and Means in the War on Poverty[C]. Poverty Amid Affluence,ed. Leo Fishman. New Haven,Yale University Press,1966:213.

［4］杜毅，肖云.扶贫开发政策与农村最低生活保障制度运行衔接研究[J].西北人口，2012，33(5)：29–33.

［5］郭庆，丁谨之.消除贫困，浙江的策略和选择［N］.浙江日报，2006年8月29日第04版.

［6］郭玉辉.农村低保与扶贫开发“两项制度”如何有效衔接——以福建省武平县为例[J].人民论坛，2013(29)：102–104.

［7］〔美〕哈瑞尔·罗杰斯.美国的贫困与反贫困[M].刘杰译.北京：中国社会科学出版社，2012.

［8］韩建华.中国农村政府主导型扶贫运作模式的缺陷及其改进.经济研究导刊，2011(36)：36–38.

［9］〔美〕赫伯特·斯坦.美国总统经济史[M]. 金清，郝黎莉译.长春：吉林人民出版社，1996：81.

［10］江彬，左停.关于我国农村扶贫政策与低保政策衔接问题的研究综述[J].安徽农业科学，2013，41(6)：2755–2757，2759.

［11］〔美〕拉尔夫·德·贝茨.1933–1973年美国史[M].南京大学历史系英美对外关系研究室译.北京：人民出版社，1984：189.

［12］朗友兴.先富群体对社会贫富差距状况的认知：浙江之调查[J].中共宁波市委党校学报，2006(1)：65–70.

［13］李丽.中国城乡居民家庭贫困脆弱性研究[M].北京：经济科学出版社，2012.

[14] 李庆梅. 用负所得税重构中国低保制度的模拟分析：以全国和甘肃为例——兼与农村扶贫开发比较[J].兰州大学学报，2011(3):79-87.
[15] 李学术，熊辉，刘楠.低保制度背景下农村扶贫开发的功能定位及其发展机制[J].经济界，2010(3):76-81.
[16] 李永军，王欢.论户籍制度改革对农民社会保障的影响[J].中国集体经济，2007(7):33-34.
[17] 联合国发展计划署.中国人类发展报告——人类发展与扶贫[R].1997:14.
[18] 林闽钢.我国农村精准治贫的机理及其政策选择[J].中国民政，2016(5):16-18.
[19] 刘宝臣. 中国反贫困政策的分裂与整合：对社会救助与扶贫开发的思考[J].广东社会科学，2016(6)：5-13.
[20] 玛丽亚·康西安，谢尔登·丹齐革.改变贫困，改变反贫困政策[M].刘杰等译. 北京：中国社会科学出版社，2014.
[21] 牟秋菊. 贵州农村扶贫开发与低保制度衔接现状调查研究[J].科技经济市场，2011(8):89-91.
[22] 唐钧. 社会救助——从边缘到重点[J]. 中国社会保障，2009(10):77-80.
[23] 唐丽霞. 精准扶贫机制实施的政策和实践困境[J]. 贵州社会科学，2015(5):151-155.
[24] 王庆安. 林登·约翰逊和“伟大社会”改革研究[D].上海：华东师范大学，2006:117.
[25] 王三秀.可持续生计视角下我国农村低保与扶贫开发的有机衔接[J].宁夏社会科学，2010(4):73-77.
[26] 王素霞，王小林.中国多维贫困测量[J].中国农业大学学报，2013(2):129-136.
[27] 王小林.贫困标准及全球贫困状况[J].经济研究参考，2012(55):41-50.
[28] 王小林.贫困测量：理论与方法[M].北京：社会科学文献出版社，2012.
[29] 王小章.面向不平等和不确定性的社会建设[J].探索与争鸣，2015(10):49-53.
[30] 王玉.林登·约翰逊政府时期美国的贫困与反贫困[D].长春：吉林大学，2006:30-33.

[31] 韦伟强.变扶贫为低保——我国农村救助范式转换[J].实事求是，2008(2)：22-24.
[32] 吴金平.评六十年代美国反贫困斗争[J].山东师范大学学报，1995(3)：35-38.
[33] 向运华，刘欢.保障性扶贫模式下社会救助助推精准脱贫的实证分析——基于1989-2011年CHNS数据库9次调查数据研究[J].江西财经大学学报，2016(5)：63-73.
[34] 徐以骅.林登·约翰逊"伟大社会"述评[J]. 世界历史，1986(3)：23-32.
[35] 徐月宾，刘凤芹，张秀兰.中国农村反贫困政策的反思——从社会救助向社会保护的转变[J].中国社会科学，2007(3)：40-53.
[36] 杨成波. 农村低保制度与农村扶贫开发政策衔接问题探析[J].农业现代化研究，2012(1)：37-40.
[37] 杨鹏飞. 林登·约翰逊的"伟大社会"与美国工业社会的成熟[J].史学月刊，2006(11)：78-83.
[38] 杨穗.农村低保与扶贫开发两项制度的有效衔接研究[A].李培林，魏后凯.中国扶贫开发报告（2016）[C].北京：社会科学文献出版社，2016:178-194.
[39] 周凯. 反扶贫立法视角下扶贫开发与农村最低生活保障衔接研究[D]. 兰州：甘肃政法学院，2014：21-23.
[40] 朱玲. 中国扶贫理论和政策研究评述[J]. 管理世界，1992(4)：190-197.
[41] 祝建华.城市居民最低生活保障制度的评估与重构[M].北京：中国社会科学出版社，2011:127.
[42] 左常升.包容性发展与减贫[M].北京：社会科学文献出版社，2013.
[43] 左常升.国际减贫理论与前沿问题（2016）[M].北京：中国农业出版社，2016.
[44] 左常升.世界各国减贫概要[M].北京：社会科学文献出版社，2013.
[45] 左停.开发式扶贫与低保之衔接互嵌[J].中国经济报告，2016(10)：34-36.
[46] 国务院办公厅.关于做好农村最低生活保障制度与扶贫开发政策有效衔接的指导意见. 国办发〔2016〕70号.
[47] 国务院办公厅.国务院关于在全国建立农村最低生活保障制度的通知.国发〔2017〕19号.

[48] 国务院办公厅.社会救助暂行办法.国务院令第649号.

[49] 浙江省民政厅.浙江省民政厅关于开展赡养能力计算试点工作的通知.浙民助〔2016〕93号.

[50] 浙江省民政厅.浙江省社会救助家庭经济状况认定办法.浙民助〔2015〕13号.

[51] 中共中央，国务院.中国农村扶贫开发纲要（2011—2020年）. 国务院公报，2011年第35号.

[52] 浙农办.浙江省低收入农户认定标准、认定机制及动态管理办法.浙农办〔2016〕82号.

浙江省城乡社区治理研究报告

作为新中国第一个居民委员会诞生地，浙江城乡社区建设不仅起步早，而且城乡社区发展的水平也比较高。我们以“十二五”期间全省城乡社区建设情况为基础，认真总结梳理城乡社区发展取得的成就和面临的困境，思考“十三五”新形势下城乡社区治理发展的机遇和挑战，积极探索城乡社区治理体制机制的创新，切实推动城乡社区治理的重点领域改革，开创我省城乡社区治理的新格局。

一、“十二五”城乡社区建设的经验总结

自2000年中共中央办公厅、国务院办公厅联合下发了《中共中央办公厅、国务院办公厅关于转发〈民政部关于在全国推进社区建设的意见〉的通知》以来，浙江省城市社区建设进入了整体推进、全面拓展的阶段。2008年以来，浙江省在全国首个以省级党委、政府名义下发了《关于推进农村社区建设的意见》，对全省农村社区建设作了比较系统、兼顾理论性和实践性的规定，由此也推进了城乡社区均衡化发展的重要时期。进入“十二五”之后，在一系列政策的引领下，全省城乡社区服务业取得了长足的发展，城乡社区均衡化治理格局初步形成。

“十二五”期间，全省已经建立起了与经济社会发展相协调，以政府投入为主导，政府直接服务与购买服务相结合，社区组织协助服务与企业、社会组织、志愿者参与服务相结合，服务设施健全、信息化程度较高、服务功能完善、覆盖城乡社区全体成员、服务质量和管理水平较高的社区服务业体

系。“十二五”期间社区服务业增加值比“十一五”期间翻一番；基本实现了乡镇社区服务中心、村（社）社区服务中心的全覆盖，能提供“一门式”或“一站式”服务；建立起了专职社区工作者队伍，推动社区公共服务规范化、制度化和流程化建设。在管理体制上，始终以党委为核心，以政府为主导，社会参与的方式建立起以民生为导向的社区服务体系。农村社区化管理与服务得到推进和拓展，尤其是在农村社会再组织化和公共服务均等化等核心议题上取得了较大的发展。

从横向上看，浙江省社区建设走在全国各省区市前列，2012年、2013年、2014年，浙江连续三年获民政重点工作综合评估优秀省份。尤其是2014年，浙江民政系统充分发挥保障基本民生、优化社会服务、创新社会治理职能作用，全面完成年度各项目标任务，工作成绩斐然。

（一）取得的成就

1. 以制度化推进社区建设，初步构建了城乡社区治理的制度框架

制度化是指群体和组织的社会生活从特殊的、不固定的方式向被普遍认可的固定化模式的转化过程，表现为社会组织由非正式系统发展到正式系统、社会制度从不健全到健全的过程，意味着社会生活的规范化和有序化过程①。制度化在社会生活中，往往通过确立共同的价值观念，制定普遍性规范，建立健全相应的组织机构等几个过程体现和完成。

“十二五”期间，全省上下致力于通过建章立制来推动城乡社区建设的规范化、有序化发展，注重以顶层设计、部门联动、上下协同的制度引领发展。从基本省情出发，注重政策创制，推动政策引导社区建设的规范化和有序化发展。一系列政策从整体制度、重点领域和体制调整等各个方面发挥了对城乡社区设计引导的作用。党委和政府一贯重视社区建设工作，出台了《中共浙江省委、浙江省人民政府关于推进和谐社区建设的意见》《中共浙江省委、浙江省人民政府关于推进农村社区建设的意见》等系列指导性、规范性文件，对城乡社区建设的目标、内容、路径、机制等各个方面给予了说明；进一步在社区建设专项工作领域的问题作出了政策回应，制定了《浙江

① ［英］罗德・黑格著 . 比较政府与政治导论［M］. 张小劲等译，北京：中国人民大学出版社，2007.

省城乡社区建设领导小组关于进一步加强城市社区居民委员会建设的意见》《浙江省村民代表会议工作规程》《关于农村社区布局规划编制的指导意见》《关于加强农村社区服务中心建设的通知》《关于高校毕业生到城乡社区担任专职社区工作者有关事项的通知》《关于加快推进“三社联动”完善基层社会治理的意见》等专项性文件。“十二五”期间全省社区建设的工作重点落实在推进城乡社区服务业发展上，并出台了《浙江省城乡社区服务业“十二五”发展规划》，对这5年期间城乡社区服务业发展的思路、目标、主要任务、重点建设项目、保障措施等作了详细说明。

2. 社区基础设施和条件大幅度改善，社区工作者队伍建设进入到政府主导的职业化时期

“十二五”时期全省城乡社区已经告别了“缺钱、缺人、缺场地”的情况，社区基础设施和工作条件全面改善，形成了“有地办事、有钱办事、有人办事”的良好局面。根据民政厅统计，截至2013年底，全省乡镇（街道）社区服务中心基本做到全覆盖，乡镇服务中心总面积达96.24万平方米，城市社区工作服务中心面积达到243万平方米，村级社区服务中心总面积为1008.25万平方米。其中，前两项服务设施已经提前完成了规划目标，杭州、温州、嘉兴、舟山等地实现了村级社区服务中心全覆盖，而全省村级社区服务中心覆盖了24536个村，覆盖率为86.78%。

从各地实践经验来看，社区保障经费充足的地方，其社区建设水平普遍较好，社区管理和服务水平处于全国领先地位；反之亦然。从全省总体情况来看，2013年，全省社区保障经费总计约为36.41亿元，其中财政保障经费为29.6亿元，保障比超过80%以上，经费相对充足；城市社区工作经费相对充足，杭州、宁波等地每年每千户约为25元万以上，农村村级组织运转经费得到基本保障；以户籍居民人均享受的社区经费来看，如杭州、宁波户籍人口人均经费分别达到170元和188元，远远高出其他地区。

社区工作者队伍的专业化、职业化建设是整个“十二五”时期的重点。截至2013年底，全省城乡社区工作者总人数为122582人，其中城市社区工作者为27139人，每个社区基本不少于5人（杭州每个社区配备基本为10人以上），农村社区工作者为95443人，城市专职化率为89.6%，农村为49.2%。全省城市专职社区工作者人均年收入为5.5万元，基本解决了“五险一金”问

题，杭州、宁波等地还建立起了长期服务社区津贴制度，出台优秀社工人才选拔机制。全省社区工作者中取得社会工作师资格的为2267人，助理社会工作师资格的4361人，共计6628人，持证率24.4%，提前完成了20%的目标，社区工作者的专业化水平大幅度提升。

3. 建立“横向到边、纵向到底”的新型社区组织体系和管理体制

在社区管理组织架构上，全省已经建立起了以社区党组织、社区居委会、社区服务中心（站）为核心的新型社区管理组织架构，其中，社区党组织是社区的领导核心，社区居委会是社区居民进行自我管理、自我服务、自我教育、自我监督的基层群众性自治组织，而社区服务中心（站）是政府在社区设立的公共服务平台。从职能分工上看，社区党组织一般是通过加强队伍、制度、活动等来发挥其在推动社区发展、服务群众、凝聚人心、促进和谐等方面的作用；社区居委会则通过组织覆盖、队伍设置、职能配置、办公场地和设施规范化建设来提升居委会自我管理、自我服务、自我教育、自我监督的职能；社区公共服务中心（站）主要是通过“三位一体”的复合管理体制来实现。

经过多年努力，全省社区在机构形态上，已基本形成了三套机构人员交叉任职、职能分工合作、条块结合、合署办公，把政府职能部门下挂到社区的机构纳入到社区公共服务站，打造复合型机构，避免了机构重复设置和资源浪费。在机制形态上，以分工合作为形态，社区党组织统筹管理、服务和自治，强化社区党建引领工作；社区居委会实施居民自治，助推社区党组织和社区公共服务站工作，并行使监督职能；社区公共服务站承担政府有关部门在社区开展的公共服务工作，补充社区居委会工作。在体制形态上，以党组织领导下进行复合综合为特征，致力于强化社区党组织全面负责，社区居委会自治功能和社区公共服务站公共服务功能，强化职责交汇性，同时对进入社区公共服务站的行政事务进行行政准入，将社区居民自治工作纳入社区工作一盘棋。

4. 社区服务体系进一步完善，服务水平得到了较大的提升

社区服务业是指在政府主导和扶持下，为满足城乡社区居民成员的多种需要，以社区为依托，动员各种力量参与社区服务的社会事业和新兴产业。截至2013年，全省社区服务业增加值2165亿元，占全省生产总值的5.76%，比

2010年1290亿元接近翻一番。其中，商业服务预计增加值1992亿元，占全省城乡社区服务业增加值的92%。从社区服务体系上看，社区服务业包括政府组织提供的公共服务、市场主体提供的商业服务、社区组织和社会组织提供的非营利服务等。

社区公共服务主要是以社区为基础的社会公共服务，表现为政府主导供给的，具有公共性、公益性、福利性等各种公共服务的总和。“十二五”期间，全省主要着重于社区公共服务信息平台建设，累计建成了76个“96345”社区服务中心，覆盖89个县（市、区），工作人员1036人，累计话务量达476.3万人次。社区居民最低生活保障、残疾人保障水平在不断上升，全省社区残疾人康复站10149个，康复协调员配置11461名，99%的人员均接受过专业培训；全省共计16095个社区（村）开展健康服务，享受社区康复服务的残疾人达20.2万名。社区治安和教育服务水平也在不断提升，全省共设立社区警务室4155个，配备民警6711人，协警17317人；全省11个市，90个县（市、区）建立了社区教育机构，乡镇（街道）教育机构1308个，兼职社区教育工作者17123人，志愿者队伍20.5万人，年度培训1740.5万人。

随着社区公共服务能力不断提升，全省城乡社区服务中由市场主体提供的商业性、营利性服务基本实现全覆盖，由社区组织、社会组织提供的非营利、公益性服务增长喜人。社区商业服务主要以“方便、实惠、安全、生态”为原则，主要以购物、休闲、娱乐服务为主的社区商业，很好地满足了居民生产生活、消费娱乐等需求。“十二五”期间在农村实施“千镇连锁超市、万村放心店”工程，实现全省乡镇全覆盖，26881个村开设了31692个便利店，村连锁便利店覆盖率达到93.5%。在社区党组织、社区居民委员会、社区公共服务站等各类社区组织的服务能力得到了很大提高的同时，各种社区社会组织、社会工作机构等也开始如雨后春笋般地成长起来。截至2013年底，全省备案社区社会组织共计76064个，分布在不同的领域，积极为社区各类人群，尤其是老年人、儿童、残疾人、困难群众提供着各种服务。此外，在积极引导和发展社会工作介入社区服务领域也取得了一定的成就，已建成城市社区社会工作室1701个，各地民政部门对于优秀的社会工作参与社区服务工作案例予以遴选、给予表彰、编写案例等，以社会工作理念、方法来促进社区服务专业化取得了一定的发展。

5. 农村社区建设有序、稳步推进，城乡基本公共服务均等化格局初步形成

浙江省自2008年开始全面推进农村社区建设工作，强调在党委、政府主导下，着力推进以改善民生为重点的农村社会建设，以发展农村基层民主化为目标的基层群众自治制度建设，以推进城乡基本公共服务均等化为导向的农村公共服务体系建设，以形成和谐的社会生活共同体为取向的农村文明建设。在推进城乡社区一体化建设中，积极把农村社区建设纳入到“十二五”规划中，对农村社区建设的资金投入、服务设施、服务队伍、服务保障等各个机制上予以统筹考虑，积极推动政府公共资源和管理职能向农村延伸。

从浙江省农村实际情况出发，全省农村社区建设基本上采取“一村一社区”为主，“几村一社区”为辅。各地从制订农村社区布局规划入手，先确定农村社区的位置和社区中心的位置，引导公共服务资源有效配置和农村居民生活集聚。“十二五”期间，全省乡镇一级社区服务中心、农村社区服务中心将基本实现全覆盖，与群众生产生活息息相关的社会事务、劳动保障、卫生计生、社区警务等100多项服务事项已经统一纳入到农村社区“一站式”服务大厅，统一实行柜台式服务，形成了“一门受理、分级办理、全程代办、承诺办结”的社区服务机制。此外，在社区信息化建设、社会工作者队伍职业化发展等诸多方面，城乡统筹推进的步伐已经在加快，例如杭州市余杭区按照城市社区的标准，统一建设农村社区工作者专职化，保障每个农村社区不少于5名专职工作者。全省其他地区的农村，村党组织、村民委员会、村务监督委员会主要负责人的基本报酬各级财政都给予了保障，村级组织的运转经费和公共服务也得到了各级财政的大力支持。

（二）面临的困境

1. 社区行政化严重、多元主体参与不够

通常理解我国社区的性质、地位、功能以及与基层政府和其他相关方关系的性质等诸多内容，主要以1990年颁布实施的《中华人民共和国居委会组织法》与1998年颁布实施的《中华人民共和国村委会组织法》为主。然而，近年来随着各级党委、政府对基层基础工作的日益重视，公共服务在城乡社区逐步覆盖，社区在社会管理服务中的基础性平台功能越来越突出。各级政府职能部

门纷纷将工作延伸到社区，将任务落实到社区，将评比覆盖到社区，带来社区负担繁重、社区工作行政化和功能错位的问题①，政府主导型的社区治理模式没有脱离“无限政府”影子。政府在事实上担当了社区建设和治理的直接组织者、资源供给者，发挥着强大的社会动员、集体组织、资源供给、制度建构等作用，加剧了社区行政化和社区对政府的依附关系。居民、社区甚至政府自己都把社区当成保姆，出了问题，社区和居民都习惯于首先问责政府和求助政府，政府疲于应付，而社区与居民对自身所应承担的权利和责任认识模糊，边界不清楚。

这种现状导致城乡社区治理中存在的政府越位、社区居委会行政化、市场和社会参与力量不够、居民参与力度不足的问题，比如尽管被称为社区自治主力军的社会组织，在全省经登记备案的数量为12万多，但投身于社区服务的比例却很低。这其中，全省备案的社区社会组织仅为7万多个，且多数并没有真正地活跃在社区公共领域。可以说，行政力量在社区“一元独大”的现象，导致了社会组织、市场主体很难在社区有发展空间，发展动力也严重不足。不仅如此，即使有一定的成长空间和动力，也逐渐被行政所吸纳和俘获，比如当前的一些政府购买服务项目，常常以政府需求为导向而不是真正以居民需求为导向；居民的社区参与活动基本是政府动员的结果，而不是居民自发自愿地表达意见、维护社会共同体的结果。

2. 居民自治发展缓慢，社区日常生活民主发展不足

众所周知，我国法律明确了居民委员会是居民自我管理、自我教育、自我服务的基层群众性自治组织。如今，随着社区建设的纵深推进，基层自治主要体现为社区居民按照“自己管理自己的事情”“大家的事情大家办”的原则，社区在社区内实行民主选举、民主决策、民主管理、民主监督的自治活动。这其中既包括特定时段行使民主选举、民主参与的权利，也包括通过民主协商的方式，共同解决社区内公共事务和公益事业方面的问题。从现阶段来看，“四个民主”中的民主选举是我省过去较长时间段内各地城乡社区建设工作中比较强调和侧重的，而对于如何把城乡社区发展成为居民日常生

① 浙江省民政厅：《浙江省城乡社区减负工作研究》，2014 年浙江省领导重点调研课题“深化城乡社区建设研究”。

活，全方位进行民主参与和民主实践的主要场所，则没有引起足够的重视。

随着经济社会的快速发展，社区正在逐步成为居民日常生活的重要空间和场所，联系居民社区生活的纽带既有私人利益（如业主维权），也有公共利益（如停车问题），这意味着居民的社区参与、居民自治将逐步从过去的无利益相关逐步发展到利益关联的民主化诉求与行为。基于此，城乡社区治理如何从注重选举民主逐步发展为注重日常性协商民主成为“十三五”时期我省城乡社区治理改革的核心问题。

3. 社区治理机制未能很好整合，柔性治理的作用不明显

一般来说，社区治理机制主要有三种：政府机制、市场机制和社会机制，其中政府机制主要是基于政治合法性的逻辑，追求制度公正和程序正义，通常表现为通过“自上而下”行政控制的手段实现基层秩序的相对稳定；市场机制则强调通过市场要素的等价交换，实现利益相关者的互赢互利，通常表现为基于自愿基础上的自由买卖行为；社会机制是基于信任和频繁的社会交往产生的一种回报互助，具有明显的共同体导向。目前的社区治理格局中，政府机制一元独大现象较为突出，市场机制和社会机制的发育明显不足：就市场机制所发挥的作用情况来看，社区服务基本上被认为是便民利民的福利性服务，是一种微利服务和微利产业，对企业没有太大的吸引力；就社会机制的运行情况来看，对其在社区治理中的地位、作用尚未被足够的认识，具体的研究和运用都不太充分；就三种机制的整合利用来看，在没有分立配置的基础上“三制联动”还处于探索摸索的阶段。

作为社会自治空间的城乡社区，仅靠国家强力介入、行政管控的方式来运营，其管控成本和风险无疑是巨大的。尽管我国一直以法制化的方式强调基层自治的重要性和意义，并事实上以一系列法律法规来支撑基层自治的发展，不过，在社会管理与社区建设的任务逐步加重，基层治理主体相对单一的情况下，近年来基层政府主要还是依靠“自上而下”的行政管控机制来运行社区，这一方面导致社区行政化色彩浓厚，另一方面也带来了基层治理的失灵、失序。因此，十八大以来的新一届政府，强调基层社区要突出“柔性治理”，从创制上强调要积极发挥乡规民约、市民公约等柔性治理手段的作用，从主体上强调发挥社会组织的自主、中介作用，从程序上强调居民参与、基层协商的作用，从根本上改变过去那种从上到下的僵硬的压服和强制

执行的思维[1]，运用协商和法制相结合的柔性方式。

4. 社区信息化建设还停留在初级阶段，未实现“智慧化”治理和服务

信息化建设无论在省级政府还是基层政府层面上已经被高度重视了，几乎所有社区都迈入了信息化管理的新阶段。粗略来看，社区信息化建设主要有两种类型，一种是以政府条线的信息录入、收集、上报、处理和社区工作平台管理为主，属于“管理型”的社区信息化建设；另一种是建立一站式、多门类及其一网打尽的社区公共信息服务平台，试图强化不同部门之间、社会组织、市场的参与，打破“信息孤岛”，属于“服务型”的社区信息化建设。不过，无论哪种模式都存在信息互联、互通、共享能力比较弱，并未实现利用社区基础性信息在社会管理中的作用。

近年来，很多地方提出了“智慧社区”建设，强调用新的互联网、物联网等先进技术来推动社区治理体系的现代化建设，不过，事实上所谓的“智慧社区”并非是真正意义上的智慧化社区治理，充其量只是一种智能化的社区管理方式和手段。一方面，所谓智慧社区建设大多是停留在行政辖区意义上的社区智能化改造，并未与智慧城市等大系统建设相联系；另一方面，智慧社区建设并没有强调社区治理中的多元主体互动、共同决策和快速回应，也没有充分利用大数据对地方政府公共决策分析和预判的积极功能。社区信息化发展仍停留在用智能化手段来促进社区发展的初级阶段，未能落实在社区中的智慧化治理和服务，即所谓真正“智慧社区”阶段。

5. 城乡社区治理仍旧处于制度分离、能力失衡的状态

浙江省社区建设城乡统筹发展水平一直处于全国前列；在建设模式上，农村社区建设主要呈现为“一村一社区”“几村一社区”等多种发展样态；在服务水平上，大部分农村依托社区服务中心建设普遍开展了帮扶救助、社会保障、居家养老、社区警务、社区卫生、文化体育等公共服务，便民超市、供销服务、家政服务、住宿餐饮、村邮站等市场服务和少量志愿服务等社会服务。不过，从社区治理机制来看，农村社区的组织架构基本上都是建立或嫁接在原有的“村治”基础上，并没有从根本上改变原有的“村治”制度。农村社区建设还主要落实在地方政府在农村社区建设公共服务站、办理

---

① 刘圣中．政府“柔性治理”将成为一种趋势［N］．中国社会报，2007-05-30.

公共事务，附带组织农村社区居民活动和提供社区服务。而负责村民自治事务，农村社区运转的主轴还是村级组织，社区组织主要还只是负担了政府基本公共服务延伸到农村的任务，未能对农村基层管理和服务制度形成根本性的变革，这就产生了农村社区“两制分立”的问题。

不过，随着新型城镇化、户籍制度改革等政策的推进，长期固化的城乡社区治理“二元分离”状态将逐渐趋向于终结，取而代之的则是城乡一元化基层社会管理制度。这种转变不仅意味着农村社区建设在制度上要与城市社区衔接，更重要的是农村社区在功能、能力上与城市社区衔接，从而更好地激发出农村社区的社会活力，发挥重要的社会整合功能。

二、“十三五”时期城乡社区治理面临的新挑战

（一）“新常态”与城乡社区治理转型

“十三五”时期全国经济社会发展的主动力为改革开放、科技创新和新型城镇化，同时资源环境约束、劳动力优势弱化等因素制约也在逐步增强，我省发展环境也将总体呈现为“经济增长放缓、结构调整加快”为主要特征的新常态。据有关专家预测，“十三五”时期全省GDP增速将回落到7%左右的增长区间，人均GDP将向20000美元迈进，进入高收入国家的行列；城市化率将达到64%，社会民生进一步改善，民生保障将持续加强。

经济与社会发展通常是联动的，经济新常态也必然会反映到政治社会形势上来。“十三五”期间全省将进一步完善社会主义民主法制，切实尊重和保障人民群众的各项利益，加快推进经济建设型政府向更高服务型政府转型。同时，全省社会发展也将进入一个“新成长”阶段，社会发展呈现从“以数量导向为主”向“以质量导向为主”转变的趋势，人们对生活质量、健康、食品安全、水和空气清洁、满意度、幸福感等都有了更高的要求①。社会治理体系建设也会出现新的格局，社会组织更加积极活跃，重大决策咨询论证、社会稳定风险评估、利益诉求表达、矛盾调节等各种机制将更加健全。在新常态背景下，作为社会管理基本单元和社会治理重心所在的城乡社

① 中国社会科学院发布了“2014年度创新工程重大科研成果”《社会蓝皮书》，提出了“社会新常态”概念，不过对这一概念专家学者们存在不同的意见。

区，在治理任务、重心、机制等各个方面都将加快转型的步伐。

1. 经济增长速度放缓，但浙江民众的发展预期仍旧比较高带来的挑战

经济新常态发展意味着经济发展速度有所缓慢，经济结构调整有所加快，而这些宏观的经济社会变迁将会逐步在微观的社区居民生活中呈现出来，可能带来的挑战有：与经济发展速度放慢相比，浙江老百姓的经济发展预期仍旧比较高，这就容易引发人们对社会政治体制的不满，并在基层社会中以威胁甚至破坏稳定、矛盾冲突等多种形式爆发出来；同时，经济新常态意味着各级政府公共财政增长相对稳定，甚至适度收缩，这就可能导致政府在社区公共服务资源上的投入会减少，但是由于居民对社区公共服务已经有了依赖惯性，因经济放缓引发了福利缩水反倒更容易引发居民不满，甚至导致各种社会矛盾的频发。城乡社区作为基层社会治理的重要场所和平台，在“十三五”时期将承担更重的基层社会管理任务，创新社会治理体系机制的责任也更大。

可预见的是，在大力推进新型城镇化进程中，城乡居民的经济发展预期仍旧比较高，对公共服务的需求会更加多样化，这与现行的单一公共服务供给方式和内容难以满足居民，尤其是各类特殊群体的需求，形成鲜明对比。基层社会治理压力不断增加会产生倒逼，如城乡社区治理机制的调整，公共供给主体、内容、方式等，全面完善社会治理体系。简言之，如何打造多元共治的城乡社区治理新体系，将成为“十三五”时期城乡社区治理的重要任务。尽管政府在城乡社区治理中发挥着主导作用，却无法替代社会组织以及公民个人的作用，关键是日益成长起来的社会组织如何在更好地服从政府管理的同时，也能更加积极地参与政府主导的社会管理，并在其中扮演重要角色。

2. 民众的各种非经济性要求会集中释放出来，尤其是环境、失业、养老等领域

随着经济进入新常态的发展，民众各种迫切的公共需求会集中在环境保护、失业治理、养老保障、贫富分化、农村社会发展等公共服务领域，尤其是一些公益性服务如老年人服务、青少年工作、居民运动健身等由于资金、场地、管理等制约因素而引发的集中性、爆发性需求会日趋明显，这就会使得社区能否提供足够的公共性、公益性、福利性服务职能问题凸显出来。特

别是，随着经济结构调整步伐的加快，产业布局会大幅度调整，有可能产生实体经济萎缩及相应的社会风险，末端性社会问题呈现在社区显露出来就是：暂时性、群体性的居民就业困难，不同利益群体的冲突加剧等社会管理新问题、新挑战。加强和创新社会管理体系建设的重心，必将切切实实地落到城乡社区的服务功能上。

同时，受到我国独有的政治体制、文化观念、历史发展等因素制约，整个社区服务体系仍旧是以政府为主导，社会力量有限参与为辅。这就导致了一方面，政府服务资源是有限的，不能满足社会大众多元、个性的需求，从而导致社区服务与城乡居民需求之间的不匹配；另一方面，政府主导的社区服务机制往往以自上而下的行政化方式为主，本质上是“重社会控制，轻治理服务”①。这就导致传统社区建设更多是强调以服务来促进社会稳定、提高政府管理效率，但这种逻辑从表层上看能处理表面化的突发问题，但对于复杂时期深层次的、日常性的问题却无法进行长效治理。因此，新时期社区治理的重心是如何“在服务中实施治理，在治理中体现服务”。

3. 社区治理的自主性、参与性、协作性特征日益明显

与社区建设相比，社区治理是以维护和增强居民社会权利、维护基层社会秩序为价值取向的，强调社会公平和公共利益最大化，并不谋求效益的最大化和政府的全部包办替代。与追求经济效益作为单一目的的市场管理相比，社区治理具有更为鲜明的社会性和更强烈的公益性及社会正义目标，要考虑到社区的公共利益以及居民的个人权利，价值目标更侧重于对社会利益和个人权利的维护。近年来，社区居民对社区公共空间的参与热情与日俱增，随之而来的公共空间治理问题也不断凸显，例如由广场舞引发的老年人权利和社区公共秩序的冲突，就凸显了社区仅仅依靠自上而下的行政方式来解决问题的机制弊端。

正如法国政治学家让-皮埃尔·戈丹所言的“如果说治理是一种权力，那它表现为一种柔性且有节制的权力”②。落实到城乡社区治理，其强调以社会建设和公共服务为主要内容，以维护公共利益和公民正义为价值取向，治理

---

① 朱仁显，邬文英．从网格管理到合作共治——转型期我国社区治理模式路径演进分析［J］．厦门大学学报，2014（1）．

② 〔法〕让－皮埃尔·戈丹．何谓治理［M］．北京：社会科学文献出版社，2010.

的手段更应该侧重于协调和参与。与使用强制手段的政府管理和追求利润的市场手段相比，社区治理机制更少一些强制性、营利性，更强调社会的自主性、协作性和参与性。也就是说，社区治理是一种柔性管理，更侧重于通过加强社会建设和提供公共服务来协调各类社会关系，把个人、社会组织与国家的意志有机地整合在一起。

（二）人口老龄化发展、户籍制度改革对城乡社区治理带来的挑战

众所周知，浙江省是全国最早进入老龄化的省份之一。据相关部门统计显示，2013年全省65岁以上老年人口已占总人口比重的12.4%，高于全国平均水平3个百分点左右，老龄化水平明显高于全国其他地区。老龄化社会与社会发展初级阶段交会，社会保障、经济发展将面临更大压力，财政政策需更加注重公共服务。在新型城镇化战略要求下，2014年7月国务院下发了《关于进一步推进户籍制度改革的意见》，提出取消“农业户口”与“非农业户口”的性质区分，建立统一城乡户口登记制度，公民到其他市级以上城市居住半年以上的，可在居住地申领居住证。居住证持有人享有所在地同等的劳动就业、基本公共教育、医疗卫生、计划生育、公共文化、证照办理服务等权利。总之，老龄化的社会效应持续凸显，与福利权紧密捆绑在一起的户籍制度彻底改革，这些新变化无疑会对城乡社区治理体系和能力提出新的挑战。

1. 社区服务资源的共享性成为城乡社区治理面临的新情况

户籍制度改革本质上要彻底改变过去以城乡二元户籍为基础的社区公共服务资源配置、供给模式，转而建立起一元化的以居住地为主的公共服务配置、供给模式。这一根本性转变对基层社区来说，其服务资源是否充足、服务机制是否健全、服务成效是否共享等问题就会逐步暴露出来，具体表现为：社区能否更多地、更好地整合各种服务资源，包括公共服务场所、公共服务队伍、公共服务途径等，来应对居民日益多元的公共服务需求、日益增加的公共服务支出、日益复杂的公共治理重任。另外，户籍时期社区服务对象主要以户籍地居民为主，对象明确、界限清晰、服务行政化、福利性、救济性色彩浓厚，新居住证制度直接带来的便是服务对象的扩大化、区域界限逐步淡化、服务的社会性继续增强，那么社区公共服务能否覆盖全体居民、公共服务的区域不平衡矛盾如何调节、服务供给的社会化与多元化如何进一步加强等问题，将成为新时期城乡社区治理的突出矛盾。

2. 居民参与社区治理的机制将出现全新的调整

社区建设初期，社区治理主要侧重政府主导下的“自上而下”行政管理机制，对市场机制和社会机制的强调和运用不多。随着居住证制度的实施，人们的公共服务需求以及供给将以所居住的社区为载体和对象，这意味着一方面居民对社区作为生活共同体的感知度会逐步增加；另一方面社区作为政府与社会的链接功能会更加突出，这就带来了居民对参与社区治理的认同感和积极性会有明显的提升。

结合当前社区治理实践，治理机制仍旧以政府主导的刚性维稳机制、硬性的行政机制为主，而户籍制度改革后以居住地为主的公共服务体制调整，既强化了居民对以居住地为主的社区公共服务的感知度、认同感，同时也更加强化社区作为社会意义上的共同体、政治意义上自治组织的角色和功能，而且居民对社区作为自治组织的诉求会不断增强。这就要求社区作为政府与基层社会的链接机构，采取既不同于政府，又不完全等同于其他社会机构的治理机制来协调二者关系。结合国内外经验以及我国实际情况，社区治理必将形成多种机制协同治理的新局面，即社区治理如何从目前政府机制为主转向政府机制、社会机制、市场机制三者协同联动的社区综合治理机制成为必然的选择。

3. 人口老龄化将会给社区治理带来巨大的压力

人口流动加速、老龄化的到来，均使得社区在基层社会治理中的重要性日益增加。计划生育与独生子女家庭，与老龄化持续加深综合在一起，导致全社会均要承担起沉重的养老压力。社区居家养老成为多数人愿意选择的方式，这种模式强调社区在养老服务中的重要依托作用。但从社区运行现状来看，多数社区管辖居民在2000户以上，6000人之多，繁重的行政任务和居民多样化的服务需求，使得几乎所有的社区都在超负荷运转。新时期，随着居家养老服务体系的不断完善，必然又会使社区养老服务能力成为一个全社会高度关注的问题。

这一背景下，社区如何从传统的依赖行政资源为主转向寻求传统社区之外的企事业单位、商业机构、社会团体、社会组织等力量进行合作，共同解决老龄化背景下社区治理面临的问题，其中社区的制度能力、统筹能力在新形势下显得尤为重要。社区在加强多元主体合作治理，寻求国家、市场和市民社会之间的合作互动而发展出来的制度能力，突出的是通过与政府机构、非营利组织以及商业部门保持良好的互动，社区组织可以起到资源中介者的作用，将各种可能获取资源的信息和途径传达给社区内的老年人、残疾人等困难群体，从而促进社区的发展，解决社区的问题[①]。当然，社区的制度能力不仅关注短期的治理实践，更加关注长期的治理模式和治理文化的生成。

（三）基层社会利益协调机制带来的新变化

新时期全省社会的整体结构、资源结构、区域结构、组织结构等都将发生重大转变，必然带来利益主体多元化，利益格局重新调整，从而引起更多的社会差别，导致新的社会利益矛盾，而社区将成为社会转型时期各种社会矛盾的聚集区。

1. 社区制度化治理的重任愈加凸显

在基层利益矛盾不断加剧的背景下，受到治理资源总量限制、法律制度化不足、基层治理能力不足等影响，社区治理的方式和途径主要靠行政主导的运动式方式来推进，基层治理呈现为短期化、就事论事、应对式等特征，而没有形成常规化、长效化、制度化治理模式。这种模式导致了社区居民不同的利益诉求得不到合理的表达，政府、利益集团和社区居民间的利益沟通机制较少，各利益群体之间的关系没有有效协调和规范，从而导致不同利益群体之间的摩擦与冲突不断增加，极端的、破坏性的利益表达方式和行为时有发生。

由此可见，利益协调主体、机制、途径的制度化，或者说社区制度化治理必将成为新时期城乡社区发展的重要趋势。所谓制度化治理是治理主体运用法律所赋予的权力，严格按照制度的原则、要求与方式治理公共问题，维护社会秩序的管理活动与行为。制度化治理，是一种常态化治理，是治理主体常规能力的体现，是治理的制度性、普遍性和可持续性，是一种带有稳定性、长期性、全局性和根本性的公共问题治理方式[②]。要加紧制定社区公众

---

① 孙小逸，黄荣贵．制度能力与治理绩效——以上海社区为例［J］．公共管理学报，2012（4）．

② 网达海，张玉磊．从运动式治理到制度化治理：新型城镇化的治理模式选择［J］．探索与争鸣，2013（11）．

参与的相关法律、法规和配套制度，形成可操作性强、覆盖社区参与各层次和领域的法律法规体系。同时，加快建立并完善基层民主制度，改进现有街道、居委会的工作行为规范、民主管理制度和参与决策机制，使其更好地履行社区协调机构的角色。

2. 社区治理手段多样化带来的压力

面对社会利益分化严重、冲突加剧的现实，社区治理中应积极运用各种手段，包括经济手段、政治手段、法律手段、道德手段等来引导居民利益表达机制、利益调节机制、利益补偿机制等的构建。由于我国现行法律体系还不完善，且执法的力度远远跟不上立法的进度，导致法律的涵盖面不充分，越是远离地方政治、经济、文化中心的社区（例如农村），法律服务的供给越是不足。而且，即使将来我国法律体系完备了，也总有一部分现实生活难以纳入法治轨道，仍旧要依靠道德、习惯等其他社会规范来调整居民的日常生活行为。因为法律比较宏观、抽象，是所有人公共利益的整体表达，体现的是一种国家权力，超越了各个阶层、各个地方的差别。

经过自下而上、自上而下的酝酿讨论形成的社区公约（村规民约），吸收和借鉴了许多法律和政策的规定，可以做到化法为规、以规建制，把法律转化为居民可以理解和交流的民间法规范，这种类似于法的规范形式日益被城乡居民接受，既体现了社区社会性的规范作用，又体现了其法律嫁接功能，是一种符合现代社会对整合机制需求的契约性规范，是社区社会关系的稳定器、调节器，是社会有序化的重要工具。特别是在农村社区中，村规民约基本上是一个村民自我教育、自我管理的机制，在农村社区发挥着极为重要的秩序与价值双重整合作用。不过，现阶段无论是社区公约，还是村规民约都存在不少问题，突出表现为内容陈旧、条款烦琐、空乏低效、违法侵权等问题。

3. 居民组织化程度不断提高带来的挑战

从发达国家来看，各种各类的非政府组织、社团组织、非营利性机构、志愿者组织比比皆是。而且，这些中介组织起到了政府与社会各种利益群体、政府与居民沟通的桥梁和纽带作用，为居民需要提供多样、方便的服务。“十二五”时期，尽管全省各类社会组织，包括社区社会组织蓬勃发展，不过不同区域的居民组织化水平存在不均衡，且多数组织是以相同的兴趣爱好作为基础，在增强同质人群交往方面发挥了积极作用，而在异质异趣人群的集体行动中作用不明显。同时，真正投入到社区，以社区发展为组织目标，在集结居民意愿、促进居民融合、提供社会服务、调处社会矛盾等服务领域中发挥实质作用的社会组织数量也不够多。

随着经济发展进入新常态阶段，新型城镇化的推进以及户籍制度的深化改革，社会利益群体的分化必然日益加深，不同群体、社区居民之间的利益矛盾冲突也会持续增加，政府对基层社会管理的成本和风险也在不断增大。可以说，“十三五”期间如何更多、更好、更有效地发挥社会组织的中介作用，让社会机制在政府与居民之间更好地发挥其柔性治理的积极作用，将成为城乡社区治理的重点所在。当然，这取决于两个方面工作的推进，一是如何积极发展居民参与各种中介组织，通过组织化的团体来表达差异化、个性化的诉求，同时利用组织内部的共同体般的自助互助来满足不同群体居民的多元化需求；二是社会组织如何立足于社区的需要，积极引导居民合理表达诉求，并积极与政府组织合作，尽可能地通过整合各种资源来促成社区公共利益的实现。

（四）新媒体、新技术发展对城乡社区治理的影响

互联网、微博、微信等新媒体、新技术发展和普及引起人们之间社会关系的变革和结社行为的变化，原有的居民组织化管理方式，科层管理体制、社区组织管理体制，如果不根据社会的变化作出相应调整，则必将面临很多的困境。

1. 虚实双重空间的社区形态对社区治理形成了巨大的挑战

信息时代的到来，完全改变了传统的时空内涵和形式，在地理限制几乎终结的同时，对时间限制的突破也达到了极致，社会事件更为频繁地从特定时空形式以及组织实体中抽脱出来，社会关系日益与“面对面的互动情势”相分离。实际生活的“社区”已经超越了“居委会辖区”，演变为各具特色和多种类型的“居民生活小区”。社区的边界，也不再是固定的、行政区划式的“居委会辖区边界”，它随居民共同利益边界的变化而变化。这些新变化给社区治理提出了许多全新议题，比如以房产利益和共同志趣爱好为纽带的新社区——“自主的社会领域”正在形成，主张调整对社区的认识，以居住小区或者新社区为基础重新塑造基层组织和社会调控

机制[①]；业委会等基于新利益身份基础上产生的自治组织如何更好地与现有居民委员会的自治机制衔接，这成为现代城市社区治理的迫切需要破解的问题。尽管我们主张的社区概念，仍旧是以行政区划为基础的实体空间，但不可否认的是，由于新技术手段和新媒介的大量应用，社区概念已经逐步发展为实体社区和虚拟社区相交织，或者说“实体社区”和“去实体化”交叠在一起的一种更为复杂的空间形态。

2. 网络媒体裂变式互动传播对社区治理产生的压力

社区公共空间由虚实双重空间共同构成为社区公共场域，缺一不可。具体来看，居民参与这两种空间的方式、路径、诉求、效果等都有所不同，如虚拟空间往往是非面对面的快速沟通、传递信息、抒发情感、组织联络、反映问题、表达诉求、形成舆论、评价监督，往往以个人为主体参与对话的公共空间。其所带来的负面效果是，各种失谐因素极易得到激活，形成社会矛盾甚至导致社会动荡。网络使个人领域社会化，私人领域公开化，甚至使隐私领域公众化，一旦有违背规则、违背公德的事件被曝光上网，就会触发网络上敏感而兴奋的“神经”，经过网络媒体的裂变式互动传播，将会在极短的时间内发送至每一个网络终端，形成网络社会现场围观，并很快造成失控局面[②]。而实体空间，则是有组织地面对面互动、协调矛盾、化解冲突、实际地解决问题，有组织地社区参与和社区活动，以社区舆论和口碑的力量约束和提高现代社区服务质量。因此现代社区治理如何把虚拟空间作为发现问题的空间，充分发现居民诉求、及时引导居民需求，同时恰当地介入实体社区线下的面对面互动和组织协调，使虚拟空间的公众声音和诉求得到实质性回应和结果。可以说，新媒体时代社区多元治理主体如何能协同发挥作用，及时有效地了解居民日益增长和变化的需求，并采用合适的治理方式和手段进行有效沟通，这对整个城乡社区治理体系来说，必然是一个艰难但不得不选择的个转变。

3. 实现“智慧化”治理与服务转型成为核心

随着2017年“两会”上李克强总理提出制订“互联网+”行动计划，智慧

---

① 王颖．基层社会的重塑——以新社区为基点［J］．哈尔滨工业大学学报，2013（6）．

② 郑杭生，黄家亮．当前我国社会管理和社区治理的新趋势［J］．甘肃社会科学，2012（6）．

社区又被提到了一个提升城乡社区治理体系和能力现代化的重要高度。智慧社区主要是指充分利用物联网、云计算、移动互联网等新一代信息技术，以统筹各类社会服务资源为切入点，打造一个智能化综合信息服务管理平台，并对住宅楼宇、家居、医疗、社区服务等进行智能化构建，从而形成基于大规模信息智能处理的一种新的管理形态的社区。传统的社区信息化发展主要停留在用智能化手段来促进社区发展的较为初级阶段，“十三五”时期，如何实现“互联网+”智慧社区治理模式的转型成为核心。借力于互联网技术，实现社区的智慧化治理与服务转型，重点在于破解：一是如何统筹和整合社区现有各类信息化应用资源，更好地实现连接居民需求和社会服务；二是如何更好地满足社区居民、加盟商、社会组织等多方需求，构建起社区便民服务、居家养老、电子商务、文化娱乐等为一体的智慧化服务；三是转化居委会传统的工作方式方法，利用各种新手段及时掌握、对接并回应居民需求；四是积极推动智慧社区建设与政府智慧管理的对接，充分发挥智慧社区建设平台的大数据功能，为政府决策提供参考。

三、“十三五”城乡社区治理的理论内涵与目标定位

（一）发达国家的经验与启示

从西方经验来看，因其国家–社会关系传统、格局不一样，社区治理也呈现为不同的模式，主要有自治型、政府主导型、混合型三种[①]。其对我省城乡社区治理提供的重要经验与启示有：

1. 明确政府与社区的角色地位，并形成良性互动关系

无论社区治理采取哪种模式，政府处理好与社区之间关系在社区治理中是非常关键的。以美国为例，从1886年美国第一个社区睦邻中心——赫尔馆成立之初，政府对社区采取了静观其变、乐观其成的态度，到1910年开始大规模建立社区中心，政府开始以积极姿态介入社区建设，再到1974年和1977年通过了两部法律，以立法的方式明确了政府与社区之间的合作伙伴关系，

① 具体可参考：浙江大学地方政府与社会治理研究中心《境外社区建设对浙江的启示》，2014 年浙江省领导重点调研课题“深化城乡社区建设研究”，因其对西方经验有翔实梳理，本报告不再赘述。

直至如今的政府赋权，积极发展参与式治理。在这一过程中，政府逐渐意识到社区在推动救济、贫困、失业服务和社会适度改良等方面的重要性，但单一、自发组织的社区力量无法从根本上改变社区整体环境，难以满足城市化进程中的社区需要，需要政府予以关注，解决一些实际问题。不过同时，政府也清晰地意识到大力资助、过度干预社区发展，反而会导致社区缺乏可持续发展的活力，削弱社区的自治能力。

具体来看，在自治型社区治理中，政府基本上不直接干预社区内部公共事务治理，只充当辅助性角色，为社区提供资金，规范社区组织的运行。在政府主导型的社区治理中，政府有关部门负责制定社区发展计划和评估标准，社区发展理事会、居民委员会等机构在社区指导下自主活动，并及时向政府反馈民众意见。以新加坡为例，社区各项工作由政府主导，政府为社区活动提供主要经费和设施，社区组织高度行政化，但同时政府注重引导社会力量的积极参与社区建设，引导社会团体、企业参与社区建设，同时注重培养民众的“义工精神”，专门成立国家义工中心来推动民众积极参与社区建设。在混合型社区治理中，政府对社区的管理基本上采取间接手段，居民主动参与社区部分领域的管理，如日本，其社区治理主体既包括政府直接设立的公务员机构——町中心，也包括与町中心平行的居民自愿参加的，参与住区公共事务管理的自治组织——住区协会，二者合作互动，共同推进社区治理。

2. 努力形成政府、市场、社会三大机制协同治理的格局

从西方国家的经验来看，社区是国家在现代化过程中用以解决社会问题的路径而发展、存在的。具体来看，在市场经济引领的现代化进程中，市场机制的核心是遵循等价交换、互利性原则，具有天然的嫌贫爱富倾向。市场机制主导下的社会容易引发贫富分化、社会不公、忽视弱者权益等社会性问题。对此，政府基于社会责任、政治合法性的角度，必将寻求民主、正义、合法的手段去维护社会秩序的良性运转，维持社会稳定和公共发展。不过，政府在面对大量社会问题的时候，发现仅靠自上而下的行政强制手段无法来管理整个社会，不仅是基于行政成本，更主要的是基于行政过度干预之后的社会风险问题。或者说，社会自我运行具有一定的内在规律性，而外在的机制不当介入或过度介入，不仅破坏了社会自我运行的能力，还引起社会的反向作用，导致政府管理体制的崩溃以及政治的失败。

因此，就政府机制来看，发达国家的政府常常扮演兜底的角色，通过制定一些强制法律规定政府对社区发展负有的责任，社会以及社区自身的责任等。美国在20世纪70年代就通过立法的形式来确定社区建设的主体及其责任、建设标准和目标；日本在“二战”后制定了《地方自治法》，明确了市、町、村等地方自治体的定位、职权与功能，并大力推进了自治体的基础设施和组织体系建设。就市场机制而言，市场能够在国家提供的基本公共福利的基础上，满足社区居民个性化需求。发达国家的人群比较集中的社区，其社区商业常常比较发达。这些商业性服务往往由市场力量提供，以社区范围内的居民为服务对象，提供的是社区居民需要的日常生活服务，以满足居民综合消费为目标。就社会机制而言，社会成员之间除了市场的等价交换之外，还希望享受一种基于情感、交互式回报等因素的互惠机制。以美国志愿服务为例，志愿者人数占总人数的56%，且参加志愿服务已成为广大居民的自觉行动，成为人们日常生活的组成部分。同时，国家对这些互惠服务提供了多方面的鼓励和保障，并成为国家加强对居民道德教育和维护社会稳定的有效形式。

3. 以城乡居民为主的社区发展

1955年，联合国出版了《经由社区发展获得社会进步》报告书，提出社区发展运动，强调在政府机构的指导和支持下，通过发动社区力量来改善和提升社区经济、社会和文化状况。该报告提出了所谓社区发展十项原则，强调要依照社区居民的根本需要及人民的愿望来拟订开始的工作计划，积极促使居民热心参加社区工作，居民应该积极提出“自助”计划，政府和其他组织应予以重点和全面的积极协助。美国、新加坡、日本等国家的发展经验同样显示出推进社区发展不同于政府治理、市场治理，其目标更多要求通过有序管理、有效服务来提高居民的生活共同感、归属感和满意度。

基于以上原则和逻辑，发达国家社区发展通常强调以居民为主的发展，注重处理居民可以切身感受到的事项和过程，比如为社区建设提供基础设施。这一点在发达国家社区发展的法律法规中也有所体现，突出了社区居民的根本需求建设愿望，以及尊重居民的发展要求。同时，为了维护良好的居住区生活秩序，让居民切身感受到社区条件改善，发达国家比较注重建立较为完善的、关乎日常生活质量的“小”制度，比如让居民积极参与到垃圾分类、宠物管理等小事情，发表意见、制定居民行为规范，以此增进彼此间的共同生活感和认同感。我国台湾地区在农村社区营造中，强调“自下而上”的社区发展，充分动员当地居民参与农业复兴、扶贫、旅游开发等活动中来，政府的角色只是在初期提供引导及示范，着力于理念的推广、经验的交流、技术的提供以及部分经费的支持，激发地方组织与社区居民的自主能力和参与意识，从而加强社区共同体的认同[①]。

4. 通过“邻里协定”“皮毛法”等手段规范社区居民日常行为，推进社区治理的法治化

通常意义上，我们把社区看成是一个不同特性、不同诉求的多种群体共同生活的地域性共同体。这就意味着在居民日常生活中，常常会有一些小纠纷、小矛盾的存在，而多数时候正因为这些小纠纷和小矛盾的不处理，或者不注重处理的方式和方法，从而影响了社区居民的社区安全感、认同感和满意度。对此，发达国家在城市化进程中，比较注重“两手抓”：一方面健全使用社区情况的法律法规建设，另一方面又比较强调通过调解达到冲突双方的和解。

在日本，一旦居民发生冲突，就会通过订立具有法律效力的协议，来保持社区居民之间的友好环境。有时候住区协会也会充当调解员，去协调矛盾，或干脆充当起双方订立协定的公证人。美国一些社区，有专门针对居民给邻里的人身安全和财产安全带来的不严重的伤害、损害和骚扰，管辖街坊邻里鸡毛蒜皮的小纠纷的法律，被称为“皮毛法”，比如邻里噪声整治法、家庭宠物限养法、社区泊车管制法等[②]。由此可见，发达国家在基层社区的治理中，常常借用与“小法律”或者“准法律”的协定来调解居民之间的小冲突，从而规范居民的日常行为，促进社区和谐邻里关系的形成。

积极推动全省城乡社区治理法治化建设，既需要宪法法律等“硬法规制”，又得提倡使用居民公约（村规民约）、自治规范等“软法规制”。社区公约、村规民约等软规范之所以在社区治理过程得到广泛应用，原因在于其在制定和实施过程中公众参与度更广，具有更高的民主协商性，更多地体

---

① 徐富海 . 社区治理的特征、问题与发展［J］. 中国民政，2014（10）.

② 浙江大学地方政府与社会治理研究中心：《境外社区建设对浙江的启示》，2014年浙江省领导重点调研课题“深化城乡社区建设研究”。

现了城乡社区居民的利益诉求和意志，能够以更加柔性的治理方式得到实施，有助于减少管理过程中出现对抗和冲突的可能性，降低法治和社会发展的成本。

（二）城乡社区治理的内涵

1. 社区的角色和功能

从国内外经验来看，新时期城乡社区治理体系的推进，首先必须在理念上形成对“何谓社区、社区何为”的共识。19世纪后半期至今，全球范围内的社区发展经历了一个从自发社区组织来解决社会问题到政府赋权与参与式治理的发展阶段，可以明显地看到社区作为现代社会的基本样态之一，是社会治理的基本单元。从全省的经济社会发展状况出发，课题组认为全社会需对城乡社区的基本角色和功能形成较为一致和明确的认识。

第一，社区作为小型聚居共同体，在现代社会和国家中担负着不可替代的功能和角色。随着全省新型城镇化战略、产业转型升级的推进，城乡居民的流动日益增加，劳动分工和专业化的程度也将日益加深，居民之间在共同体层面上的联系逐步减少，但是基于地域特征的社区仍旧是很多人，尤其是社会中低阶层民众日常生活的重要场所，是居民获得社会支持、公共服务、情感认同的基本单元。

第二，社区是实现政府对居民的经济支持和公共服务供给的重要场所。地方政府对于社区是采取积极态度还是消极态度，会产生完全不同的社区后果和政治后果。从横向比较来看，凡是社区治理功能发挥好的地方，其社会秩序和社会就会稳定；从纵向来看，很多国家在经济社会转型时期为了重点解决贫困、失业等社会问题，就重点依托社区改善民众的社会福利，促进他们对政府的合法性认同，一旦遇到财政困难的时候，就部分或者完全放弃对社区的支持，使得社区面临衰落甚至解体的危险。不过，国家终究还是要承担社区衰落触发、加剧的社会问题的后果。

第三，社会组织有责任发挥越来越多元、越来越丰富的社区治理与服务的功能。就社区来说，社会组织的作用不容小觑，当然社区社会组织的规模不一定是越大越好，重要的是是否由社区居民自由自愿组成，能否在社区困难群体救助、社区公共资源管理、社区环境维护等实际需要的领域发挥服务功能，并且在此过程中促进居民彼此联系和互帮互助。同时，社会组织的成长和发展能否得到政府尊重、支持和信任，并避免对政府的过度依赖。

第四，社区是社会治理的基础平台，是创新社会治理的重要突破口。从国情来看，社区管理服务涵盖广泛，为居民提供了从实现民主权利、参与公共管理、享受社会福利到营造舒适环境、提升生活品质保障全方位的服务，而这些均是加强和创新社会治理所要面对的任务。因此，社区是加强社会管理的重要基础和切入点，也将成为各种政策的落实点、各种利益的交会点、各类组织的落脚点、各种矛盾的集聚点。

2. 社区治理的内涵

第一，社区治理是社区建设统筹发展和纵深推进的一个新阶段。“十二五”时期以来，浙江省社区建设已经基本完成了既定的目标和任务，在城市社区健全了社区组织体系和管理体制，初步建立起了以民生需求为导向的社区服务体系，农村社区也积极引入了社区管理体制和运行机制。新时期社区建设将迈入一个崭新的阶段，需要解决一些更深层次的问题，首要的如社区与政府的结构性关系问题。尽管法律明确了社区居委会作为基层群众自治组织的地位和功能，但随着政府公共服务职能机构和职能的下沉，各种组织和机构下移到社区，社区内其他各种组织不断出现，社区在政治上和法律上如何进行准确的定位，已经成为一个不得不解决的核心问题。

政府主导的社区建设取得了巨大的成就，但在基层治理实践上，与政府管得太多并发产生的社区行政化色彩浓厚问题日趋明显。与此同时，社会力量在基层治理和服务中的参与不够，社区活力不足也一并成为新时期社区建设的重要问题。社区是社会的基本单元，社会普遍性的问题和社区自身特殊性的问题都将一起出现在社区地域范围内，这意味着社区建设必须要统筹解决这两类问题，但不同层级的问题处理的理念、方法和措施均有所不同。从实践来看，社区建设遵循自身的逻辑，积极利用社区内部资源来处理社区内部矛盾，但随着社会发展，一些非社区内部的、社会性的普遍问题越来越多地沉降到了社区，这大大超出了社区地域范围和社区能力的界限。因此，进入“十三五”时期，社区建设将进入深化发展的阶段，将进一步解决社区建设过程中的深层次问题。从概念和提法上看，这些新问题及其所需的解决路径已经远远超出政府主导下“社区建设”的概念，需要升级到多元主体共同参与的“社区治理”新概念。

随着经济转型升级的加速发展、以人为核心的新型城镇化转向，居民的利益诉求、权利意识不断增强等新变化的出现，使得新时期基层社会治理面临一些新挑战。为此，十八届三中全会提出了“推进国家治理体系和治理能力现代化”的总目标，并强调社会治理的重心必须落在城乡社区。从2013年开始，民政部在理论和实践上努力从社区治理能力现代化建设的高度，统筹规划和纵深推进城乡社区建设工作。因此可以说，城乡社区治理是国家治理体系和治理能力现代化的重要组成部分，是对二三十年来社区建设成果的扬弃。

第二，社区治理本质上是协调国家与社会的关系，促进政府职能转变。从社区产生的背景来看，社区是市场经济和现代社会发展的产物，是人类在工业化、城市化背景下形成的基本生活样态之一。同时，社区作为现代社会的一部分，又被嫁接或者嵌入到民族国家的范畴体系中[①]，所以，社区发展是国家与社会关系变革的结果，社区治理在很大程度上表现为如何处理国家与社会的关系。

首先，社区是国家与社会链接的首要界面，是国家治理社会的重要中介。毫无疑问，城乡社区是一个生活或者价值共同体，是国家链接社会的首要交界面，综合呈现了政府对居民公共性、社会性需求的回应效率问题。治理是政府与社会力量通过面对面合作方式组成的网状管理系统，其落脚点在城乡社区，稳定的社区治理结构是在国家与社会之间经过相互选择后形成的。公共服务与社会管理向基层社区的下沉，反映了当前中国社会治理的一种新趋势，我们将这一趋势称为“社会治理的社区化”[②]。在组织性质上，法律规定居委会是单一的群众性自治组织；但在职责和任务上，却明确有协助基层政府的义务与工作。在实际操作中，政府对社会的管理只有进入社区才能落实，而行政任务进入社区必须使居委会肩负起行政职责并从具体工作上加以推动。从事社区治理的自治组织处于社会与政府交界层，具有一面面向

① 浙江大学地方政府与社会治理研究中心：《境外社区建设对浙江的启示》，2014年浙江省领导重点调研课题“深化城乡社区建设研究”。

② 杨敏．我国城市社会发展与社区建设的新态势——新一轮城市化过程社会资源配置的社区化探索［J］．科学社会主义，2010（4）．

社区，一面面向政府的“双重面向”的特征，在社区治理层面，国家权力和公民权利处于交会与交织的状态。因此，社区自治义不容辞地负有行政与自治的双重职责和双重任务。

其次，社区治理要求政府与各种社会力量之间的充分合作。社区治理结构事实上就是国家与社会基于各自行为目标和利益，共同营造的选择结构关系。如果没有认真思考当前的国家–社会关系，或者不承认国家理性能力的限度和社会力量对国家行为的多重影响，就难以清晰描述我国社区治理结构的真实状况，也无法解释社区治理结构变迁背后的因果关系。事实上，不同的国家单位和社会组织在社区治理过程中都在力图通过扩大行为选择集合的策略实现对不确定性因素的控制以保护并促进自身的发展和壮大。由于国家的失效和社会的不自主性同时存在，一些社会、经济问题不能简单地借助自上而下的国家干预或凭借社会的自发调节方式得以解决，而国家与公民社会之间合作却能够行之有效。它取得成功的关键在于持续不断地互动，以此产生和交换资源和信息，通过鼓励有关方面的团结，建立相互依赖的关系，从而弥补社会的不自主性和政府自上而下调控的不足。

最后，社区治理既要求政府承担起社区发展的责任，同时也强调社区担当更多的自我管理、自我服务责任。社区治理既指政府及非政府组织介入社区发展的过程、方式和手段，更指社区公民参加社区发展计划、项目等各类公共事务与公益活动的行为及其过程，体现了公民对社区发展责任的分担和对社区发展成果的分享[①]。社区是人们依照地域开展社会生活的真实空间，是居民社会生活的共同体，在这个共同体中，每个成员都生活在一种稳定的、相互依赖的关系之中。它被看作个人或市场与国家的重要补充，也被视为克服集体行动困境的有效的组织方案。城乡社区治理的核心是开发和利用社区资源，鼓励社区居民和各类社会组织参与社区管理与服务，应对社区公共问题，满足社区公共需求，最大限度地增进社区公共福利，将社区建设成为“社会生活共同体”。社区治理就是在接近居民生活的多层次复合的社区内，依托于政府组织、民营组织、社会组织和居民自治组织以及个人等各种网络体系，应对社区内的公共问题，共同完成和实现社区社会事务管理和公

① 姜晓萍，衡霞．社区治理中的公民参与［J］．湖南社会科学，2007（1）．

共服务的过程[①]。

（三）城乡社区治理的新格局

国家治理体系的现代化落实在基层社会，即要求城乡社区结构和治理方式的现代化，政府在基层社区事务治理中积极发挥协同组织的角色和作用，促进基层社区多元治理力量的生长，努力形成多元共治的合作型社区治理格局。具体来看，多元共治的合作型社区治理主要内涵包括“一个主题，两大目标，三种机制”，即围绕多元共治的主题，以“建立现代社区治理体系”和“提升城乡社区治理能力”为目标，形成政府、市场、社会三种机制互相补充、互为嵌入的城乡社区治理格局。

1. 一个主题

结合国内外经验和基本省情，课题组认为新时期城乡社区治理的主题应该确定为：多元共治。这一主题旨在推动和解决多元主体如何更好地在社区这一平台上展开共同治理。“共治”概念是由库伊曼提出的，他认为共治是指不同的群体在平等基础上的合作，包括各种形式的联合、网络化模式以及公私伙伴关系[②]。结合其他学者的讨论，“共治”就是指政府、私人部门和志愿部门在内的多个主体，通过竞争、协商、互动、合作达成共识，进而对公共事务采取集体行动的过程，共治的核心是对公共权力和资源的配置与运用。共治意味着多元主体的合作治理，旨在将包括政府在内的多个利益相关者聚集在一个公共舆论空间，公共和私人部门的界限变得模糊，通过协商达成共识形成决策。一般来说，合作治理包括至少六个方面的内容，即针对公共政策或公共管理问题，合作由政府等公共机构发起，治理主体包括利益相关的公共和私人部门、利益无关者，这些主体直接参与决策过程而不仅仅是公共机构的顾问，协商的公共舆论空间组织化运作并要求共同参与，协商目的在于达成共识，采取共同决策[③]。

可见，多元共治的社区治理主体既包括政府、市场和社会这三大跨界主体，也包括不同类型的社区治理主体，比如社区党委、社区居委会、辖区单位、社会组织、社区企业等多个主体。多元共治蕴含了法治、协商和自治的

① 夏建中．治理理念的特点与社区治理研究［J］．黑龙江社会科学，2010（2）．

② 杰·库依曼．管理公共组织［M］．北京：中国人民大学出版社，2001.

③ 王名等．推位让治：社会组织参与社会治理路径［J］．开放导报，2014（5）．

理念，是一个基于法治和一定程度自治的相互融合复杂的开放系统。多元共治决策系统则是通过多个主体自由进入、平等交流、表达诉求、协商对话形成公共领域。公共性、开放性、多元性是其基本特征，一方面各种观点汇聚其中，通过对话、竞争、妥协与合作等机制由分歧到达成共识，最后采取集体行动，形成集体决策结果；另一方面多元主体组成的公共领域能够抵御政府一元独大、强权和对资本的垄断，有利于形成共同利益，实现共治。特别是新时期，互联网技术的进一步发展，开放了一个公共的网络空间和平台，为多元主体共同治理自由进入、平等交流、竞争、协商对话提供了技术支撑和平台支持。多元共治是多个权力主体通过多种机制相互融合的过程，在这个融合过程中，多元主体间的权力、资源和责任的行使是实现共治的制度保障。

多元共治不是自上而下的指挥管理过程，而是多个主体间对话、竞争、妥协、合作，最后采取集体行动的过程。共治改变了进入者最初的动机和行为模式，它通过对话和竞争找到了多元主体间的分歧，通过妥协与合作达成共识，并采取集体行动。集体行动可能会产生新的更高的目标和选择，产生超越之前共识的结果。很难说共治的结果代表哪一方，因为共治实际上是多元主体通过协商、博弈与合作的机制相互融合，在相互融合的过程中，彼此的边界和利益被完全打碎，一个代表共同利益的结果呈现出来。这个结果无法瓜分，它是所有主体共同拥有的，与所有主体的利益相联系，辐射所有的主体，有效避免了“搭便车”行为[①]。

2. 两大目标

第一，是现代社区治理体系。社区治理体系是由一些基本的社区制度以及各个领域的具体体制机制构成的。现代化的社区治理体系，意味着要形成系统完备、科学规范、运行有效的制度体系，推动制度体系和体制机制创新。与国家治理体系现代化建设一样，现代社区治理体系的基本特征也主要呈现为治理主体多元化、治理结构网络化、治理制度法治化、治理技术现代化。

治理主体多元化。这主要表现为政府、市场、社会多个主体在社区管理

① 王名．社会共治：多元主体共同治理的实践探索与制度创新［J］．中国行政管理，2014（12）．

和公共事务中相互协作、共同治理。新时期的重点在于进一步梳理政府与社区的互动关系，积极推动基层政府与社区组织“双向确权”，认真梳理基层政府与社区自治组织权责，划清基层政府和社区自治组织责权边界，防止基层行政事务过多向自治社区渗透；推动社区服务业产业化转型，推动社区服务项目由政府独自举办向社会公共参与转变，社区服务机构从单纯公益型向公益经营型转变，社区服务实体从个体分散向规模连锁转变；积极引导各类社会组织投身社区服务，重点培育社区社会组织，加强社会力量在社区治理中所能发挥的积极作用，成为防御过度行政化以及过度市场化带来负面效应的重要主体。

治理结构网络化。这意味着社区治理结构由层级节制的科层制管理向多主体协作的网络治理转变。新常态、新媒体、新制度的共同作用，将导致未来很长时期内社区居民的需求呈现明显的碎片化趋势，这表明公共事务的复杂性与公民需求的多元化、分散化及个性化，对社区的要求越来越高，越来越苛刻。现代治理体系要求以网络化治理对待碎片化需求，否则必然是一种混乱、无序、低质量的公共治理。社区存在的合法性前提必然是居民支持，必须高度聚合的公共治理，形成网络化连接，不断推出个性化、差异化、全方位的服务。

治理制度法治化。从国家治理体系的建设来看，则必然要求以法治权力保障公民的基本权利，维护社会发展和人民生活的现实秩序，即促使以法理型权威为基础的国家政治生活日益制度化与程序化。当前，我国社区治理的法律法规分散在宪法、行政法等诸多法律中，涉及法律文件近150个、法律条款500余个，而且大量法律规范要素不全、法律效力等级参差不齐、法律体系结构不完整。同时我国法律对于如何在制度上保证社区实行自治等问题缺乏具体条文规定，一些社区居委会在遇到突发公共事件时经常不知如何依法依规处置。“十三五”时期，应根据政社分开、权责一致的原则，进一步明确居委会的职责范围，可在法律上明确居委会的自治、协管和监督职责，推动社区居委会法人化，确保居委会工作机制和运行机制畅通；通过法律条文确认居委会可以从政府财政、社区募集等渠道获得社区治理的资金，并保障资金运用合理规范；培育非营利性的社区服务中介组织，依法规范其运行管理，为其发展创造良好环境。

治理技术现代化。治理技术既指制度的操作规定、实施细则和具体办法，也涉及与制度安排相互配套的各种技术工具和技术手段。这就要求一方面，在现代社区治理中，社区公共决策或治理措施的出台，必须要有科学合理的技术考量，不然极有可能是良善的用心带来了消极的结果和政策的挫败。另一方面，新媒体的快速发展以及自身的互动性、便捷性、开放性和个性化特征，为社区治理现代化提供了技术支撑，如新媒体可以为社会不同阶层、不同利益主体的话语权表达提供平台和机会，新时期社区治理就需要在搭建各种平等交流的平台基础上，实现不同治理主体间的合作共治。

因此，现代社区治理体系的衡量标准至少有以下几个：一是社区权力运行的制度化与规范化；二是参与性，即居民以及各种社会组织积极参与社区公共事务，参与渠道畅通；三是法治化，即居民日常生活日益的制度化、程序化；四是效率，社区治理体系应该有效维护社区稳定和秩序，有利于提高基层社会效益和居民满意度；五是协调，多元主体资源配置合理，多种机制良性互动，构成一个统一的整体，相互协调，密不可分。

第二，是提升城乡社区治理能力。推进社区治理体系和治理能力现代化，关键是要构建一个现代化的社区治理结构，因为社区治理能力现代化意味着政府、市场、社会各归其位、各尽其责，再造社区治理结构，推进现代化进程。对于什么是社区治理能力，学界讨论的不多，偶尔会有研究者提到社区服务能力等。课题组认为现代社区的治理能力主要体现在四个重要的维度上：

一是培育社区居民共同体意识的能力，这反映出社区成员对所在环境以及相互关系的认知，包括共同价值观、规范等；二是居民的参与能力，主要指居民或社区社会组织在社区公共事务上主动承担相应的责任，并积极参与到社区公共事务中来；三是解决问题的能力，即社区在解决现实问题上必须扮演最主要的角色，有效回应居民的诉求，促使社区良好秩序的形成；四是获取资源的能力，一方面是评估、确认并取得既有的社区资产，另一方面也要积极获取社区外的各种资源。中国社区治理需要在这些能力建设上下功夫，没有这些能力，基层治理就难以有效地运行起来。

和大部分地区一样，我省城乡社区治理的核心问题在于社区自治能力的缺失、自治主体成长的缓慢和民主治理的不足[①]。因此，城乡社区治理能力提升具体可以表现为城乡社区总揽全局能力、制度供给能力、资源整合能力、社区服务能力、组建和创建社区社会组织的能力以及利益协调能力等各个方面。

3. 三种机制

合作型社区治理要求政府、市场、社会三大主体与机制形成分立、互动、合作关系，共同推进社区发展。市场机制是社区发展的重要工具，它影响市场决策、消费者行为、市场结构和资源获得，并培育更好的责任、透明度、政策方向和结果。对经济水平较低下的社区而言，市场无疑承担着合理配置社区资源、提供优质社区服务以及推动社区经济发展与转型的重任，表现为：市场力量依据其自由竞争与优胜劣汰的自然禀性，对社区工业商业、劳动力、土地及社区基础设施的建设产生影响，实现社区资源的合理配置和对社区外资源的有效利用；市场的优胜劣汰机制可以为社区居民提供优质的社区服务；市场力量介入社区的最大动力来自于盈利的憧憬，但市场对利润的追求在客观上促成了社区经济的发展与转型。

但是，由于市场机制在实现社会成员收入分配相对公平、化解社会风险存在先天性的“市场失灵”，这决定了政府必须承担起保障国民基本生活的职责，在市场失灵的时候，政府必须起到兜底的作用。政府在社区治理中所发挥的积极作用包括：政府需要协助与指导社区经济发展、政府应该提供社区公共服务的供给与支持、政府还应当承担社区文化氛围的形塑与营造。

社会机制是以社区为单位，发动和组织社区居民、社会组织建立服务网络，开展志愿互助服务活动，为社区成员提供物质和精神生活的各种服务，满足不同群体、不同层次的多样化需求。从实践上看，社会组织可以成为独立于政府和市场之外的具有志愿公益性的组织，它可以弥补政府和市场的缺陷，在多元互动的社区治理中发挥不可替代的作用。成熟的社会组织能够承担社区治理与服务很多职能，能够积极动员和吸纳居民参与社区建设，对政府的管理和服务具有重要的拾遗补缺作用，对商业化服务可能产生的利益追逐倾向具有很重要的冲抵作用。

---

① 郎友兴，葛俊良．让基层治理有效地运行起来：基于社区的治理[J]．浙江社会科学，2014（7）．

四、“十三五”城乡社区治理体系创新

“十三五”时期全省城乡社区治理体系创新的重点就是要解决“谁来治理”“怎样治理”等核心问题。课题组认为，面对新时期的严峻挑战，全省城乡社区治理应该全面建立“3+3+3”治理体系，即所谓城乡社区治理的“三类主体、三社联动，三条路径”，分别从治理主体、治理机制、治理路径上对城乡社区治理体系创新进行规划。

（一）三类社区治理主体的培育

1. 三大类型

合作型社区治理包含着多元化治理的存在和发生，而对多元的治理主体从性质上进行归类分析是创新社区治理体系的可行方式。就国内外城乡社区发展的现状来看，根据治理主体性质不同可以把社区治理主体分为三大类：政府类治理主体、市场类治理主体、社会类治理主体。

政府类治理主体往往是担负着某种政治功能，更多以某种行政化的、自上而下的方式来推动社区治理的发展。这类社区治理主体通常有：社区党组织、各类群团组织、各级政府部门、驻区单位。市场类治理主体通常是从自身利益最大化的角度，以市场交换的方式介入到社区治理中来。在社区中，这类治理主体往往被寄予了促进社区经济的同时，承担适当的公共责任厚望，包括各类社区商业企业、农村集体经济组织、物业公司等。

社会类治理主体往往是基于公共意识基础上自发自主成长起来的，以不同于行政强制和市场交换的方式有效发挥着社会整合的作用，具有组织性、非营利性、自治性、自愿性、公益性。在我国社区实践中，其主要有各种形式的社会组织、非营利组织、社区社会组织、慈善组织、自治组织（居委会、业委会）等。社会类治理主体被研究者们认为是人性中的利他主义情结的产物，从提高他人的满足中同时满足了自己，通过志愿活动将其组织及组织成员个人资源效用最大化，同时在参与社会活动，与他人互动及对组织、社区、工作环境的奉献中满足自我实现的需求。社会组织从事公益事业的目的不在于为法人或个体自然人获取利润，而在于获取社会财富和社会资源后再服务于社会，尤其是服务于那些需要帮助的困难群体，以实现追求整个社

会公平、公正、和谐发展的目标。

2. 功能上互补、结构上互动的合作伙伴关系

治理理论强调多元主体之间应形成平等合作的伙伴关系，具体来说，三大类型社区治理主体之间应该努力形成在功能上互补、结构上互动的合作伙伴关系。

一是功能上互补。一直以来，介入社区公共事务的各类主体和组织之间就存在着缺乏合理的社会分工，缺乏明晰的功能边界顽疾，在社区实践中，常常表现为“过大的政府”“过小的社会组织”“弱小的市场组织”现象。“过大的政府”往往掌握着大量的社会资源和公共权力，在社区治理中包揽太多的事务，既从事行政管理又从事公共服务，既是服务的供给者，也是服务的直接生产者；社区居委会既协助政府从事行政管理事务，又协助提供公共服务，还从事社区组织事务；不少社会中介组织存在行政化，以政府需求为导向的组织策略等。三大类治理主体中，政府的作用是为管辖区域的居民提供公共产品，市场主体立足于为社会提供私人产品，社区社会类组织的目标是为社区居民提供社区公共产品。每一类型的社区治理组织都有其特定的功能和角色，不同的组织应该各司其职，互为补充。重塑社区不同类型治理组织的功能、促使不同功能之间的互为补充是多元合作形成的基本前提，因此，“十三五”时期，城乡社区治理改革的关键点是重新划分政府类组织、市场类组织、社会类组织的功能边界，努力形成彼此之间功能清晰、互相补充的良好格局。

二是结构上互动。多种社区治理主体之间的结构性关系，需要通过一系列法律法规、制度规范予以明确。社区治理的多元主体，主要表现为几层结构性关系：政府与社区、政府与社会组织、社会组织与社区、社会组织与市场主体、市场主体与社区等。这其中三大类主体在功能上的互补角色毋庸置疑，但在结构上的关系，无论在法律还是实际层面上都亟待作梳理。比如近年来一直在探索的基层政府与自治社区关系，在现有的社区组织法框架内一直无法在实际社区治理进程中有所突破。“十三五”时期，需加大力度来探索如何使不同类型的社区组织在结构上呈现出良性互动关系，从传统垂直科层结构转变为现代横向网络互动结构。传统的街居体制结构是从上级政府到街道办事处到居委会再到居民，组织之间只有垂直的关系，没有横向的联

系。而在社区治理结构中，社区主体多元化，大量社区社会组织的培育和发展，在居民和政府之间又架起了沟通和联系的桥梁，街道与居委会之间、居民与政府之间的关系由单向运行转变为双向互动，从而将社区中行政力量、自治力量和社会力量构筑成横向的网状结构①。

（二）“三社联动”的社区治理机制

市场和行政过度介入社区均可能导致对社会空间的挤压，从而影响社会组织的自主发展和社会活力。因此，现代化进程中如何形成和维持政府与社会之间互联、互动、互补的社会治理新格局，已经成为世界各国都在关注的问题。近年来，我省率先在社区治理实践中发展出来“三社联动”的治理机制，就是试图通过社区建设、社会组织培育和社会工作介入的方式，形成“三社”资源共享、优势互补、相互促进的倍数效应。根据浙江省《关于加快推进“三社联动”完善基层社会治理的意见》，到2020年，社区基础平台作用、社会组织的重要渠道作用、社会工作的专业支撑作用倍增，形成社区建设、社会组织、社会工作多向互惠、全面协调发展的新格局。

1. 积极发展内生型与嵌入型相结合“三社联动”模式

社区治理“三社联动”强调的是社区、社会组织和社会工作在治理资源、功能上的互补与嵌入结合，互补创造了社会组织、社会工作介入社区治理，进行富有成效的互动基础，而嵌入则使三者通过合作实现“双赢”的潜能得以实现。“三社联动”机制践行了平等协商、合作共治的治理理念，有助于多元共治的合作型社区治理格局的形成。内生型与嵌入型相结合的“三社联动”模式强调的联动是社区、社会组织培育和社会工作是基于社区的内在需要，自发自觉地彼此合作、联动一体、协调共进。

第一，积极引导社会组织、社会工作在结构和功能上嵌入到社区建设中，包括积极推动社区组织体系建设，把社区社会组织嵌入到社区组织中去，比如可以积极探索把社区组织建设体系从“三位一体”上升为“四位一体”（社区党工委、社区居委会、社区公共服务中心、社区社会组织与社会工作服务中心）。第二，强调体制内建设和体制外嵌入相结合的思路，在加强社区工作人才队伍建设的同时，积极导入社区工作者的社会工作化人才培

① 社区治理与服务：社会治理与国家治理的基础工程［J］. 中国民政，2014（5）.

养计划、政府购买专业社会工作岗位、组织实施社区服务专业督导项目、开展职业社工个案服务等。第三，引导社会组织将自身发展建立在社区发展的基础上，将组织的发展目标自觉不自觉地纳入到社区建设和地区发展中，建立起与社区组织相互合作的规范与共识、交涉与协作机制，进而实现不同组织在功能上的互补、行动上的协调和资源上的整合。第四，是社工通过主动以社区为发展壮大的舞台，从和谐社区建设的角度开展组织活动，比如自觉宣传国家的大政方针、传授科学知识、丰富居民的业余生活，通过专业服务积极引导和扶持一些社区社会组织，通过这些组织吸引居民参与和谐社区建设。第五，社区社会组织和社工的专业服务是基于居民的需求而诞生，多渠道、多层次地反映社会诉求，尤其是关注容易被忽视的困难群体的诉求，从而促进社区和谐发展。第六，社会组织和社区精英不应该被理解为公共利益的代表者，他们是嵌入在特定社区利益中的行为者和代言人。第七，以社区日常生活小事为“三社联动”的重要内容，以小事为抓手，以生活为平台，以居民为主体，以参与为核心，将自治内容嵌入居民日常生活，让社区自治、民主参与内化为居民的一种生活习惯。随着社区建设的深入发展，社区居民生活水平的提高，内生型和嵌入型“三社联动”将成为社区社会组织、社工参与和谐社区建设的最持久、最有效的类型。

综合来看，“三社联动”离不开五大元素的互动，分别是：当地政府的规范引导、社区居民的动员参与、社会组织的服务管理、专业社工的指导带动以及社区体制的创新变革，它们互为倚生、互为促进，使得“三社联动”沿着既定轨迹和技术路径不断衍生发展①。

2. 完善“三社联动”运行机制

第一，政府分步骤、分层次购买社区服务的体系建设。根据2015年1月1日正式实施的，由财政部、民政部、国家工商总局联合下发的《政府购买服务管理办法》，社区服务是社会急需的服务业，属于政府重点考虑、优先安排与改善民生密切的相关项目。同时，国内外实践证明，项目引领型参与将成为社区外来力量参与社区建设的主要方向，为专业社区社会组织、社会工作方法积极参与城乡社区建设开辟了广阔的空间。

① 叶南客．我国“三社联动”的模式选择与策略研究［J］．南京社会科学，2010（12）．

结合浙江省情来看，政府委托社区公共服务体系建设可以分成“三步走”：第一步，重点对一些民众需求旺盛、专业性要求高的社区服务进行项目化运作，可以趁此培育和扶持一批社区社会组织，引导和规范社区社会组织朝着有利于提升社区建设和社区服务水平提高的方向发展。第二步，政府与购买对象之间建立起制度化的合作伙伴关系。通过购买服务推动政府和社会事权划分，把政府照顾不到、照顾不好的事情交给社会组织去做。抓紧出台政府购买社区服务的目录清单，出台招标文件的规范指引，完善购买服务的评估制度，充分体现第三方评估机构的独立性、专业性优势，优化评估程序，统一不同评估机构的评估方式和具体指标。第三步，通过购买服务逐步引导社会组织、社会工作的专业化、产业化发展。逐步提高政府购买社工机构的准入门槛，优先购买3A以上等级的民办社工机构服务，提升招投标工作的专业性，制定统一的社会工作服务标准，出台社会工作专业服务指标和工时标准体系；引导社区服务组织的品牌化、连锁化发展，鼓励其走专业化、产业化发展的路子。

第二，社区社会组织的培育。社区社会组织的产生和发展是以满足居民需求、提供其服务能力为基础的，在集结公民意愿、促进居民融合、提供社会服务、调处社会矛盾等方面发挥了积极的协同社会管理作用。因此，在联动机制中，直接服务于基层社区或社区成员为主要业务的服务类社会组织，承担着整合社区开放资源，为社区居民提供社会工作服务的重要载体作用。社区社会组织是指在社区内开展社会服务的社会组织，既包括了一般性的社会组织，也包括经由社区成立的社会组织。基本目标是到2020年，全省登记或者备案的社区社会组织要达到10万以上，社区社会组织联合会和社会工作室基本覆盖城市社区，社会工作服务覆盖到三分之一以上的农村社区。

首先，强调政府在培育社区社会组织的主导职能。加快推进“三社联动”机制建设，可以从完善相关政策制度、优化社区社会组织发展环境、完善政府购买服务扶持机制等方面入手。政府继续发挥搭建社会组织服务平台体系，建立或优化社会组织孵化器或者孵化中心，为社会组织提供资金、场地、项目和技术支持。制定出台“三社联动”的机制建设的扶持政策，通过购买服务、税收减免、政策支持等有效途径，来创造良好的政策条件和制度环境。加快推动社会组织登记管理制度改革，降低准入门槛，简化登记手续，激发社会组织活力，促进社会组织快速发展。同时，把政府购买服务、中央财政支持等培育扶持社会组织发展的有效措施纳入制度化、规范化、程序化的渠道，培育支持有潜力的社会组织，提供亟须的能力、资源和人才支持。

其次，提升零散的、小型的社区社会组织的组织化水平和社会化服务能力。从全省实践来看，活跃在城乡社区的社会组织按照活动内容不同，可以分为以下几大类：第一类是社区福利组织，如社区托儿所、社区托老所与敬老院、社区公共活动场馆、社区服务中心等；第二类是社区文体组织，如社区老年大学、健身队、老年文艺表演队、艺术活动组、球类活动组等；第三类是社区居民权益维护组织，如社区法律援助中心、社区妇女儿童保护协会、社区环境保护协会等；第四类是志愿活动组织，如社区志愿者与义工组织；第五类是为配合政府社会事务工作的组织，如计划生育协会、老年协会等；第六类是为社区居民提供服务的组织，其中包括为社区残疾人、优抚对象、生活困难等特殊群体提供无偿服务的组织以及为社区普通居民生活便利提供低偿服务的便民利民组织，如社区卫生所、职介所、租售房介绍所等。对这些已经事实上在发挥作用的社区社会组织，可以进行结构及其功能的优化提升，比如对街道、社区社会组织服务中心全部进行民办非企业单位登记，提升其社会服务的能力和水平，同时引导其加强对辖区内初生的、小型的社区社会组织进行指导；可以优化原有社区公共服务站的结构，提升其功能，转型建设新型社区服务站，培育和壮大社区公益性服务组织。

最后，积极发挥不同类型社会组织资源优势的整合效应。一般来说，居民参与型社区社会组织往往是居民自发组成，提供的服务多是免费或者低费，显然要比企业具有优势，志愿性与公益性是其鲜明特征。非居民参与型社区社会组织是由非社区居民成立的，成员是由社区外来人员组成的社区社会组织。非居民参与型社区社会组织的成员往往是由一些具备某一方面专业知识的人员构成，主要包括社会工作者、具有一定专业技能的人员及其他非居民成员。相比来看，居民参与型社区社会组织在动员居民参与社区服务方面具有优势，而专业的社会工作者所组成的社会组织通常提供的是专业服务，多是针对个案问题采取专业方法进行解决。社会工作者因为不是社区居民，对于居民需要的了解往往要经过一定时间方能制订出解决方案。而居民参与型社区社会组织由于是居民自发成立的，其工作者对于社区居民的需要十分清楚，无须了解过程或者了解过程十分短，在提供服务时更能符合居民切身需要。

在现代社区治理体系中，居民参与型社会组织在发挥其邻里优势，积极动员居民参与上发挥着无法替代的作用，但同时，随着社会利益和需求的复杂化，那些掌握专业化的科学知识、方法与技能的职业社会化服务将发挥着越来越重要的功能。如何更好地整合这两类组织的资源，促进它们在社区相关的福利保障，调整社会关系，恢复和增强人们的社会功能，促进社会稳定发展发挥更为积极的作用，是推进“三社联动”过程要重视的内容之一。

第三，社会工作促进机制。这几年，我省多地纷纷确立起了“政府主导、行业管理、民间运作、社工服务、义工参与” 的工作思路，围绕社区需求，积极培育民间组织参与社区建设，拓展社工服务的介入渠道，充分发挥民间组织种类多样、分布广泛、门类齐全的资源优势，充分发挥专业社工提供多元化、多层次、高质量的服务优势，实现社区建设、社会组织、社会工作人才共同发展的互动模式。然而不得不承认，在“政府主导”社区治理体制之下，虽然部分地方政府确实也主动将一部分职能交给社会工作机构和专业社会工作者去承担，它们也能起到支持政府开展社区建设运动的作用，但是这些专业社会工作组织和队伍的作用空间仍旧十分有限，路径不太畅通，成效也不够明显。因此，“十三五”时期，要充分发挥社会工作对社区治理的积极作用，就应该重点在拓展社工机构参与空间和畅通社工服务介入渠道上下功夫。

一是拓展专业民办社工机构参与社区治理的空间。社区治理的实践确实需要专业的社会工作和社会工作者的介入，但从社区运行的现状来看，多数社会工作者会从事社区建设中与社会工作专业不相关的工作，例如“基层政权建设”和“一般行政性公共服务”，这不仅使得社会工作专业性大打折扣，还大大打击了社会工作者的工作积极性。因此，课题组在进一步梳理城乡社区治理的各项内容基础上，提出可以根据不同的内容其本质特性，选择由不同的主体来承担。“基层政权建设”和“一般行政性公共服务”由于其“公共性”的特质，而且属于政府一般的行政事务，所以并不是社工专业的工作对象；社区行政工作如社区行政管理事务、社区行政执法事务和公共信息采集事务，其责任主体只能是政府组织。不过，“公共服务”中的“社区救济”和“社区优抚”，由于涉及特殊困难群体，与国家社会保障与福利政策息息相关，因此政府可以通过购买专业的社会工作者和社会工作服务来从事专项工作。社会工作者的重点是在“社区保障”工作中担当“个案管理者”的角色，负责对特殊群体进行评估、审批、转介资源等。与社区行政事务提供管理型公共产品不同，社区公共服务是各类社会组织提供的用以满足社区居民公共需求的服务类社会公益产品，则可以完全交由社会组织，尤其是民办社工机构来承担，这才是社会工作者重点工作的领域。面对新区内各类群体，社区社会工作者可以运用专业的方法，根据群体的实际需要来提供相对应的服务，力求不但达到解决问题的目标，还可以推动居民的主动参与，培养其对社区的归属感①。

二是畅通社会工作服务介入社区治理的渠道。粗略来看，全国各地实践中，社会工作服务介入社区治理的方式有：社会工作理念上的介入，如社会工作的核心价值理念“助人自助”，贯穿在社区社会救助、社会福利等各项服务领域，且得到了越来越多组织和居民的认同；社会工作岗位介入，主要指社区公共服务机构中设置社会工作岗位，给专业社工以适当的薪酬待遇和职业发展空间，使之逐步获得社会认同；社会工作项目介入，通过政府部门设置具有明确目标的项目，委托社工服务机构以承接项目的方式介入社区治理工作；社会工作机构介入，是指社工服务机构整体参与到社区治理工作中，并承担其中具体的工作事项或工作环节。

结合“十三五”时期社区治理的任务来看，打通社会工作介入社区治理的渠道可以有：继续加大对民办社会工作服务机构的扶持，制定扶持办法，落实扶持政策，可以降低社工机构的准入门槛，采取一次性资助和以奖代补的方式为民办社工机构提供资助；在现有的市区县社会组织培育孵化中心功能划分中，重点加强对民办社工机构的培育孵化，引导其为社区居民提供专业社工服务；释放更多的社区服务空间，重点引导民办社工机构在社会救助、社区服务、慈善公益等公益性服务领域的发展，同时明确可以购买的社区公共服务清单，规范化购买社区公共服务的相关制度，主要以项目介入的方式积极引导社会工作机构的成长；积极培育社会工作行业协会，民办社工

① 李瑞伟，雷杰．社区建设概念的逻辑分析及社区社会工作介入的方向［J］．学习与实践，2007（12）．

机构普遍存在着规模较小、实力单薄、法人资格缺失、骨干成员交叉重叠、难以单独承接政府资助或购买项目的实际问题，有必要引导这些组织走“联合”之路，积极发挥优秀民办社工机构的行业主导作用和功能辐射半径；建立健全社会工作行业自治自律体系和信用体系，完善行业自律监督、政府监督和公众监督等多元化监督机制，全面推进社工机构等级评估工作，建立社工机构淘汰退出机制，引导社工机构自身规范管理，强化社工机构公益性和专业性定位；在政府转变职能，下放公共权力，转移公共资源的同时要加强对权力与资源的规制，需设立对民办社工机构的问责制度，对违反社会工作伦理的人和机构加强责任追究机制。

（三）三种治理路径的推进

1. 物质层面上，继续完善社区基础设施与公共服务的供给

要推动城乡社区治理体系和能力现代化的目标，“十三五”时期全省社区建设必须在“有地办事、有钱办事、有人办事”的基础上，深入探索如何让社区场地更有效地利用起来，发挥更为积极的作用；如何把社区的钱花好，用更少的钱办更多的事；如何更好地发挥社区工作者的作用，为居民提供更多更好的服务。

一是社区基础设施建设。原则上讲，社区基础设施建设要积极发挥政府、市场和社会三大主体的作用，其中更为积极发挥社区基础设施建设中的政府规划和资源供给作用，注重社区资源配置的科学性、针对性和前瞻性，为社区开展日常工作提供基础条件；同时积极探索市场机制在社区基础设施建设中的作用，有效引导基础设施建设中的政府主导作用，有效地发挥市场在社区资源配置中的有效性作用；积极引导社会资本在社区发展中的独特作用，充分发挥慈善组织、基金会和各类社会公益机构在社区基础设施建设中的补充作用。

“十三五”时期在社区基础设施建设上要重点抓：第一，继续加大各类社区基础设施建设的力度，尤其是要切实推进欠发达地区城市社区办公场地的建设，继续推进农村社区服务中心、居家养老照料中心等基础设施的全覆盖；第二，提升社区基础设施的功能，如社区服务中心除了提供“一站式”的办理居民事务的功能之外，要更加注重发挥其文化娱乐、社区教育、居民交往等社会性功能；第三，新时期要重点加强对社区公共空间的规划、管

理，引入各种力量来协调公共空间使用者与相邻居民的矛盾冲突，探索如何更好地利用资源治理社区公共空间，促进社区公共空间使用与居民日常生活方式相适应。

二是社区公共服务供给的省域特色。鼓励发展各种类型的社区社会组织，并积极引导各种类型、各个层级的社会组织到社区去服务，扎根于社区之中，充分把握居民的各种需求。在此基础上，积极发展具有省域特色的，在居家养老、社区矫正、法律援助、文化生活、医疗服务、助残服务、青少年心理咨询与辅导等多个领域发挥着积极作用的社区服务品牌。就社区公共服务机制而言，政府要通过参与式的政治决策过程，主导社区公共服务的供给数量和质量标准，然后以市场机制为杠杆，通过多种方式调动公营事业部门、私营部门等市场主体参与社区公共投资项目，在竞争中完成社区公共服务的供给。核心是要建立规范的制度和工作流程，明确适用采取市场化方式运作的社区公共服务项目、范围、资金来源和使用要求，建立严格的审批程序、监督考核以及责任追究制度等。通过公平公开竞争、定向委托、合同管理等市场化运作机制，将具备购买服务条件的项目交由市场主体或社会组织实施。在市场化运行过程中，政府要加强对项目实施全过程的管理和监督，切实降低成本，确保公共服务质量，提高社区居民的满意度。即使是对物业管理类等完全市场化的服务项目，因涉及社区居民的公共利益，政府也需对服务的价格和质量加以监管。

2. 价值层面上，加强社区文化营造和共同体精神培育

社区治理重点在于打造一个居民生活共同体，加强居民的社区归属感和认同感，激发社区活力和治理能力。“十三五”时期，城乡社区治理在夯实社区基础设施和公共服务的基础上，还得注重在价值层面上加强社区文化营造，培育居民的共同体精神，使得社区成为居民可感知、可参与、可认同、有意义的社会空间。共同体精神的培育一方面可以弥补人们在现代社会中的“情感”领地的缺失；另一方面则可以逐渐培养人们的社区认同感和归属感，最终在社区找到一种类似于“家”的共有感觉。一旦这种感觉产生，共同体精神就真正形成和成熟起来了，它可以帮助人们在日常生活中从越来越存在异化风险的社会中挣脱出来，在生活中享受和谐社区的快乐。

在一个地域为基础的空间中，相同的生活环境和社会空间容易使居民形成较为频繁的交往，逐渐形成共同的信仰和共同的风俗习惯，并最终形成一种与这种社会结构相一致的文化特征，即所谓的共同体精神。现代社区之所以难以形成共同体精神，人们之所以不重视社区和不参与社区活动，关键是社区跟人们的切身利益没有多少关联，自然也不会形成社区归属感和认同感。这也是目前的社区建设面临的一个最大的困境：如何“让陌生的人熟悉起来”。通过文化营造，逐步使居民感知到社区的存在，推动社区成为居民可感知、可参与的公共空间，这可以从几个层面进行努力：首先，社区文化建设主要抓老人和儿童这两大群体，带动中青年人参与社区活动；其次，坚持大型和小型社区文化活动相结合的原则，既要发挥大型社区文化活动的影响力作用，更要发挥小活动的经常性、持久性、渗透性影响力作用；再次，注重社区成员不同层面的需求，根据居民文化程度、年龄结构、经济条件的不同，分析不同需求，设计开展多渠道、多路径的参与方式和内容，满足多样化的需求；最后，积极组织和教育居民，从社区的共同利益和共同需要出发，有计划地引导社区居民和组织共同参与，以自身的努力和政府联合一致，合理地利用社区的资源和外来的援助，以改善社区的经济、社会和文化的状况。

3. 统筹层面上，切实推进城乡社区一体化治理

随着城镇化步伐加快，户籍制度改革启动和新媒体的发展，城乡社区之间在人口、资金、人才、物资等诸多领域的流动会日益加快。建立城乡一体的社区化管理格局，是实现城乡统筹和社区治理现代化的重要路径之一。可以说，省域范围内的社会空间是一个完整的地方性社会系统，城市和乡村是其中两个基本的子系统，二者在空间结构上的均衡与和谐是整个社会稳定有序发展的基础。

一要抓住新型城镇化建设的重要时机，积极统筹全省城乡社区的基础设施、服务设施和信息化建设，促进城乡社区一体的最低生活保障、养老保险、医疗保险、社会救助、文化体育、就业服务等；全面建立城乡一体化新社区党组织、社区管委会（居委会）、社区监督委员会、社区服务组织等组织机构。

二是要全面建立以居住地为主的社区服务体系，打破原有的村（居）民

自治体制只管村民或居民不管其他人员的传统做法，把生活在城乡社区的所有居民和群体都纳入社区治理的视野，参与经常居住地社区居民自治活动，把社区服务设施向所有社区成员开放，保障流动人口与当地居民一样享有参与公共管理、享受公共服务的权利、共享社区治理的成果。

三是重点研究探索农村社区如何调动驻村单位、外来人员、群团组织、社会机构和市场企业等各种社会力量参与新农村社区建设的积极性，与社区建立多种形式的资源共享、共驻共建机制。从日本的经验来看，健全的地方自治制度、发达的农民经济合作组织、完备的支农强农和惠农政策以及完善的法律体系构成城乡二元对立到一体化治理模式转型的基本动力。新时期全省要破解新“三农”问题，政府的特长是统筹规划、制度设计、资源引入和公共财政供给，故而需要在城乡社区建设发展规划、体制机制创新、公共服务均等化、农民国民待遇等方面发挥更为积极的作用；市场的特长是实现资源配置的最优、敢于创新和冒险、产生规模经济，故而需要在土地集约化、规模经营、现代农业及农民增收等领域发挥作用；社会的特长在于对政府、市场功能的弥补，灵活多变，能利用大量社会资源，产生社会信任，提升社会资本，实现对问题的全面处理，据此，需要在农民公民意识、公民权利、参与公共事务、农民组织化、志愿互助服务、社会共同体构建等领域彰显农民的主体性。

五、“十三五”城乡社区治理的重点领域

（一）城乡社区治理人才队伍建设

2013年民政部联合财政部出台的《关于加快推进社区社会工作服务的意见》，提出建立健全社区、社会组织和社会工作专业人才联动服务机制，按照“政府扶持、社会承接、专业支撑、项目运作”的思路，探索建立以社区为平台、社会组织为载体、社会工作专业人才为支撑的新型社区服务管理机制。该文件的出台，有力推动了政府购买服务、社会组织承接面向社区的事务性、服务性工作以及社会组织聘用社会工作专业人才提供服务等社会治理方式的创新转变。据此，社区治理人才队伍建设的重点应转向调整社区人才队伍的结构，提升社区工作者的专业化。

1. 社区工作人才队伍的结构优化

现有社区工作人才队伍的构成有以下几大类：社区干部、社会工作者、社区服务协助员、社区服务志愿者等。结合“十三五”城乡社区治理目标，社区人才队伍结构应朝几个方向努力：首先，从管理型人才转向服务型人才。人才队伍的行政化带来的社区工作者普遍干部化，重在发展自身的行政管理能力、执行各级政府下发指令的能力，而对基层社区事务的专业性服务能力不强。多数社区工作者的职业导向是往上级政府机构、事业单位的流动，而非扎根于社区服务的事业导向。其次，从专职化人才向专业型人才转型。“十二五”期间城市社区工作人员的专职化率已经达到100%，但其中持社会工作师资格证的人数仅为5.4%，专职化社区工作者队伍的专业性不足成为突出问题，新时期的重点就在推动专业型人才建设，全省服务社区的专业社会工作者要达到5万人左右。最后，“十三五”的重点在于优化社区工作人才队伍结构，实现社工队伍向服务型、专业型相结合的综合型人才队伍转型，为此，可以积极探索培育社区社会工作领军人物，有条件的地区如杭宁嘉可以实现每个区县培育3名左右，欠发达地区一个市可以培育1—2名。

同时，随着“三社联动”工作的全面深入，社区人才队伍建设还需从路径上积极探索体制内建设和体制外嵌入相结合的人才队伍建设。社区需提供的公共服务包括警务、法律、残联、教育、科普、文化、体育、卫生和计划生育、房屋租赁、再就业等，而且随着社会经济的发展，居民个性化的需求也不断增加。面对如此多样化的服务，社区服务仅靠专职的社区工作者是不可能完成的，在实践中，各地社区纷纷通过招收以4050人员为主的协助员作为社区工作队伍的重要补充。这一人才队伍建设制度有我国特殊的历史和文化背景，但随着社会治理任务日益加重、社区服务的专业化要求日趋明显，社区人才队伍必然要朝着服务型+专业型方向转变。这就要求基层社区在实现社区工作者人才职业化建设的基础上，继续深化发展体制外的专业化人才与体制内的专职化人才互相补充、互为嵌入的创新管理，积极通过“政府购买”、强化考核激励机制等手段打造一支有“面向社区、服务居民”高效人才队伍。

2. 社区工作人才队伍的专业化提升

随着浙江省“三社联动”工作的逐步推进和纵深发展，以社区为平台、社会组织为载体、社会工作专业人才队伍为支撑的社区服务管理新机制将逐步建立。其中，如何在社区政务事务分离、居站分离等地方探索的基础上，引导地方政府分类建设社区干部队伍、社区社会工作人才、社区志愿者队伍，可以成为新时期的一个大思路、大方向。

具体来看，社区工作者队伍专业化提升应着力于：一是充分发挥社区干部基层社会管理的专长。从相当长一段时间来看，社区仍将承担着政府实施社会管理、提供公共服务的职责。因此，社区工作人才队伍建设中如何保障有一批政治素质高、基层社会管理经验丰富、执行力强的干部队伍是整个基层社区治理体系能否顺畅运行起来的重要条件。二是提升社区社会工作者队伍，既可以通过政府购买专业社工岗位等方式推进，也可以通过打造一批社区公共服务站、社会工作室的方式，对社区工作进行社会工作化的督导，强化社区工作者的专业素质。三是对现有的社区工作者队伍加强社会工作的实务培训，展开社工实务技能培训，充分利用社会工作专业方法，如开放空间技术、点子群、卡片工作者等来提升社区工作者的实务能力，每年不少于40小时。四是鼓励建立若干个省级民办社工机构，利用它们来培训培养一批社区社会工作的督导，每年200人左右，再利用他们来培训辖区内的社区工作者。五是充分发挥社工案例交流大赛的作用，继续强化从街道、区、市、省多个层面展开社工案例交流，大幅度提升社工队伍的社会工作专业水平。

3. 完善志愿服务队伍的提升计划

社区志愿服务是社会组织和个人自愿用自己的时间、技能等资源，在社区为居民和社区慈善事业、公益事业提供帮助或服务的行为。尽管近年来我省社区志愿服务的发展速度较快，但与居民的志愿服务需求相比，仍旧有较大的差距，而且全省志愿服务体系在社会结构与功能定位、组织体制与运行机制、社会公共政策等许多方面还存在一些深层次的问题，这些均与现行社区志愿者组织是在政府的直接引导下发展起来密切相关。政府主导型的社区志愿服务及其组织往往都是在街道、居委会的直接领导下，甚至就是街道和居委会工作的一部分。这就导致志愿服务的独立性、自治性较差，服务活动流于形式，难以发挥志愿服务的灵活性、创新性的优势，也无法及时反映社区居民日益多样化和不断变化的需求。

因此，如何推动社区志愿服务队伍从政府主导型转向社会主导型，这是新时期社区志愿服务体系建设的关键所在。对此，继续探索志愿服务的项目化运作①，适时开发一批常设的志愿服务岗，将居民的志愿服务落实到具体岗位、具体项目，使服务组织和服务基地有机结合，使志愿服务动态化和常态化有机结合，从而稳定一批以社区居民为主的、社会内生型的志愿者服务队伍，这也是新时期社区人才队伍建设的重要内容。同时，作为具有深厚人文底蕴和创新精神的浙江，在基层社区中又隐藏着许多优秀的人才，他们除了在各地工作岗位上发挥着积极作用之外，也日益认识到对自身所居住的社区的公共事务应该有一份责任感。因此，如何通过各种手段，引导一批社区公益领袖积极参与社区治理，这对于社区治理人才队伍建设来说，无疑是一项创新而有意义的工作。

（二）健全社区党组织领导下的居民自治机制

中共中央办公厅、国务院办公厅印发的《关于加强和改进城市社区居民委员会建设工作的意见》，明确提出要把社区居委会建设成为功能完善、充满活力、作用明显、群众满意的基层群众性自治组织；社区居民委员会的三大主要职责为依法组织居民开展自治活动，依法协助基层人民政府或者它的派出机关开展工作、依法依规组织开展有关监督活动。这与“十三五”时期多元共治的合作型社区治理模式建设主题是一脉相承的，政府与社会要形成一种新型互动关系，核心在于政府在社区治理中要从“全能包办”型向“核心引导”型角色转变，积极推动用自治机制来治理社区自治事务。所谓自治机制，是指社区居民基于平等原则，在自我管理、自我服务、自我教育、自我约束的基础上，通过面对面地协商、讨论，合作实现社区公共产品和公共服务的供给。新时期社区党组织领导下的居民自治机制的打造则需要从组织、制度、居民参与等几个维度上予以考量：

一是打造居民自治的组织体系。“十三五”时期，居民自治组织体系建设的可突破之处在于把业主委员会纳入到居民自治的范畴和体系，强调居民基于物权与自身利益基础的自治需求，通过利益相关者的自治实践切实激发居民的自治意识、完善自治机制、提升居民自治制度的认同感；继续推动城乡社区建立一个涵盖社区居委会、居民小组、楼道长、家庭户的居民自治组

① 曾天雄. 分开与合作：社区志愿服务机制创新研究［J］. 湘潭大学学报，2014（1）.

织网络，使社区居委会能够有效地组织、宣传、教育、服务居民，通过居民自治组织网络，使居民自治管理和政府的各项服务通过这个网络贯彻落实到每户居民，居民提出的各种需求、各类诉求也通过居民自治网络进行反馈并解决；深入开展以居民会议、议事协商、民主听证为主要形式的民主决策实践，以自我管理、自我教育、自我服务为主要目的的民主管理实践，以居务公开、民主评议为主要内容的民主监督实践，全面推进居民自治制度化、规范化、程序化；鼓励社区居民和驻区单位广泛参与，切实保障社区居民的知情权、参与权、决策权、监督权。

二是构建居民自治的制度体系。全省要进一步完善现有的社区居民民主选举、社区民主议事协商制度、社区民主听证会、社区服务承诺、社区事务公示、居民代表联系群众、社区居委会定期向社区居民会议述职和接受评议等制度，形成了涵盖民主选举、民主决策、民主管理和民主监督的制度体系，使社区居民民主自治各项活动有章可循，有效保障了居民的知情权、参与权、表达权和监督权。首先，完善民主选举制度，这一方面要积极推进居民民主选举的制度化、规范化、程序化，不断扩大社区居委会直接选举的覆盖面，继续深入研究解决新居民参与社区居民自治的途径；另一方面，要通过各种手段鼓励、引导并依法规范社区群团组织、社会组织、业主组织的民主选举。其次，完善民主决策制度，在完善《浙江省村民代表会议工作规程》的基础上，进一步制定《浙江省城市居民会议议事规则》，规范城乡社区民主决策程序，提高民主决策水平，强调凡是与社区居民切身利益密切相关的重大事项，都要实行民主决策，还要广泛实行社区民主听证制度，广泛听取居民对社区事务的意见，提高社区民主决策水平。再次，指导社区结合实际制定居民可感、可知、可行的社区居民自治章程、社区公约、村规民约等，加强居民自我管理、自我教育、自我服务的能力和水平。最后，完善民主监督制度，进一步明确社区居务公开的内容、时间、形式和程序，增加居委会工作的透明度，完善社区自我监督体系，建立科学合理的评议标准、方法、程序、结果运用等评议监督体系和“下评上”的评议监督机制，让社区居民、社区社会组织和社区单位依法行使对政府及派出机构的评议监督。

三是推进居民参与的机制建设。在“三社联动”基础上，积极推进以项目运作为纽带、以社会组织为载体、以协商讨论为方法、以居民自我管理为依托的社区参与式治理模式，具体包括：首先，充分利用智慧社区建设的平台和新技术，拓展参与渠道和方式，比如运用“开放空间技术”，组织社区开展居民参与式讨论，解决事关居民切身利益的问题。其次，畅通社区民意表达和居民参与渠道，既要求社区居委会成员定期入户、入单位走访，主动了解社情民意的机制，又要探索通过设立人大代表和政协委员接待日、居民论坛、网上论坛等多种形式让居民群众以理性、合法、通畅、便捷的方式表达意见和利益诉求。再次，创新社区社会组织参与机制，把社区居委会与社区社会组织的工作有机衔接起来，发挥二者同时作为居民参与平台的基础性作用。最后，继续创新邻里互助机制，利用邻居节等活动载体，完善邻里互助的机制，培育社区居民和睦相处、互助互利的良好社区风尚。

（三）完善基层协商民主制度

党的十八大报告明确提出社会主义协商民主是人民民主的重要实现形式，并要求“推进协商民主广泛多层制度化发展”“积极开展基层民主协商”。十八届三中全会通过的《中共中央关于全面深化改革若干重大问题的决定》，进一步把“开展基层民主协商、推进基层协商制度化”作为发展社会主义民主的重要内容。毫无疑问，“十三五”时期，如何推动基层民主协商体系创新，提升民主协商主体的能力，提高社区民主协商的品质等将成为社区治理体系建设的重要内容。

在多元共治的合作型社区治理中，多元主体的权力行使可以采取协商和建立规则两种方式。在多元复杂开放的系统中，多个权力主体对不同问题或不同政策的争论旨在通过反复对话、反复竞争找到分歧，通过反复妥协、反复合作平衡各主体的利益，最后形成集体行动。虽然这个反复协商的过程会增加协调成本，但实际上增加的协调成本会被随后形成的公共政策及较好的效果所抵消。需要指出的是，协调成本的高低取决于权力主体的组织方式以及他们之间的关系，互惠型关系协调成本较低，而零和博弈关系则成本较高。当公开协商的方式不能有效协调多元主体的利益并形成集体行动方案时，建立新规则就可能达到理想的结果。由于在多元治理中不同政府单位行使权力的本质差异极大，通过建立新规则能起到将外部性问题内部化的作用。

一是社区民主协商要以与居民群众切身利益的重大事项和实际问题为内容展开，畅通各种协商渠道，保障协商过程的民主化，使各项协商决策的实施符合群众意愿。“十三五”时期，有条件的地方可以尝试区、街道一级凡是影响到居民利益、与居民利益密切相关的事务要与居民协商；也可以优先强调在社区社会福利项目、社区硬件设施、社区规划、社区监督等领域展开各种形式的协商。

二是丰富社区民主协商的内涵，逐步推动各个层级的协商机制。推动建立党代表、人大代表、政协委员联系社区制度，就经济社会发展重大问题和群众普遍关心的实际问题听取基层群众的意见，将涉及居民利益的公共决策和公共服务事项纳入协商议事范围；推动社区之间的联席协商制度，就大社区范围内的共同利益和居民共同关心的问题展开社区联席协商。

三是推进社区民主协商的制度化、规范化、程序化。完善社区居民会议和居民协商议事会议制度，健全社区成员代表大会、社区协商议事会、民情恳谈、社区听证、社区评议等对话机制，切实推进社区民主协商的制度化、规范化、程序化；社区民主协商要求公共事务治理中，在程序上一定要先协商，再提交居民决策；如遇协商不成，公共决策应暂缓，不能采用强制性推进的方式。

（四）“互联网+”智慧社区治理

2013年民政部联合发改委、工信部、公安部和财政部颁发的《关于推进社区公共服务综合信息平台建设的指导意见》，要求各地推动公共服务信息资源整合，建立面向社区居民提供基本公共服务信息的平台。2014年民政部又发布了《社区公共服务综合信息平台基本规范》民政行业标准，是第一个全国性行业标准，也是未来推进社区公共服务综合信息平台建设的基础性标准。2015年3月5日上午十二届全国人大三次会议上，李克强总理在政府工作报告中提出了“互联网+”行动计划，“互联网+”智慧社区治理概念的提出，强调新时期以社区为中心，结合互联网为社区居民提供更多增值服务。毫无疑问，“十三五”期间加快推进社区公共服务综合信息平台建设，逐步强化政府部门业务协同，促进基本公共服务流程再造是推动社区治理体系和治理能力现代化建设的重要手段。

一是要整合社区信息化服务平台资源，形成“横向上联动，纵向上联网”。目前全省各地社区信息化建设的工作已经全面铺开，但资源不够整合、绩效不够明显等问题也同步暴露出来。一方面，政府各条线的信息服务平台各自林立，各自为政，比如“96345”建设，全省累计建设了69个社会公共服务信息平台并投入使用，但地市与区县的信息平台并不能上下级之间的信息联网，服务衔接。另一方面，块上的信息平台建设，比如社区服务、养老服务、卫生服务等各块内容均有自己业务线上的信息化平台，而且彼此之间也不衔接、不共享。这种情况造成了社区信息化建设中的服务资源的严重浪费、服务能力的严重不足。新时期，全省在社区信息化建设领域要重点抓社区平台的资源整合、功能发挥，深化“96345”的功能建设。在条线上加大部门之间的信息共享，在块上加强资源整合和链接，比如社会组织的服务资源充分参与信息平台，以实现居民与其服务的有效对接；在社会救助方面，多条线上的居民救助需求、社会救助项目、多元救助主体等信息均可利用“96345”平台，实现共享和共赢。提升社区服务之间的有效配置和利用，加大社区信息平台服务的成效，推动社区服务从民政领域走向民生领域。

二是实现社区智慧化治理转型，从管理型迈向服务型、从智能化迈向智慧化。已有的社区信息化建设目标在于运用新科技手段，改善传统社区管理信息滞后、管理方式单一等问题，侧重于用智能化的方式来促进社区管理信息的高效等，尚未意识到如何通过智能化的科技手段更好地促进民生管理的智慧化治理。从技术手段的智能化服务到智慧化治理和服务转变要求：首先，社区信息服务要从以政务为主，转变为以社会服务、商业服务为一体的公共服务平台，并围绕“96345”社区服务中心拓展服务功能，进一步完善服务网络。其次，充分利用互联网技术，推动社区服务业线上线下齐头发展，真正实现“十五分钟社区服务圈”，在社区商业服务的重点领域，如便利店、早餐、便民菜店、美容美发、洗染、再生资源回收、代收代缴基本商业服务更加完善。再次，充分利用大数据来掌握居民的需求变化，利用移动互联网、物联网等技术来更好地与政府公共服务、社会组织服务、商业服务结合，促使居民需求与服务供给的充分对接，提高社区公共服务的效率和居民的满意度。最后，通过智慧社区平台的建设，充分利用和积极发挥社区智慧化的信息和大数据功能，为政府公共决策的制定和完善提供科学的参考和分析。

（课题负责人：浙江工业大学政治与公共管理学院副教授王萍；课题组成员：周亚越、龚逾慈、吕双慧、陈建义、陈庆缘；执笔人：王萍）